21世纪应用型本科规划教材

U0648712

Analysis and Application of Economic Statistics

经济统计分析与应用

翟仁祥　黄萍 / 主编

李平　何计文　刘强 / 副主编

东北财经大学出版社
Dongbei University of Finance & Economics Press

大连

图书在版编目（CIP）数据

经济统计分析与应用 / 翟仁祥，黄萍主编 . —大连：东北财经大学出版社，2022.12

（21世纪应用型本科规划教材）

ISBN 978-7-5654-4649-8

Ⅰ.经…　Ⅱ.①翟…②黄…　Ⅲ.经济统计-统计分析-高等学校-教材

Ⅳ.F222.1

中国版本图书馆CIP数据核字（2022）第191090号

东北财经大学出版社出版

（大连市黑石礁尖山街217号　邮政编码　116025）

网　　址：http：//www.dufep.cn

读者信箱：dufep@dufe.edu.cn

大连东泰彩印技术开发有限公司印刷　东北财经大学出版社发行

幅面尺寸：185mm×260mm　　　字数：274千字　　　印张：12.75

2022年12月第1版　　　　　　　2022年12月第1次印刷

责任编辑：孙晓梅　吴　奂　　　　　责任校对：孙　平

封面设计：冀贵收　　　　　　　　　版式设计：原　皓

定价：42.00元

教学支持　售后服务　　联系电话：（0411）84710309

版权所有　侵权必究　　举报电话：（0411）84710523

如有印装质量问题，请联系营销部：（0411）84710711

前言

当今社会，数据无处不在。数据是科学决策的重要量化依据，"让数据说话"是科学决策的可靠途径。掌握数据分析理论和方法、熟练使用统计分析软件是科学决策的有效手段。作为重要的统计分析工具，Microsoft Excel 是 Microsoft 为使用 Windows 和 Apple Macintosh 操作系统的电脑编写的一款电子表格软件。直观的界面、出色的计算功能和图表工具、成功的市场营销，使 Microsoft Excel 成为最流行的个人计算机数据处理软件之一。统计产品与服务解决方案软件（Statistical Product and Service Solutions，SPSS）集数据录入、整理、分析功能于一体，是当前最流行的统计分析软件之一，广泛应用于自然科学、技术科学、社会科学的各个领域。SPSS 最突出的特点是操作界面极为友好、统计功能十分强大、输出结果美观简洁。它将几乎所有的功能都以统一、规范的界面展现出来，采用 Windows 窗口方式展示各种数据管理和分析功能，并通过对话框展示各种功能选择项。

本书专门为普通高等院校国际经济与贸易、金融学、工商管理、财务管理、会计学、市场营销、物流管理等经济管理类本科专业的统计分析实验课程而设计，同时，也适用于专升本经济管理类本科专业的实验课程。本书重点围绕统计数据搜集整理、统计图表显示、相关与回归分析、统计综合评价、层次分析、因子分析以及聚类分析等主要统计模块，借助 Excel、SPSS 等主流统计软件的熟练使用和操作，结合经济社会发展情况，完成统计数据的搜集、整理、显示、描述和分析的全过程，有针对性地提高学生的数据分析和处理能力。本书具有以下四个特点：

第一，强化课程思政教育理念。为深入贯彻落实习近平总书记关于教育的重要论述和全国教育大会精神，落实立德树人根本任务，对标《高等学校课程思政建设指导纲要》要求，本书结合课程学科专业特点，深入挖掘课程思政元素，有效融入课堂教学和实践教学，切实提高课程思政育人能力。通过"思政园地"，启发和引导学生运用统计理论、方法，通过统计数据思维认识经济社会，潜移默化培养学生增强"四个意识"、坚定"四个自信"、做到"两个维护"，培养学生通过现象（数据）看本质，善于挖掘经济社会发展内在数量规律性。

第二，理论与实践紧密相结合。本书充分吸收统计学基础理论和 SPSS 操作指南的长处，既有具体统计操作步骤，也有统计分析结果解读，实现了统计基础理论、案例应用和统计软件使用三者有机结合，促使学生深刻理解和掌握"数据如何获取、数据如何处理、数据如何分析、数据如何使用"，促进学生深刻理解"统计-数据-软件-结论"的有机融合，提高定量定性分析能力。

第三，直观易懂，操作指导性强。本书采用"基础知识—窗口操作—案例分析"这一循序渐进的模块化讲解方法，尽可能详细地、直观地讲解每个模块和知识点，旨在帮助学生通过对 Excel 和 SPSS 的分析方法、步骤、过程以及应用案例的操作分析，由浅入深地了解和掌握统计分析理论和方法，快速掌握 Excel 和 SPSS 的操作使用步骤，有助于深入解读统计分析结果。

第四，适用专业人群较为广泛。本书对读者专业要求不高，适用于经济学、管理学、教育学、社会学等领域相关人员进行统计数据处理分析。本书言简意赅、深入浅出、层次清晰，不仅简要介绍各种统计方法，而且侧重于对统计数据的分析过程及其解释，选用的案例和数据主要来自社会、经济、管理、金融等领域，具有较强的典型性和参考性。当然，本书也适用于从事统计分析和决策的社会经济领域相关专业的读者。本书既可以作为普通高校经济管理类本科生学习使用的教材，又可作为对经济统计分析具有浓厚兴趣的人士的阅读材料。

本书共分 6 章，第一章和第二章由翟仁祥、刘强共同编写，第三章由何计文编写，第四章由黄萍编写，第五章由翟仁祥和黄萍共同编写，第六章由李平编写。本书由翟仁祥和黄萍统稿。在本书的编写和修订过程中，我们参考和引用了大量文献，但由于不具备广泛且深入地查询馆藏资料的条件，以及电子数据资源的覆盖范围有限，可能在脚注和"主要参考文献"中没有列全资料来源，或者所列的不是最早来源的作者的作品，敬请相关作者谅解并与我们联系，我们愿意为引用您的作品提供相应的报酬。在此，编者向所有的相关作者表示衷心的感谢。

为方便教学，本书配有电子课件（PPT）和实践训练参考答案，任课教师可登录东北财经大学出版社网站（www.dufep.cn）下载。

当然，由于编者水平有限，本书可能存在不尽如人意之处，难免存在错漏，恳请同行和读者批评指正。

编　者
2022 年 9 月

目　录

第一章 数据的搜集与统计分析软件的数据预处理

第一节 数据搜集

一、金融大数据背景

随着时代的发展和科技的进步，大数据吸引了越来越多人的关注，也不断应用于教育、工业、金融、科技、城市、商业等各个领域。大数据具有4个特点，分别为Volume（大量）、Variety（多样）、Velocity（高速）、Value（价值），我们一般称之为4V。特别值得一提的是，大数据在金融行业的发展中具有深远的意义。金融业本身就是大数据的重要产生者，征信信息、交易信息、调查报告、业绩报告、消费者研究信息等都是数据来源，而且数据是金融行业的核心资产，当从海量的、多类型的数据中提取出有用的数据，哪怕只是得出一两条有用的结论，都具有巨大的商业价值，成为金融行业竞争力的重要来源。总之，与传统金融相比，大数据给金融带来了金融服务和产品创新以及用户体验的变化，创造了新的业务处理和经营管理模式，对金融业的数据需求和管理、信用和风险特征等方面产生了重大影响，显著提升了金融体系的多样性。

二、金融数据的分类

总体上，金融数据分为宏观、中观、微观三方面的数据（见表1-1），宏观经济数据是政府（包括国家、省、市等）提供的国民经济数据，如人口、产值、增加值、税收、利润、外商直接投资、价格指数、货币供应量等。中观数据是指行业的数据，如行业的厂商数量、资本存量、就业人数、库存额等。微观数据是指企业、个人等提供的数据，如对每个企业的人力资源状况的调研、企业所有制情况的调研、企业当年产出信息等。

表1-1   金融数据分类

种类	相关数据
宏观数据	GDP、CPI、人口、M0等
中观数据	行业数据（产量、价格、分布等）
微观数据	公司财务数据、技术指标等

（一）宏观数据的查找

对于宏观数据的查找，我们通常借助于国家统计局官网（www.stats.gov.cn）、中国人民银行官网（www.pbc.gov.cn）、国家发展和改革委员会官网（www.ndrc.gov.cn）、工业和信息化部官网（www.miit.gov.cn）、生态环境部官网（www.mee.gov.cn）、中国经济社会大数据研究平台（http：//data.cnki.net/）等。

（二）中观数据的查找

中国数据分析行业网（www.chinacpda.org）为我们查找中观数据提供了免费的平台。除此之外，我们也可以在前瞻数据库（http：//d.qianzhan.com）中付费查找中观数据，该平台中的数据可以生成Excel表格、曲线图和柱状图三种可视化图表，并可以导出Excel、PDF、PNG、JPG、SVG矢量图等格式的文档，为我们后续对数据的分析处理提供了便利。

（三）微观数据的查找

通过搜集各种类型的微观数据，从微观层面入手了解各个公司的相关财务数据、技术指标等能够为之后建立模型展开分析打好坚实的基础。巨潮资讯网（www.cninfo.com.cn）、东方财富网（www.eastmoney.com）、和讯网（www.hexun.com）等财经类网站都是查找微观数据的优选渠道。当然我们不仅能够在网站上查找，还能够在如中信建投网上交易极速版（通达信）、大智慧电脑版、同花顺免费版等财经类交易软件上进行查询。

三、数据搜集过程注意事项

在整个数据搜集过程中，需要注意三个方面的事项。第一，我们要明确搜集范围是宏观、中观、微观中何种类型的数据；第二，要选取恰当的、可靠的搜集渠道，这关系到我们查找数据的准确性与效率；第三，对于查到的数据要及时以图、表等清晰明了的方式摘录保存并归类整理，保证每个数据的真实性，切忌胡编乱造。

第二节 数据预处理

在实际应用中，数据的统计分析与处理可以帮助我们作出科学理性判断，以便采取适当的行动。统计分析是有目的地搜集数据、分析数据并使之成为信息的过程。既然要对搜集而来的数据进行系统的研究与分析，那么我们就需要掌握各种统计分析方法和技能，特别是要掌握统计分析软件工具。目前，在数据统计分析与处理领域中应用较多的软件有 Excel、SPSS、Stata、SAS、S-Plus、Python 等，各有特色和优点。本书着重介绍 Excel 和 SPSS 两种统计分析软件。

一、Excel软件

Excel 一般指 Microsoft Office Excel，是办公软件 Microsoft Office 的组件之一，Microsoft Excel 是 Microsoft 为使用 Windows 和 Apple Macintosh 操作系统的电脑编写的一款电子表格软件。Excel 可以进行各种数据的处理、统计分析和辅助决策操作，是目前世界上应用最多的数据分析处理软件，广泛地应用于管理、统计、财经、金融、商业等众多领域。

WPS（Word Processing System，文字编辑系统）是金山软件公司的一种办公软件。WPS Office 集文字处理、电子表格、电子文档演示为一体的信息化办公平台，秉承兼容、开放、高效、安全的原则，拥有强大的文档处理能力，符合现代中文办公的需求，已经成为我国政府应用最为广泛的国产办公软件之一。WPS Office 的文字处理、电子表格、电子文档演示分别对应 Microsoft Office 的 Word、Excel、PowerPoint。当前，有多种版本的 Excel 软件，考虑到本书用户的办公软件普遍性，本书主要以 WPS 电子表格为例来进行描述和操作。

（一）数据输入前的准备

数据输入前需要做好的准备工作包括：准备原始数据，启动 Excel 软件，建立新工作簿或者打开原有工作簿，选择需要输入数据的工作表（如果是新工作表，还需要对新工作表标签进行重命名），选择好输入法，选取需要输入数据的单元格，准备开始输入数据。

启动 Excel 后，系统自动打开一个空工作簿（book.xls），图 1-1 所示为整个 Excel 初始启动界面及各个组成元素的名称。

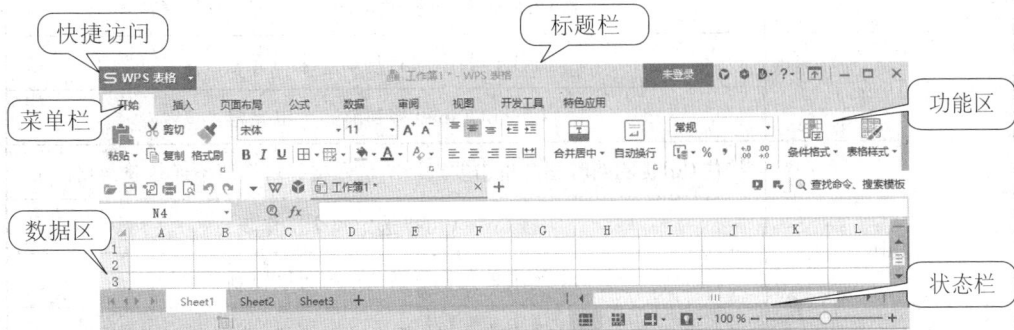

图1-1 Excel初始启动界面及各个组成元素

整个窗口的中央为工作表，在默认情况下，每个工作簿中将包含3个工作表（工作簿1、工作簿2、工作簿3），窗口顶部为功能区，窗口底部为工作表标签，根据实际数据处理需要，可以在工作表标签上单击鼠标右键，从出现的快捷菜单中选择执行插入工作表、删除工作表创建副本、移动或复制工作表、重命名、保护工作表等操作。

打开上述界面，并利用右键命令或者直接双击工作表标签，对默认的Sheet1工作表重命名为与需要处理数据相关的名称（如"工资表""原始数据""生成数据"等）后，就可以开始向单元格中输入数据。

在输入数据时，有时可以使用键盘激活单元格，可能比使用鼠标更方便，为此需要记住移动活动单元格操作的常用按键。在工作表中进行移动操作的常用键盘按键见表1-2。

表1-2　　　　　　　　　　　　　　　　常用键盘按键

按键	功能
箭头键	在工作表中上移、下移、左移或右移一个单元格
	按Ctrl+箭头键可移动到工作表中当前数据区域的边缘
	按Shift+箭头键可将单元格的选定范围扩大一个单元格
Enter	在单元格或编辑栏中完成单元格输入，并默认选择下面的单元格
	在数据表单中，按该键可移动到下一条记录中的第一个字段
Home	移到工作表中某一行的开头
	按Ctrl+Home组合键可移动到工作表的开头
Page Down	在工作表中下移一个屏幕
Page Up	在工作表中上移一个屏幕
空格键	按Ctrl+空格键可选择工作表中的整列
	按Shift+空格键可选择工作表中的整行
	按Ctrl+Shift+空格键可选择整个工作表
Tab	在工作表中向右移动一个单元格
	按Shift Tab可移到前一个单元格
Ctrl	按住Ctrl键的同时逐个单击要选取的单元格，可选取不连续单元格区域
	按Ctrl+A可以选定整个工作表
	选中单元格后按Ctrl+C可以复制
	选中单元格后按Ctrl+V可以粘贴

（二）单元格格式的一般设置

数据输入Excel工作表之后，还需要对输入的各种数据进行格式设置，数据格式的设置直接关系到数据表的显示效果、编辑处理以及后期的打印质量。下面简要介绍单元格格式的一般设置。

1.使用"格式"工具栏

在Excel中，大多数常用的格式设置命令都集中到"开始"菜单栏上，通过单击其中的按钮，可以方便地进行各种单元格的格式设置操作。图1-2所示为"开始"菜单栏，我们应熟悉这些按钮的具体作用及使用方法，考虑到本书读者定位，上述按钮的相关操作不再详细解释。

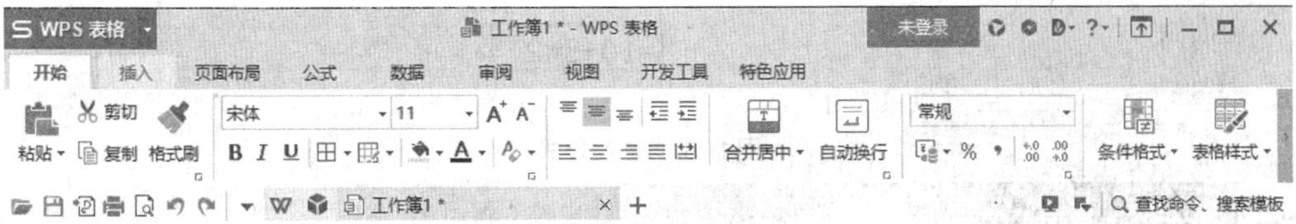

图1-2　　"开始"菜单栏

2.单元格格式的复制

当对单元格进行格式化设置时，有些操作是重复的，这时可以使用复制格式的方法来提高格式化的效率。Excel提供了两种复制单元格格式的方法。

方法一（菜单法）：先复制设置好格式的单元格，然后单击鼠标右键运行"选择性粘贴"命令，从弹出的"选择性粘贴"对话框中选取"格式"单选按钮，单击"确定"按钮即可。

方法二（利用"格式刷"按钮法）：首先选择需要复制格式的源单元格，然后单击开始菜单栏下的"格式刷"按钮，此时所选单元格外面出现闪动的虚线框，最后用带有格式刷的光标单击"刷选"目的单元格区域，完成单元格格式的复制操作。如果双击"格式刷"按钮，便能够持续刷选多个间断的单元格区域。

（三）公式的输入与编辑

公式是Excel进行数据处理的核心，使用公式不仅可以进行简单的数学运算，如加减法、乘除法，还可以进行复杂的运算，如进行各种数据的统计，甚至使用各种函数进行专业运算等。Excel公式必须以等号"="开始，以提示这是一个公式而不是一个文本。如果在单元格中输入的第一个字符是"="，那么Excel就认为输入的内容是一个公式。

1.输入公式

在工作表中输入一个公式的过程如下：选中要输入公式的单元格；输入"="作为准备输入公式的开始；输入组成该公式的所有运算码和运算符；按回车键对输入的公式表示确认。

例如，在单元格D2中输入公式"=10+5*2"，如图1-3所示。输入完成按下回车键，在该单元格中即可显示该公式的运算结果，如图1-4所示。

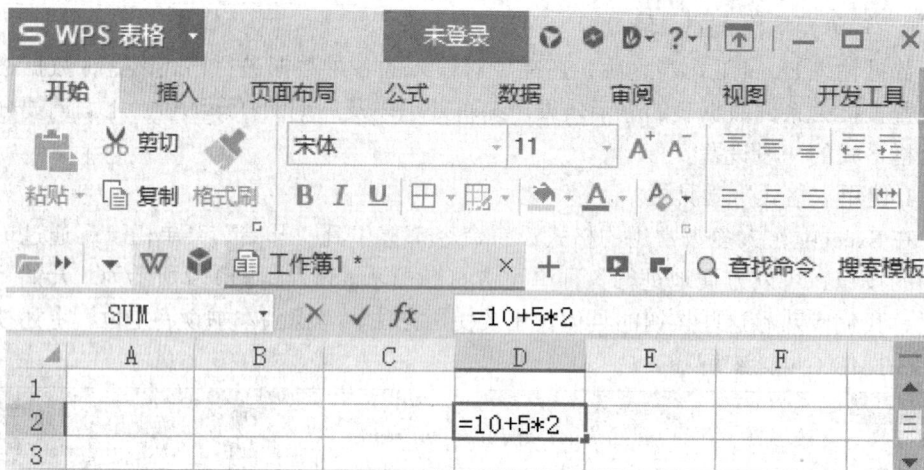

图1-3 输入公式

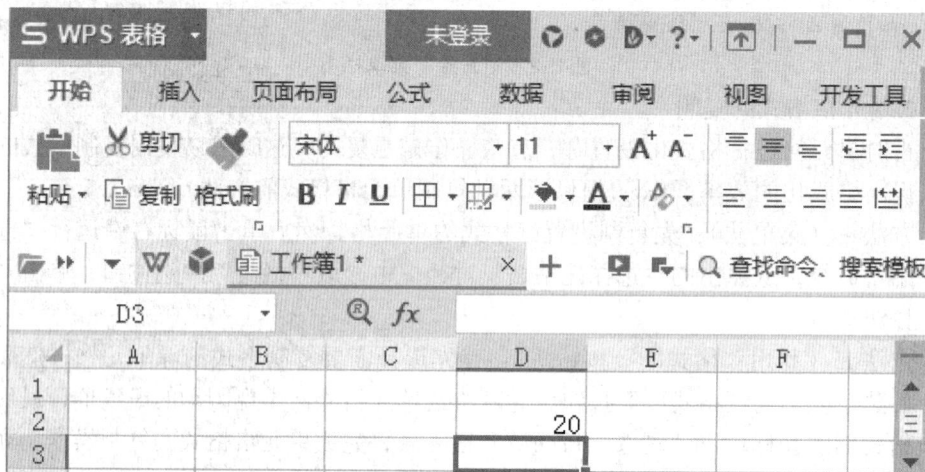

图1-4 公式输入完成后的结果

举例说明，2.7^3 表示 2.7 的 3 次方，输入 "=2.7^3"，输入完成按下回车键得到 "19.683"。$46^{\frac{1}{3}}$ 表示 46 开三次方根，输入 "=46^（1/3）"，输入完成按下回车键得到 "3.583048"。

2.公式的修改

如果要对已有的公式进行修改，可以通过选择下面的方法之一进行：按 F2 键，可以直接编辑修改单元格中的内容；双击单元格，可以直接编辑修改单元格中的内容；选择需要进行编辑的单元格，然后单击编辑栏，在编辑栏中对公式进行修改。

当编辑结束后，按回车键即可完成操作。如果要取消编辑操作，可以按 Esc 键。

说明：如果有一个公式感觉无法正确地编辑它，可以把它转换成文本，等以后再来解决问题。要把公式转换为文本，只需要去掉公式开头的等号（=）就可以了。当想再一次尝试时，在前面加上等号就又转换回公式了。

3.公式的移动和复制

在数据处理过程中，经常会对公式进行移动和复制操作。公式移动和复制的操作方法与单元格数据移动和复制类似，此处不再赘述。但是，需要说明的是，与移动和复制单元格数据不同的是：移动和复制公式时，其中原有单元格地址将会发生一定的变化，从而可能会对计算结果产生影响。

如果希望准确地复制公式文本而不调整公式的单元格引用，可以采用以下两种方法。

方法一：首先选中需要复制的单元格；然后在公式的开始处即等号（=）的左边输入一个撇号（'），把公式转换为文本，按回车键确认；最后，复制公式的内容把它粘贴到需要的位置，再删除复制源和目标单元格中的撇号，就可以恢复成公式。

方法二：选中单元格，按F2键，选中公式文本，然后"复制"，按回车键确认，在目标单元格粘贴公式文本即可。

（四）常用函数

所谓常用函数，并不是Excel函数类型中的一种，只是因为这些函数在我们处理数据的过程中使用频率较高，下面介绍几种常用函数。

1.SUM函数

SUM函数的功能是求出所有参数的和。其语法格式为：

SUM（number1，number2，…）

其中参数number1，number2，…为需要求和的参数；如果参数为错误值或不能转换成数字的文本，将会导致错误；如果参数为数组或引用，则只有其中的数字被计算，数组或引用的空白单元格、逻辑值、文本或错误值将被忽略。

2.AVERAGE函数

AVERAGE函数的功能是求出所有参数的算术平均值。其语法格式为：

AVERAGE（number1，number2，…）

其中参数number1，number2，…为需要求算术平均值的参数，可以是数字或者是包含数字的名称、数组或引用。如果数组或引用参数包含文本、逻辑值或空白单元格，则这些值同样被忽略。

3.COUNT函数

COUNT函数的功能是计算单元格区域或数字组中数字内容的个数。其语法格式为：

COUNT（value1，value2，…）

其中参数value1，value2，…为包含或引用各种类型数据的参数，但只有数值型的数据才被计算。

4.MAX函数和MIN函数

MAX函数和MIN函数的功能分别是返回一组值中的最大值和最小值。其语法格式为：

MAX（number1，number2，…）

MIN（number1，number2，…）

其中参数number1，number2，…为要从中找出最大/最小值的数字参数。

（五）函数的输入

在Excel中输入函数，我们有手工直接输入和借助函数向导输入两种方法，下面分别进行说明。

1.手工直接输入函数

手工直接输入函数，就是指通过编辑栏快捷地手工输入函数。它适用于以下情况：

（1）用户对需要使用的函数名及函数的参数意义已经比较熟悉。

（2）用户需要套用某个已经编写完成的现成公式，可以通过复制得到。

（3）需要输入一些嵌套关系复杂的公式。

图1-5所示为某单位工资计算的一个表格，现在需要按照如下公式计算实际收入：实发工资=基本工资+职务津贴+奖金−本月水电费−本月房租。

	A	B	C	D	E	F	G	H
1	姓名	性别	基本工资	职务津贴	奖金	本月水电费	本月房租	实际收入
2	王丽	女	3534.40	720.00	960.00	66.36	400.00	
3	张泽明	男	1232.10	468.00	234.00	179.49	100.00	
4	魏军	男	1742.40	540.00	510.00	119.06	200.00	
5	叶枫	男	2433.60	624.00	840.00	118.31	200.00	
6	李云清	女	1742.40	540.00	660.00	102.70	200.00	
7	谢天明	男	5290.00	930.00	900.00	52.00	500.00	
8	石航	男	3534.40	720.00	750.00	15.73	400.00	
9	罗瑞琪	女	4000.00	468.00	240.00	129.30	400.00	
10	秦萌萌	女	2433.60	624.00	720.00	146.68	200.00	
11	刘丽娜	女	5290.00	930.00	1140.00	32.84	500.00	
12	苏武星	男	3534.40	720.00	870.00	173.12	400.00	
13	姜帆	女	5290.00	930.00	1020.00	116.26	500.00	
14	王大宗	男	2433.60	624.00	570.00	119.66	200.00	
15	毕建英	女	1232.10	468.00	330.00	115.83	100.00	

图1-5　某单位员工工资

下面就以该实际工资的计算为例来说明手工直接输入函数的方法。操作步骤如下：

将光标定位到H2单元格。用鼠标单击编辑栏，输入公式"=C2+D2+E2−F2−G2"。单击编辑栏中的"√"按钮或按下回车键，即可求出第一个人的实发工资。选定H2单元格，采用向下拖动复制公式的方法得到其余人员的实发工资。

2.借助函数向导输入

Excel提供的函数有400多个，覆盖了财务、日期与时间、数学与三角函数、统计、查找与引用、数据库、文本、逻辑、信息、工程等许多应用领域。要记住所有函数的名字及用法不太现实。当知道函数的类别以及需要计算的问题时，或者知道函数的名字，但不知道函数名称时，可以使用函数向导完成函数的输入。

例如，对于某一个数据汇总问题，需要按照性别对某一数据进行条件求和，操作者知道可以利用SUMIF函数，但是不清楚SUMIF函数的参数个数、意义及其先后顺序，此时，用函数向导输入就非常适合，操作步骤如下：

选择需要输入的第一个单元格。

首先，单击"公式"选项卡中的"函数库"组"插入函数"按钮，弹出如图1-6所示的"插入函数"对话框，该对话框将会起到"向导"的功能。

其次，在对话框的"选择函数"列表框中选择所需函数，此处选择SUMIF函数，如图1-6所示。

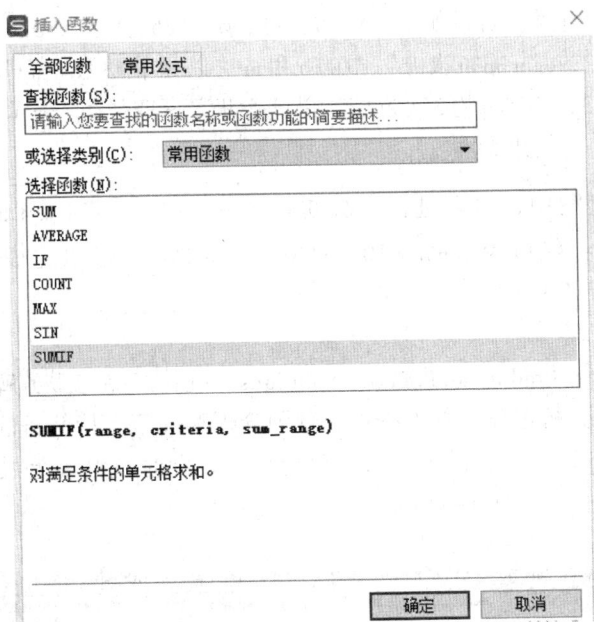

图1-6　插入函数

注意：如果在"选择函数"对话框中没有找到所需要的函数，则可以在"或选择类别"选项中选择"全部"，然后再在"选择函数"列表框中进行选择。不同版本提供的函数名称略有不同。WPS Office 提供 SUM、SUMIF、SUMIFS、SUMPRODUCT、SUMSQ、SUMX2MY2、SUMX2PY2、SUMXMY2等函数。

单击"确定"按钮，弹出如图1-7所示的"函数参数"对话框，其中给出了SUMIF函数的功能和参数，当将鼠标定位到各个参数输入框时，将会显示对应参数的意义。

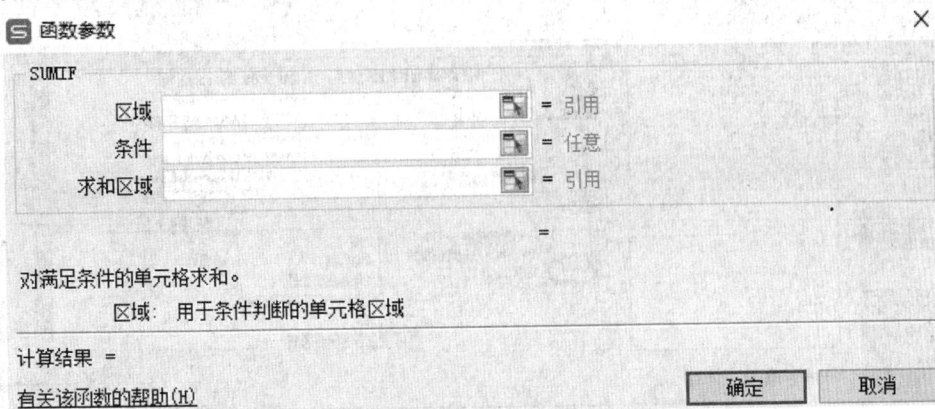

图1-7　SUMIF函数的"函数参数"对话框

在各个参数输入框中输入相关内容，输入完成以后，在"函数参数"对话框下方会显示函数计算结果，最后单击"确定"按钮，即可利用SUMIF函数计算出相关结果。

注意：在输入公式时，加、减、乘、除、幂方、对数分别采用+、−、*、/、^、ln。举例如下，分别输入=2+6、=8−3、=3*7、=18/3、=5^3、=81^（1/2）、=ln（10），输入完成按下回车键得到结果如下：8、5、21、6、125、9、2.3026。

"n的m次幂"或"n的m次方"中的n和m可以是非整数。m取值0.5，表示n开平方根；m取值1/3，表示n的3次方根，以此类推。m取值2，表示n的平方；m取值3，表示n的3次方，以此类推。

在公式输入过程中，可以进行多次嵌套。举例如下，$\sqrt[3]{1 + 1.35^4 + \ln(10) + \sqrt{8}}$ = 2.114377，输入 =（1+1.35^4+ln（10）+8^0.5）^（1/3），输入完成按下回车键得到2.114377。

二、SPSS软件

SPSS（Statistical Product and Service Solutions，统计产品与服务解决方案软件）是一系列用于统计学分析运算、数据挖掘、预测分析和决策支持任务的软件产品及相关服务的总称。SPSS是世界上最早的统计分析软件，同时是世界上最早采用图形菜单驱动界面的统计软件，如图1-8所示。

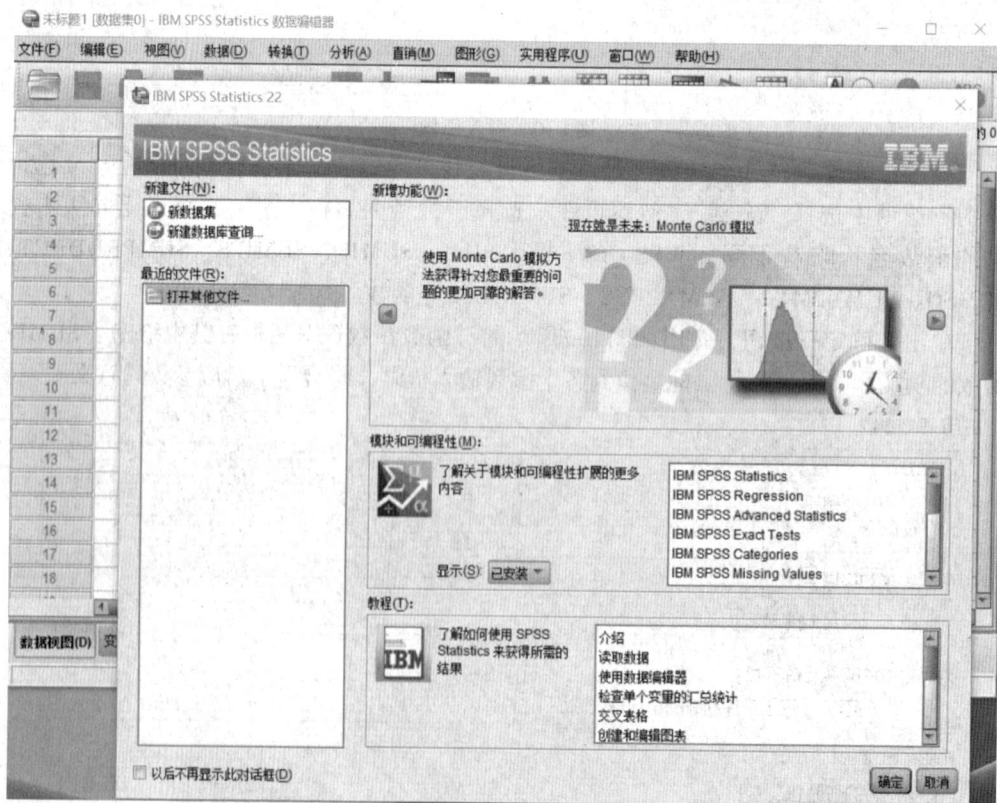

图1-8　IBM SPSS Statistics 22的操作界面

SPSS最突出的特点就是操作界面极为友好，输出结果美观漂亮。它将几乎所有的功能都以统一、规范的界面展现出来，使用窗口方式展示各种管理和分析数据方法的功能，对话框展示出各种功能选择项。

SPSS采用类似Excel表格的方式输入与管理数据，能方便地从其他数据库中读入数据，完全可以满足非统计专业人士的工作需要，在经济学、生物学、商业、金融等各个领域发挥了巨大作用。

（一）SPSS数据编辑窗口

我们选择汉化版的SPPS软件进行说明。启动SPSS后看到的第一个窗口便是数据编辑窗口，如图1-9所示。在数据编辑窗口中可以进行数据的录入、编辑以及变量属性的定义和编辑，是SPSS的基本界面，主要由标题栏、菜单栏、工具栏、编辑栏、变量名栏、观测序号、窗口切换标签、状态栏。

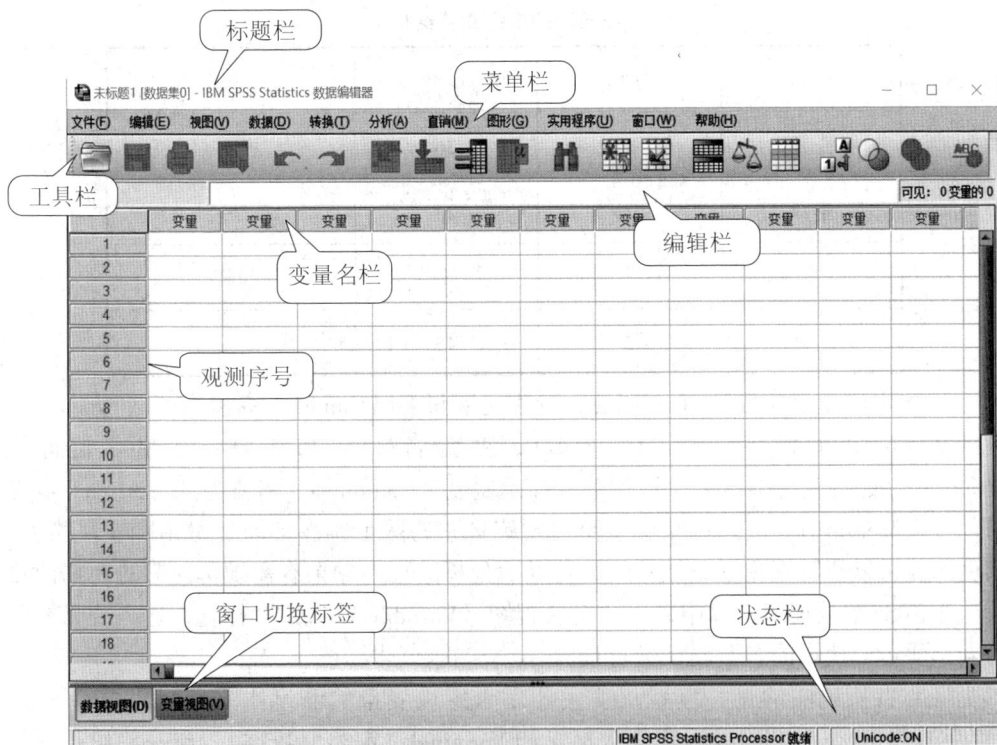

图1-9　数据编辑窗口

（1）标题栏：显示编辑的数据文件名。

（2）菜单栏：通过对这些菜单的选择，用户可以进行几乎所有的SPSS操作。

（3）工具栏：为了方便用户操作，SPSS把常用的命令放到了工具栏里。当鼠标停留在某个工具栏按钮上时，会自动跳出一个文本框，提示当前按钮的功能。另外，如果用户对系统预设的工具栏设置不满意，也可以用"视图"→"工具栏"命令对工具栏按钮进行定义。

（4）编辑栏：可以输入数据，以使它显示在内容区指定的方格里。

（5）变量名栏：列出了数据文件中所包含变量的变量名。

（6）观测序号：列出了数据文件中的所有观测值的序号。观测的个数通常与样本容量的大小一致。

（7）窗口切换标签：用于"Data View"（数据视图）和"Variable View"（变量视图）的切换，即数据浏览窗口与变量浏览窗口的切换。数据浏览窗口用于样本数据的查看、录入和修改。变量浏览窗口用于变量属性定义的输入和修改。

（8）状态栏：用于说明、显示SPSS当前的运行状态。SPSS被打开时，将会显示"SPSS处理器准备就绪"的提示信息。

（二）SPSS数据文件的建立与编辑

SPPS数据文件是一种结构性数据文件，由数据的结构和数据的内容两部分构成，也可以说由变量和观测两部分构成。一个典型的SPSS数据文件结构见表1-3。

表1-3　　　　　　　　　　　SPSS数据文件结构

姓名	性别	年龄	…
张三	1	36	…
李四	2	23	…
⋮	⋮	⋮	…
王五	2	45	…

SPSS中的变量一般有10个属性，分别是变量名（Name）、变量类型（Type）、长度（Width）、小数点位置（Decimals）、变量名标签（Label）、变量名值标签（Value）、缺失值（Missing）、数据列的显示宽度（Columns）、对齐方式（Align）和度量尺度（Measure）。定义一个变量至少要定义它的两个属性，即变量名和变量类型，其他属性可以暂时采用系统默认值，待以后分析过程中如果有需要再对其进行修改设置。在SPSS数据编辑窗口中单击"变量视图（Variable View）"标签，进入变量视图界面，即可对变量的各个属性进行设置。

需要特别说明的是，度量尺度主要用于定义变量的测度水平，可以选择Scale（定距型数据）、Ordinal（定序型数据）和Norminal（定类型数据），与一般统计学教科书的定类尺度（类别尺度或名义尺度）、定序尺度（等级尺度或顺序尺度）、定距尺度（等距尺度或区间尺度）、定比尺度（比例尺度或等比尺度）四种测度类型略有不同。

SPSS数据文件的基本编辑主要包括对数据文件进行排序、筛选、转置、函数计算、重新编码等。

第三节　案例解析

本节通过具体的案例来加深我们对SPPS数据的建立和编辑的理解。

一、用SPSS输入数据

一般情况下，打开SPSS时会自动打开一个空的数据表（Data View）和一个变量表（Variable View）。这两个表看起来与Excel数据表很类似。如果要直接在SPSS中输入原始数据，只要按照研究的需要定义变量、输入数据然后存盘就可以了。

【例1-1】在SPSS中输入表1-4的数据。

某年级8位学生期末考试成绩见表1-4。

表1-4 需要输入的数据

编号	班级	性别	英语成绩	数学成绩	计算机成绩
1	1	0	85	77	88
2	1	1	90	80	86
3	2	0	87	82	80
4	2	1	69	72	82
5	3	0	78	70	79
6	3	1	93	89	90
7	4	0	83	80	83
8	4	1	91	75	89

输入数据最好先对变量进行定义。变量表是SPSS中的一个很具特色的操作界面，在这里可以非常方便地定义变量的各种属性。在第一列中依次输入"编号""班级""性别""英语成绩""数学成绩""计算机成绩"六个变量名，会看到SPSS自动为这些变量的其他属性赋予系统默认值。当然可以进行必要的修改，如我们这里把小数位设为0，也可以为变量加上标签，从而对变量的含义进行更详细的说明。在输出结果中可以让SPSS输出变量的标签。

SPSS允许通过定义数值标签对变量值进行定义。现以"班级"这个变量为例加以说明。在变量视图（Variable View）中单击"班级"变量的"数值"单元格的右侧，会弹出一个"数值标签（Value Labels）"的对话框，如图1-10所示。在定义标签对话框中有三个小矩形框。在第一个矩形框中输入"1"，在第二个矩形框中输入"统计"，这时"增加（Add）"按钮变亮，单击"增加"按钮，下面的清单中显示1="统计"。按照这种方法继续定义2="经济"、3="金融"、4="会计"。

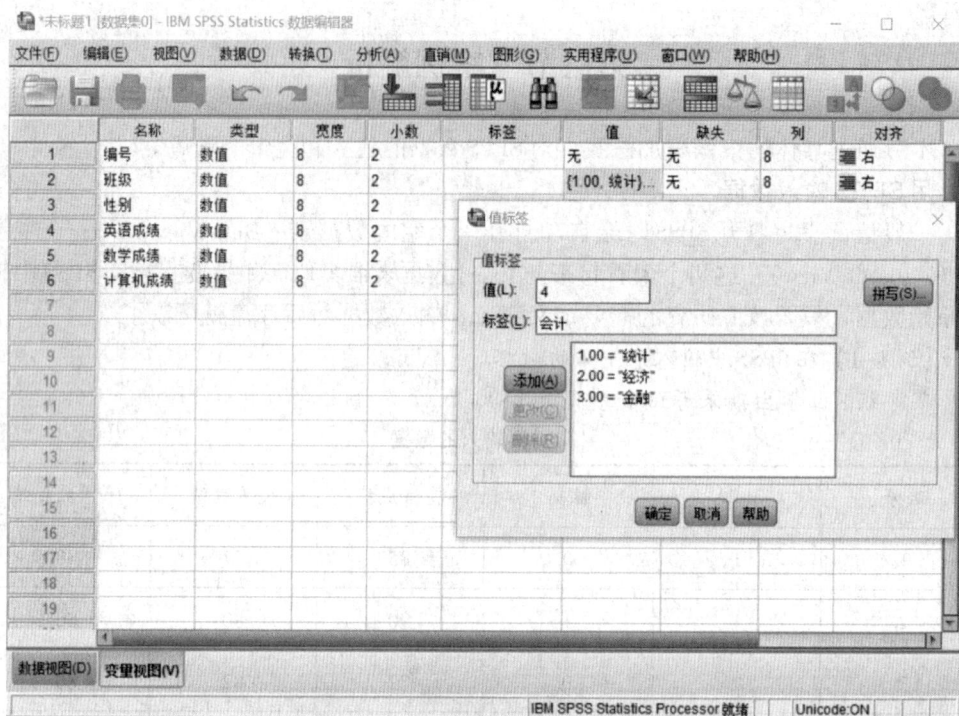

图1-10 在SPSS中定义数值标签

变量定义好以后，就可以在数据表中依次输入数据了。对于定义了数值标签的变量，单击工具栏中的 按钮可以显示数值标签，再单击一下则可以显示数值。当然，也完全可以先在数据表中输入数据，然后再对变量属性进行必要的定义。

二、用SPSS读入外部数据

在很多应用中需要用SPSS读入其他格式的数据，如Database、Excel、CSV data、SAS、Stata、dBase、Lotus、Text等。完成这一任务有多种方式，而在数据量不大的情况下最简便的方式可能是"复制"+"粘贴"。

SPSS可以直接读取多种格式的数据。用SPSS读取Excel数据的步骤是：用鼠标选择工具栏中的"文件"命令中的"打开"→"数据文件"，将文件类型改为"Excel（*.xls）"找到你要打开的文件名，单击"打开"按钮，如图1-11所示。在随后的对话框中选择要打开的数据表（因为Excel文件中可能包含多个数据表），如有需要可再给定数据区域。

如果数据表中不包含变量名，则取消选定"Read variable names from the first row of data"（从数据的第一行读取变量名）选项，单击"OK"（确定）按钮就可以了。注意，如果Excel中的数据格式不够规范，SPSS可能无法正确读取数据，在用SPSS读入数据后要仔细审查数据是否正确。SPSS可以把数据存储为多种格式，SPSS格式的数据文件扩展名为".sav"。当把SPSS数据文件存储为其他格式时，大部分情况下变量标签、数值标签定义会丢失。

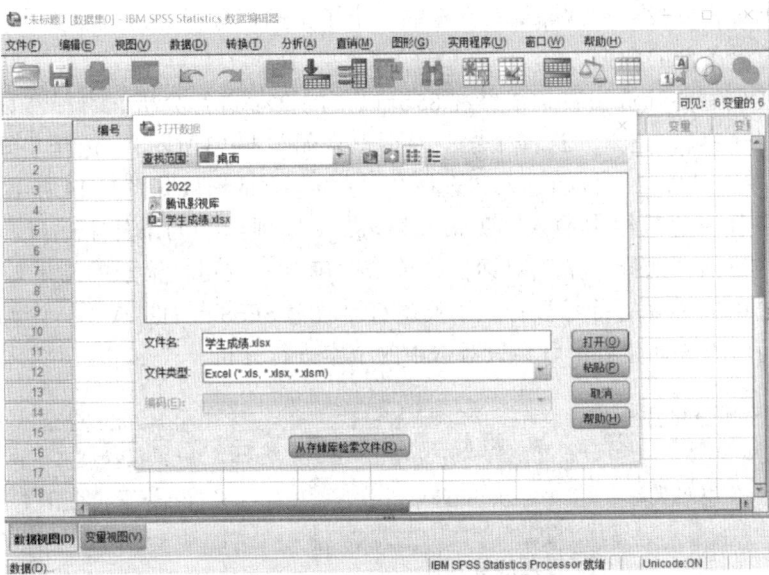

图1-11　SPSS打开Excel文件对话框

三、SPSS数据文件的编辑案例

（一）用SPSS进行数据的排序、筛选和转置

【例1-2】用SPSS对【例1-1】中输入的数据进行排序和筛选。

用鼠标选择"数据"命令中"排序个案"，会弹出如图1-12所示的对话框。选中"英语成绩"，单击中间的黑三角，把这个变量移至右面的"排序依据（Sort by）"矩形框中（这个过程也可以通过双击"英语成绩"完成）。再选择排列顺序方式（Sort Order），选择"升序（Ascending）"或"降序（Descending）"，单击"确定"按钮就可以了。如果对其他成绩进行排序，用类似步骤即可完成。

图1-12　SPSS对数据进行排序

　　在数据分析中我们常常需要对数据的一个子集进行分析。这时需要首先从数据集中筛选出符合条件的数据。

　　假设我们需要筛选出英语成绩在85分以上的女生进行分析，选择"数据"命令中的"选择个案"，进入"选择个案"对话框（如图1-13所示）。选择"如果条件满足"，然后单击"如果"按钮进入"选择个案：if"对话框（如图1-14所示），在该对话框中的条件表达式栏中输入"英语成绩>85 & 性别=1"的条件表达式，单击"继续"按钮，返回"选择个案"对话框并单击"确定"按钮，筛选的结果如图1-15所示。未被选中的个案的行号被打上了反斜杠（注意SPSS自动生成了一个筛选变量）。这样，在随后的统计分析中就会只对选中的个案进行分析。

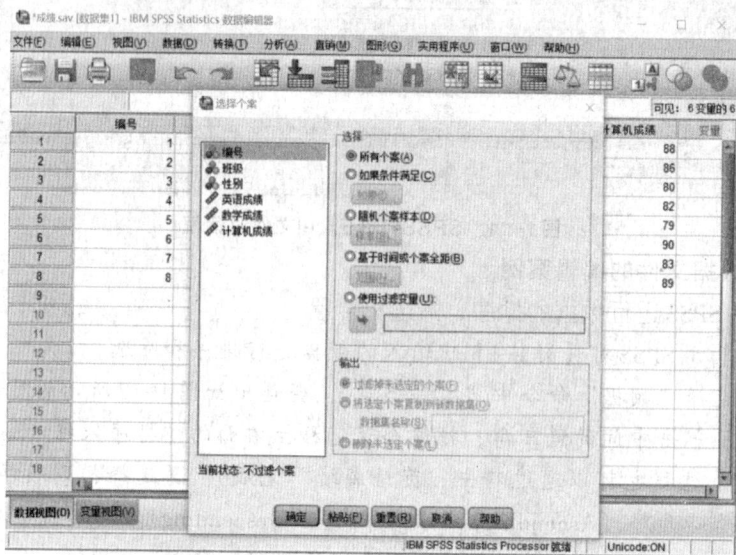

图1-13　用SPSS筛选数据

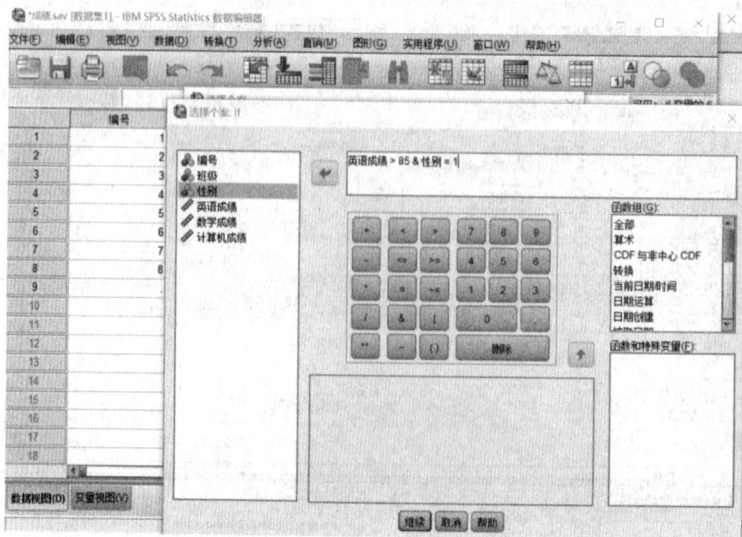

图1-14　SPSS中定义筛选条件

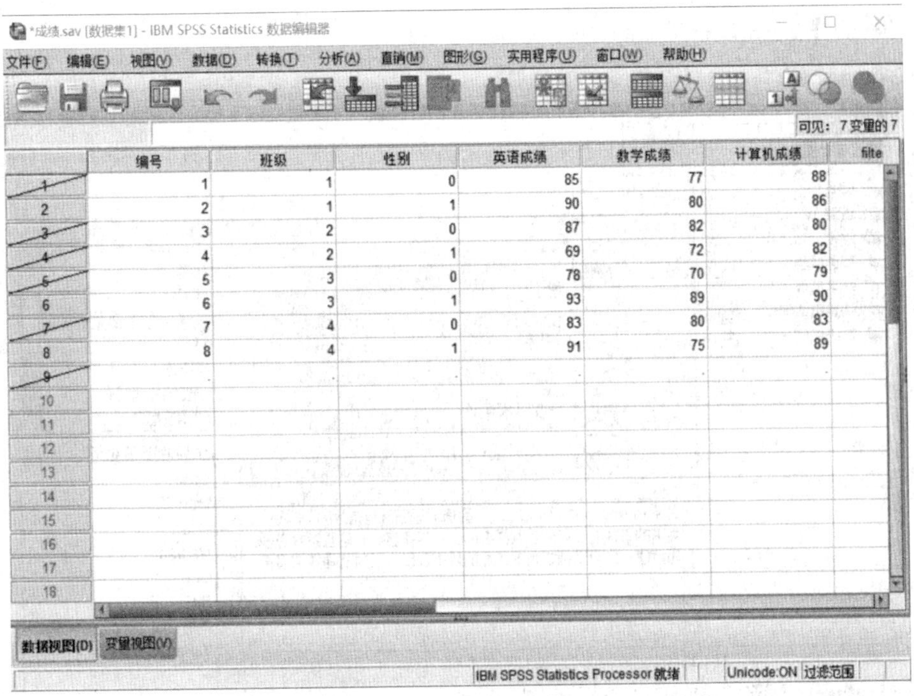

图1-15 SPSS筛选的结果

如果想再次选中全部个案，只要打开图1-13所示的对话框，选择"所有个案"就可以了。在图1-13所示的对话框中"输出"栏目把"过滤掉未选定的个案"的选项改为"删除未选定的个案"，SPSS会删除未被选中的个案，删除的个案无法恢复，所以需要谨慎操作。SPSS还可以用其他方法筛选数据，如从数据集中按一定比例随机选择数据，选择一定区域的数据等。

SPSS进行数据转置的命令是"数据"中的"行列变换"，选定需要转置的变量，单击"确定"按钮就可以了，SPSS会产生一个行的数据文件，自动定义新的变量名和新变量的属性。

（二）用SPSS函数计算新的变量

【例1-3】用SPSS计算总成绩。

单击"转换"菜单的"计算"命令会弹出如图1-16所示的对话框。通过这个对话框可以以现有的变量为基础，利用SPSS丰富的函数计算出新的变量。

如果我们需要根据英语成绩、数学成绩和计算机成绩计算一个新的变量——总成绩，则在"目标变量"的矩形框中输入新变量名"总成绩"，在右边的"函数组"中选择"统计（Statistical）"，在右下方的"函数和特殊变量"中选择"SUM"函数，然后从左侧的变量表中把英语成绩、数学成绩和计算机成绩三个变量选到函数的参数中。在"数字表达式"栏目显示"SUM（英语成绩，数学成绩，计算机成绩）"。单击"确定"按钮，新的变量就计算出来了，如图1-17所示。平均成绩的计算也可以用类似的步骤计算得到。

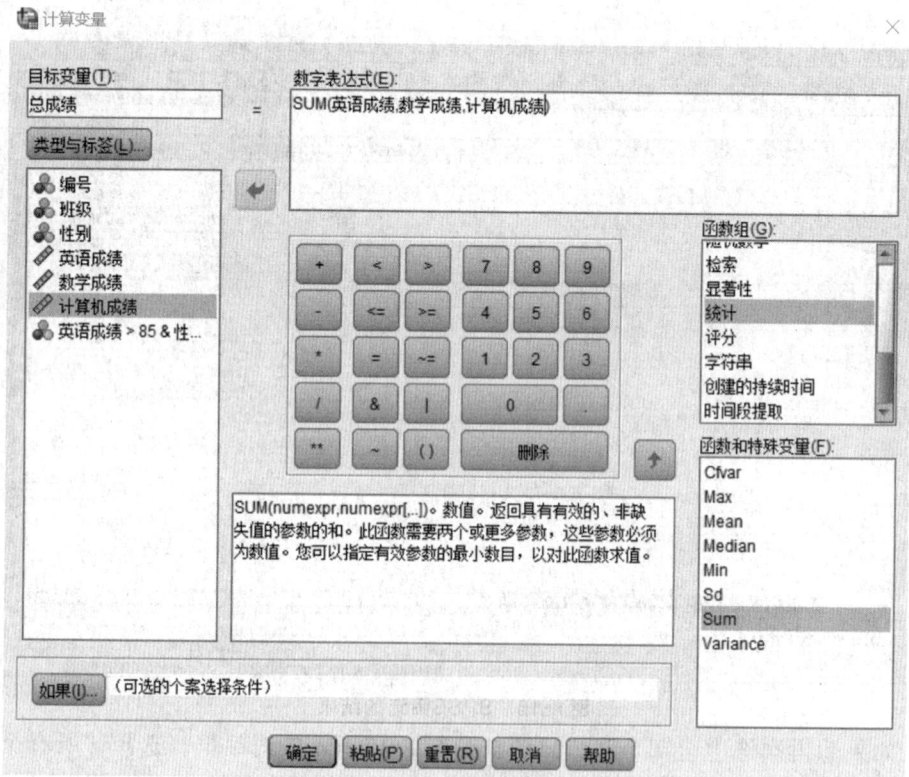

图1-16 使用SPSS函数计算新变量

图1-17 使用SPSS计算的结果

（三）用SPSS对变量进行重新编码

【例1-4】用SPSS对考试成绩的数据进行重新编码。

"转换"菜单中的"重新编码"命令可以对已有的数据进行重新编码。如果要把百分制的计算机成绩换算为九级制的成绩（59分及以下=1，F；60~64分=2，D；65~69分=3，D+；70~74分=4，C；75~79分=5，C+；80~84分=6，B；85~89分=7，B+；90~94分=8，A；95分及以上=9，A+）。单击"重新编码为其他变量"按钮，会弹出如图1-18所示的对话框。把左侧"计算机成绩变量"选入中间的"数字变量→输出变量"栏下的矩形框，在右侧的输出变量栏下的矩形框中输入变量名"九级制"，单击下面的"更改"按钮，这时中间的矩形框中会出现以下对应关系：计算机成绩→九级制。

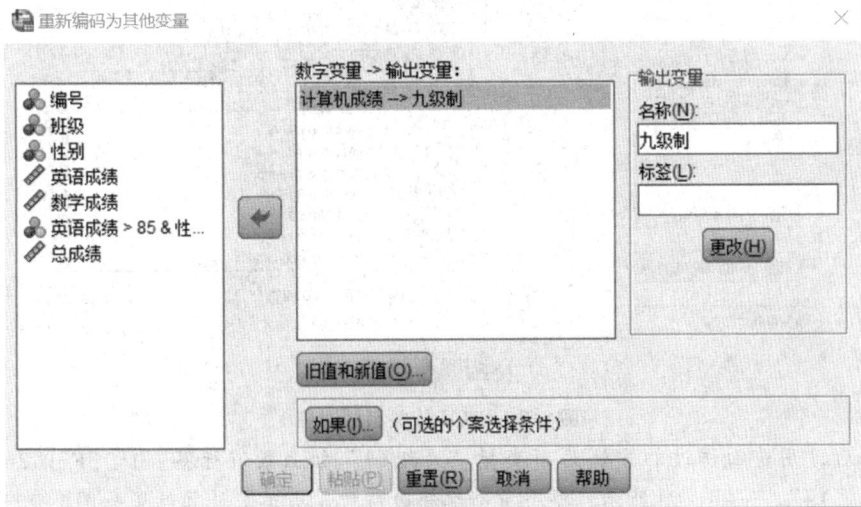

图1-18　对数据重新编码的对话框

接下来单击"旧值和新值"按钮，会弹出如图1-19所示的对话框。

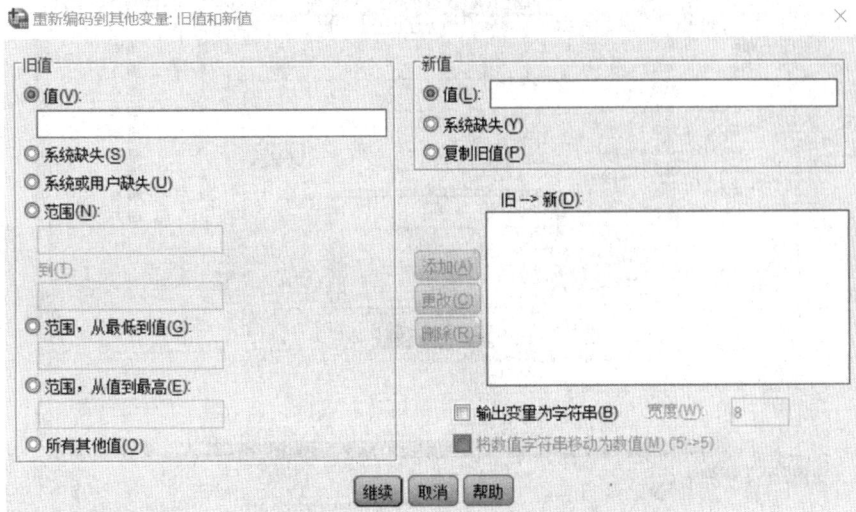

图1-19　定义新旧数值的对应关系的对话框

可以用这个对话框来定义新旧数值的对应关系。在旧值栏中首先选择"范围，从最低到值"的选项，在矩形框中输入59，在新值栏中"值"输入1。这时"添加"按钮变亮，单击这个按钮，在右下方的矩形框中出现了"Lowest thru 59→1"（从最小到59→1）的对应关系。接下来在左侧选择"范围"并输入"60"到"64"，在右侧新值栏中输入新变量值2，依此类推。最后一个区间选择"范围：从值到最高"并输入95。产生的对应关系如图1-20所示。定义好这些对应关系以后，单击"继续"，再单击图1-20中的"确定"按钮，即可完成重新编码的过程。

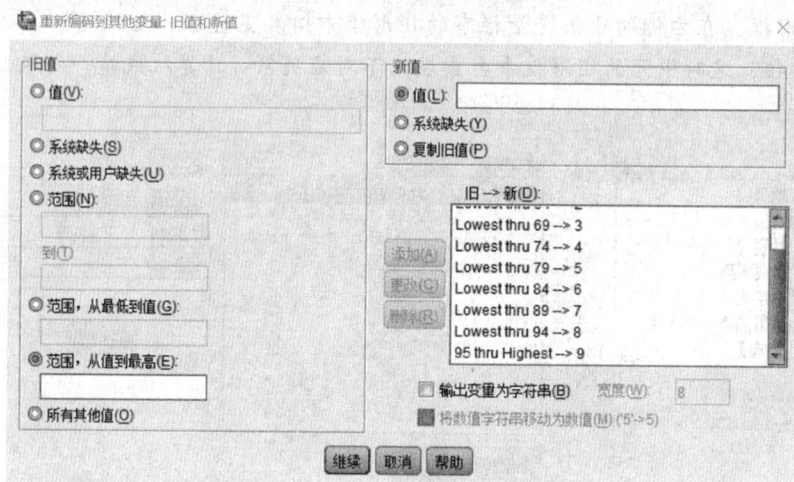

图1-20　新旧值关系的对应

最后，用前面讲过的方法为新变量"九级制"加上数值标签：1="F"，2="D"，…，9="A+"，如图1-21所示，整个重新编码过程就完成了。计算结果如图1-22所示。

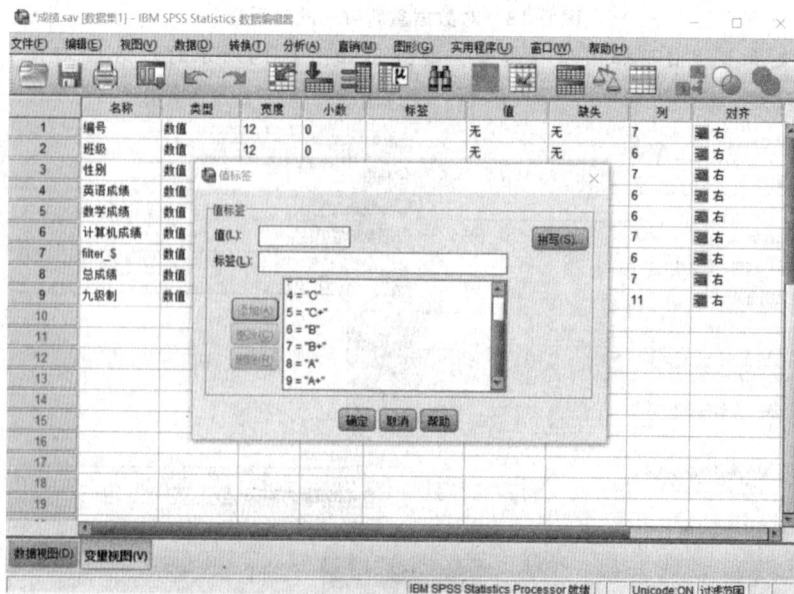

图1-21　添加数值标签

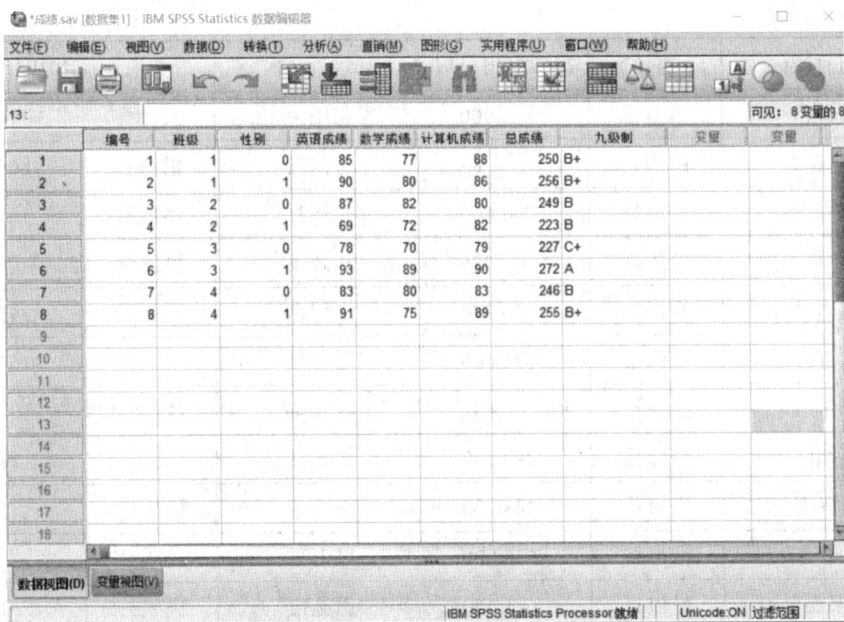

图1-22 用SPSS重新编码得到的新变量

第四节 实践训练

实践训练一

定性数据数字化编码及其编码分组

1.实训目的：能够对定性数据进行数字化编码，便于统计软件识别，能够运用科学分组方法进行重新编码。

2.实训资料：表1-5是一个我国部分县级行政区2019年出口额数据集。该数据集旨在让学生了解我国部分县级行政区对外贸易发展不平衡性，可以激发学生了解对外贸易基本理论，搜集相关数据理解我国县级行政区对外贸易区域差异性的影响因素及其作用机制。

表1-5　　　　　　　我国部分县级行政区2019年出口额　　　　　　单位：万美元

县级行政区	类别	2019年出口额	县级行政区	类别	2019年出口额
长兴县	沿海县	248 047	开远市	民族县	28 436
张家港市	沿海县	1 614 000	句容市	沿海县	59 700
永顺县	民族县	126	靖江市	沿海县	255 100
鄞州区	沿海县	1 888 800	金坛市	沿海县	197 600
宜兴市	沿海县	350 000	江阴市	沿海县	1 465 500

续表

县级行政区	类别	2019年出口额	县级行政区	类别	2019年出口额
仪征市	沿海县	45 900	惠阳区	沿海县	3 176 900
姚安县	民族县	83	惠东县	沿海县	864 700
扬中市	沿海县	44 800	鹤峰县	民族县	1 072
新巴尔虎右旗	民族县	726	和政县	民族县	113
响水县	沿海县	46 200	海门市	沿海县	243 600
武进区	沿海县	832 600	海安县	沿海县	163 700
万宁市	沿海县	431	哈密市	牧区县	719
通州区	沿海县	298 162	灌云县	沿海县	18 300
泰兴市	沿海县	248 200	个旧市	民族县	1 970
太仓市	沿海县	636 000	凤山县	民族县	138
石柱土家族自治县	民族县	1 450	恩施市	民族县	1 652
射阳县	沿海县	46 900	峨山彝族自治县	民族县	1 518
如皋市	沿海县	291 900	峨边彝族自治县	民族县	15
如东县	沿海县	205 200	东台市	沿海县	97 200
琼海市	沿海县	336	东海县	沿海县	39 000
启东市	沿海县	276 800	东方市	沿海县	10 332
屏边苗族自治县	民族县	19	东方市	民族县	10 332
平湖市	沿海县	460 300	定安县	沿海县	5 727
宁明县	民族县	330 800	德清县	沿海县	244 892
南丹县	民族县	4 692	丹阳市	沿海县	277 700
牟定县	民族县	1 401	丹徒区	沿海县	68 441
勐腊县	民族县	170 729	大丰市	沿海县	113 087
罗甸县	民族县	390	达拉特旗	民族县	4 872
龙里县	民族县	255	楚雄市	民族县	100 700
溧阳市	沿海县	101 400	常熟市	沿海县	1 581 000
乐东黎族自治县	民族县	39	博罗县	沿海县	1 988 700
来凤县	民族县	645	滨海县	沿海县	44 700
昆山市	沿海县	5 570 000	巴东县	民族县	1 191

数据来源：中国知网"中国经济社会大数据研究平台"（https：//data.cnki.net/）。表1-5中出口额取整，与原始数据略有差异。

3.实训任务：

（1）建立SPSS数据集；

（2）对县级行政区划类别按照沿海县、民族县、牧区县进行重新编码；

（3）对出口额按照10 000万美元以下、10 000万~100 000万美元、100 000万~1 000 000万美元、1 000 000万美元以上进行重新编码。

实践训练二

定量数据数字化编码及其编码分组

1.实训目的：能够对定量数据进行数字化编码，便于统计软件识别；能够运用科学分组方法进行重新编码。

2.实训资料：表1-6是我国2020年分地区主要经济指标数据集。该数据集旨在让学生了解我国省级行政区经济发展不平衡性，可以激发学生了解中国省际发展规模和速度对比情况，掌握区域经济增长理论，搜集相关数据探索理解中国省级行政区经济发展差距的影响因素，由此更加深刻理解共同富裕的重要性。

表1-6　　　　我国2020年分地区主要经济指标

地区	GDP（亿元）	人均GDP（元）	第三产业增加值增长率（%）
北京	36 103	164 889	1.0
天津	14 084	101 614	1.4
河北	36 207	48 564	3.3
山西	17 652	50 528	2.1
内蒙古	17 360	72 062	−0.9
辽宁	25 115	58 872	−0.7
吉林	12 311	50 800	0.1
黑龙江	13 699	42 635	−1.0
上海	38 701	155 768	1.8
江苏	102 719	121 231	3.8
浙江	64 613	100 620	4.1
安徽	38 681	63 426	2.8
福建	43 904	105 818	4.1
江西	25 692	56 871	4.0
山东	73 129	72 151	3.9
河南	54 997	55 435	1.6
湖北	43 443	74 440	−3.8

地区	GDP（亿元）	人均GDP（元）	第三产业增加值增长率（%）
湖南	41 781	62 900	2.9
广东	110 761	88 210	2.5
广西	22 157	44 309	4.2
海南	5 532	55 131	5.7
重庆	25 003	78 170	2.9
四川	48 599	58 126	3.4
贵州	17 827	46 267	4.1
云南	24 522	51 975	3.8
西藏	1 903	52 345	1.4
陕西	26 182	66 292	2.8
甘肃	9 017	35 995	2.2
青海	3 006	50 819	0.1
宁夏	3 921	54 528	3.9
新疆	13 798	53 593	0.2

数据来源：《中国统计年鉴（2021）》。表1-6中GDP数字取整，与原始数据略有差异。

3.实训任务：

（1）建立SPSS数据集；

（2）对GDP按照10 000亿元以下、10 000亿~40 000亿元、40 000亿~100 000亿元、100 000亿元以上进行重新编码；

（3）对人均GDP按照50 000元以下、50 000~100 000元、100 000元以上进行重新编码；

（4）对第三产业增加值增长率按照0以下、0~2%、2%~4%、4%以上进行重新编码。

实践训练三

原始数据混合数字化编码及其编码分组

1.实训目的：能够对定性和定量数据进行混合数字化编码，便于统计软件识别；能够运用科学分组方法进行重新编码。

2.实训资料：表1-7是一个包含46家上市公司股票的数据集。该数据集旨在让学生了解上市公司股票基本面及其主要量化指标，可以激发学生了解股票投资理论和股票分析方法，搜集相关数据探索上市公司经营状况与股票主要指标之间的关系，由此更加深刻地理解以股票、债券、期货、期权等为主要类型的证券及证券市场是市场经济建设的重要组成部分，对于反映和调节货币资金运动、整个经济运行具有重要影响。

表1-7　　　　　　　　　　　46家上市公司股票的数据集

公司编号	交易所代码	每股收益（元）	营业总收入（亿元）	净利润（亿元）	净资产收益率（%）	所处行业
C01	SH	0.75	46.13	2.84	7.99	其他
C02	SZ	0.07	17.9	0.59	1.96	医药
C03	SZ	−0.14	1.74	−1.07	−87.1	食品
C04	SH	5.13	10.14	4.20	51.4	医药
C05	SH	3.84	237.1	42.37	37.16	其他
C06	SH	0.4	9.16	0.82	13.3	其他
C07	SZ	1.06	2.46	0.67	20.64	其他
C08	SZ	0.18	15.11	1.05	8.9	电子
C09	SZ	−0.05	3.93	−0.14	−33.92	食品
C10	SH	1.29	2.22	0.97	36.04	电子
C11	SH	0.52	15.78	1.85	32.83	食品
C12	SZ	0.2	8.01	1.43	7.89	电子
C13	SH	−0.86	4.74	−3.11	−13.27	电子
C14	SZ	0.16	15.1	1.72	11.05	其他
C15	SZ	1.17	16.25	1.07	17.68	电子
C16	SZ	0.61	29.6	1.26	10.14	电子
C17	SZ	1.46	5.87	0.84	36.8	其他
C18	SZ	2.12	13.69	1.77	29.89	其他
C19	SZ	−2.76	1.49	−14.86	−152.79	其他
C20	SZ	0.56	385.5	8.94	6.43	采矿
C21	SH	1.02	25.09	3.68	15.57	电子
C22	SH	0.38	7.26	0.70	15.06	采矿
C23	SH	−5.18	15.12	−31.99	−135.99	医药
C24	SH	1.89	25.22	7.44	48.56	食品
C25	SH	−1.78	1.66	−5.93	−73.47	其他

公司编号	交易所代码	每股收益（元）	营业总收入（亿元）	净利润（亿元）	净资产收益率（%）	所处行业
C26	SH	0.09	10.05	0.74	2.95	电子
C27	SH	−0.31	6.97	−1.61	−8.94	采矿
C28	SZ	−0.68	6.85	−4.51	232.41	医药
C29	SZ	0.11	11.43	0.21	2.19	采矿
C30	SZ	−0.23	9.62	−2.12	−7.22	电子
C31	SZ	−0.54	76.63	−8.22	−7.76	医药
C32	SZ	−0.88	14.18	−5.48	−25.07	其他
C33	SZ	0.03	50.32	0.19	1.85	其他
C34	SZ	−0.78	2.47	−9.98	−30.81	医药
C35	SZ	1.6	2.52	2.36	20.73	其他
C36	SH	0.48	24.36	1.72	11.94	其他
C37	SH	0.09	7.4	0.66	4.57	医药
C38	SH	2.55	11.24	2.29	30.13	电子
C39	SH	1.05	1.41	0.71	18.24	其他
C40	SH	2.49	480.5	49.38	43.62	采矿
C41	SH	0.15	29.07	3.06	151.77	采矿
C42	SZ	1.7	3.12	0.65	19.24	其他
C43	SZ	1.13	81.09	11.56	10.32	医药
C44	SZ	0.12	7.75	0.43	3.86	其他
C45	SZ	−0.04	51.37	−1.34	−2.57	其他
C46	SZ	0.4	413.8	4.55	5.96	采矿

说明：对"所处行业"进行了技术性修改，与实际行业类别有所差异。

3.实训任务：

（1）建立SPSS数据集；

（2）根据新生成的SPSS数据集，对交易所、所处行业进行重新编码；

（3）对营业总收入按照10亿元以下、10亿~30亿元、30亿~100亿元、100亿元以上进行重新编码；

（4）对每股收益按照0以下、0~1元、1~2元、2元以上进行重新编码；

（5）对净资产收益率按照0以下、0~10%、10%~50%、50%以上进行重新编码。

第二章 数据的显示与描述性统计分析

以人民为中心 科学运用数据

新时代我国社会主要矛盾是人民日益增长的美好生活需要和不平衡不充分的发展之间的矛盾，这是党和国家破解发展问题的根本立足点。坚持以人民为中心的发展思想是推动党和国家事业进步的根本遵循。发展全过程人民民主，推动人的全面发展、全体人民共同富裕取得更为明显的实质性进展是中国共产党奋进新时代的坚定追求。人民对美好生活的向往，就是我们的奋斗目标。培养学生综合运用统计数据分析国家经济社会发展过程中的问题与经济社会相关政策；培养学生主动研究中国问题，解决中国问题，激发统计数据助力中国发展意识；培养学生以人民为中心，培养学生辩证唯物主义和历史唯物主义的思维方式，科学设计统计指标体系，全面地、正确地认识我国经济社会发展的成绩及问题，更加坚定地拥护中国共产党带领全国各族人民走共同富裕道路，作出个人积极贡献，为国家富强、民族振兴、人民幸福添砖加瓦。

第一节 数据显示

一、统计表

经过整理后得到的反映总体特征的综合资料，是统计工作的初步成果。需要运用一定形式把它表示出来，以便人们分析和利用。统计表就是表现统计数据资料的一种主要的常用形式，统计部门也主要是通过统计表的形式向各级领导和管理部门以及社会各方面提供统计资料。因此，掌握统计表的编制和应用，是统计人员和管理工作者必须具备的基本知识。

（一）统计表的概念与作用

统计表是以纵横交叉的线条所绘制的表格来表现统计资料的一种形式。广义的统计表包括统计工作各阶段中所用的一切表格。狭义的统计表是指统计整理与分析研究阶段所使用的表格。统计表的作用有以下几个方面：

（1）它能使统计资料条理化，更清晰地表述统计资料的内容。

（2）采用统计表比用文字叙述方式表达统计资料更简明易懂，节省篇幅。

（3）统计表便于比较各项目（指标）之间的关系，而且便于计算。

（4）利用统计表易于检查数字的完整性和正确性。

（二）统计表的构成

1.统计表的构成要素

统计表从构成要素上来看，是由总标题、横行标题、纵栏标题和指标数值四部分组成的。

总标题是统计表的名称，用以概括统计表中所反映的统计资料的内容，一般位于表的上端正中央。

横行标题是横行内容的名称，在统计表中用来说明总体及其各组的名称，是统计表所要说明的对象，一般列在表的左方。

纵栏标题是纵栏内容的名称，在统计表中通常用来表示总体及其各组成部分数量特征的统计指标的名称，一般位于表的上方。

指标数值列在各横行标题与各纵栏标题交叉处。统计表中任何一个指标数值的内容都由横行标题和纵栏标题所限定，横行是其反映的对象，纵栏是其反映的内容。

2.统计表的内容

统计表从其内容上来看，是由两部分组成的：一部分是主词栏；另一部分是宾词栏。主词栏是统计表的主体，也就是统计表所要说明的对象，它可以是各个总体单位名称或总体各个分组的排列，通常用横行标题来表示。宾词栏亦称宾栏，它是说明主词栏的各项指标，一般由纵栏标题和指标数值所组成。统计表的构成如表2-1所示。

表2-1　　　　　　　　　　2020年全国国内生产总值　　　　←总标题

主词栏　　　　　　　　宾词栏　　　　　　　　　　　　←纵栏标题

项目	增加值（亿元）	比重（%）
第一产业	77 754.1	7.65
第二产业	384 255.3	37.82
第三产业	553 976.8	54.53
合计	1 015 986.2	100.00

横行标题

数据来源：《中国统计年鉴（2021）》。

注释：本表增加值未包括中国香港、中国澳门和中国台湾。

（三）统计表的种类

为了更好地发挥统计表在显示统计数据方面的作用，可以从不同的角度来对统计表进行分类。

1.按用途分类

统计表按用途不同，可分为调查表、整理表和分析表。调查表是在统计调查中用于登记、搜集原始资料的表格；整理表是在统计整理或汇总中使用的表格和用于表现统计整理或汇总结果的表格，又称汇总表；分析表是在统计分析中用于对整理所得的统计资料进行统计定量分析的表格。表中的数字既会有总量指标，也会有相对指标和平均指标。

2.按统计数列的性质分类

统计表按所反映统计数列的时空性质不同，分为空间数列表、时间数列表和时空数列合表。空间数列表又称静态表，是反映在同一时间条件下不同空间范围内的统计数列的表格，它可以说明社会经济现象在不同空间内的数量分布状态，一般计量经济学教材称为横截面数据。时间数列表又称动态表，是反映在同一空间条件下不同时间上的统计数列的表格，它可以说明在既定的空间范围内，社会经济现象在不同时间上的变动过程，一般计量经济学教材称为时间序列数据。时空数列结合表是指同时反映上述两方面内容的统计表，它既说明某些社会经济现象在不同空间内的数量分布，又说明它们在不同时间上的数量变动，一般计量经济学教材称为面板数据。

3.按总体分组情况分类

统计表按对总体分组的情况不同，可分为简单表、分组表和复合表。简单表是指对统计总体未做任何分组，仅按单位名称或时间顺序排列而成的统计表，见表2-2和表2-3。分组表又称简单分组表，是指对统计总体仅按一个标志进行分组而形成的统计表，见表2-4和表2-5，利用分组表可以深入分析现象的内部结构和现象之间的相互依存关系。复合表又称复合分组表，是指对统计总体按两个或两个以上标志进行交叉重叠分组而形成的统计表，见表2-6。

表2-2　　　　　**我国主要年份国内生产总值及其构成**　　　　　单位：亿元

年份	1978年	1990年	2000年	2010年	2020年
第一产业	1 018.5	5 017.2	14 717.3	38 430.8	77 754.1
第二产业	1 755.1	7 744.1	45 663.7	191 626.5	384 255.3
第三产业	905.1	6 111.6	39 899.1	182 061.9	553 976.8
合计	3 678.7	18 872.9	100 280.1	412 119.3	1 015 986.2

数据来源：《中国统计年鉴（2021）》。

表2-3　　　　　**我国2010—2020年人均国内生产总值**

年份	人均国内生产总值（元）
2010年	30 808
2011年	36 277

续表

年份	人均国内生产总值（元）
2012年	39 771
2013年	43 497
2014年	46 912
2015年	49 922
2016年	53 783
2017年	59 592
2018年	65 534
2019年	70 078
2020年	72 000

数据来源：《中国统计年鉴（2021）》。

表2-4　　　　　　　　某纺织厂工人看管机器台数分配表

看管机器台数（台）	工人数（人）	比重（%）
2	6	10.00
3	18	30.00
4	20	33.33
5	12	20.00
6	4	6.67
合计	60	100.00

表2-5　　　　　　　某县城居民家庭人均月消费性支出分配表

人均月消费性支出（元）	家庭数（户）	比重（%）
300~350	5	6.67
350~400	16	21.33
400~450	30	40.00
450~500	14	18.67
500~550	7	9.33
550~600	3	4.00
合计	75	100.00

表2-6　　　　　　　　　全国2020年中央和地方一般公共预算收入　　　　　　单位：亿元

项目	一般公共预算收入	其中	
		中央	地方
税收收入	154 312.29	79 644.23	74 668.06
非税收入	28 601.59	3 126.49	25 475.10
合计	182 913.88	82 770.72	100 143.16

（四）统计表的设计和制表规则

设计统计表必须遵循科学、实用、简练、美观的原则。

1.统计表形式的设计

（1）统计表通常应设计成长方形表格，长、宽之间应保持适当的比例，过于细长、过于粗短的表格均应尽量避免。

（2）统计表上、下两端应以粗线或双线绘制，表中其他线条应以细线绘制。统计表左、右两端习惯上均不画线，采用"开口"表示。

（3）统计表各横行如需合计时，一般应将之列在最后一行，各纵栏如需合计时，一般列于最前一栏。

（4）将复合分组列在横行标题时，应在第一次分组的各组组别下退一字填写第二次分组的组别。此时，第一次分组的组别就成为第二次分组的各组小计，依此类推。若复合分组列在纵栏标题，则应先按第一次分组的组别列为各大栏，再按第二次分组的组别将各大栏分别分为各小栏。

（5）统计表纵栏较多时，为便于阅读，可编栏号。习惯上在主词和计量单位各栏用"（甲）（乙）（丙）（丁）"等文字标明，宾词各栏用"（1）（2）（3）（4）"等数字编号。各栏统计数字之间有一定关系的，也可用数学符号表示。

2.统计表内容的设计

（1）统计表的各种标题，特别是总标题的表述，应简明、确切地概括表的内容。另外，还应在标题下写明资料所属的时间和空间范围。

（2）统计表中主词各行及宾词各栏的排列，应有一个合理的顺序。一般应按先局部后整体的原则进行排列，即先列各分组，后列总计。当没有必要列出所有各组时，可以先列总计，而后列出其中一部分重要数值。

（3）统计表的主词与宾词之间必须遵守相互对应的原则，以便表明统计表中任何一个指标数值反映的量所属的社会经济性质及其限定的时间、空间和条件。

（4）统计表中的指标数值有着一定的计量单位。为使统计表阅读方便，计量单位应按如下方法表示：①当各指标数都以同一单位计量时，就将计量单位写在统计表的右上角；②当同栏指标数值以同一单位计量，而各栏的计量单位不同时，则应将单位标写在各纵栏标题的下方或右方；③当同行统计资料以同一单位计量，而各行的计量单位不同时，则可在横行标题后添列计量单位栏，用以标明各行的计量单位。

（5）统计表中宾词指标的设计主要是指统计指标的编排。宾词指标的设计在不要求分组的情况下，可以按照指标的主次先后排列，在需要分组时，宾词指标的设计分为简单设计和复合设计。宾词指标的简单设计是将宾词中的各个指标并列起来做平行的设置，见表2-7。宾词指标的复合设计是将宾词中的各个指标做层叠的设置，见表2-8。宾词指标的复合设计能够更全面、更深入地描述所研究总体的特征，但宾词指标分得过多过细，容易造成统计表混乱不清。因此，对宾词指标的复合设计应慎重考虑。

表2-7　　　　　　　　　　　宾词指标平行配置表

企业	职工人数	性别		工龄		
		男	女	5年以下	5~10年	10年以上
甲	（1）	（2）	（3）	（4）	（5）	（6）
合计						

表2-8　　　　　　　　　　　宾词指标复合配置表

企业	职工人数			工龄								
				5年以下			5~10年			10年以上		
	合计	男	女	合计	男	女	合计	男	女	合计	男	女
甲	（1）	（2）	（3）	（4）	（5）	（6）	（7）	（8）	（9）	（10）	（11）	（12）
合计												

3.统计表制表技术要点

（1）文字应书写工整，字迹清晰；数字应填写整齐，数位对准，计量单位应按统计制度的规定填写，不得另设不同的计量单位。

（2）当数字为"0"或数字太小可忽略不计时应写出来；如不应有数字则要用符号"—"表示；当缺某项数字或可略而不计时用符号"…"表示；当某项资料应免填时，用符号"×"表示。统计表中的数字部分不应留下空白。当某数值与相邻数值相同时，仍应填写，不应用"同上""同左"等字样或符号代替。

（3）对于某些需要特殊说明的统计资料，应在统计表的下方加注说明。

（4）各种指标统计完毕经审核后，制表人及主管负责人应签名，并加盖单位公章，以示负责。

二、统计图

统计图能将各种统计数据变为非常直观的图形格式，并且从统计图上能很容易地看出结果，以及数据之间的关系和数据的发展趋势。Excel软件具有强大的统计图制作功能，它有丰富的图表类型，不仅能建立平面图表，而且还能建立比较复杂的三维立体图表。

（一）统计图的类型

统计图的类型很多，在现代数据处理实践中，使用较多的有柱形图、条形图、折线图、饼图、面积图、散点图等。根据表现不同类型数据关系，需要制作专门的对应图表。

下面以表2-9所示表格数据制作的图表为例，介绍数据图表的主要类型。

表2-9　　　　　　　　　某贸易公司2020年上半年产品销售统计表

月份	服装（件）	家电（台）	珠宝（个）	数码（个）	食品（袋）	日用百货（件）
1月	82 500	151 000	93 500	81 900	71 220	81 520
2月	61 750	118 500	61 750	41 500	86 950	93 450
3月	44 500	101 500	43 500	87 050	115 500	101 500
4月	142 500	95 000	195 000	25 630	54 542	85 580
5月	12 000	133 500	123 000	54 470	23 690	34 570
6月	75 810	100 500	97 500	115 400	58 470	56 320

1.柱形图

柱形图，又称长条图、柱状统计图（Bar Chart），亦称条图（Bar Graph）、条状图、棒形图，是一种以长方形的长度为变量的统计图表。长条图亦可横向排列，或用多维方式表达。柱形图就是人们常说的直方图，用于显示某一段时间内数据的变化，或比较各数据项之间的差异。分类在水平方向组织，而数值在垂直方向组织，以强调相对于时间的变化。

另外，在实际管理应用中，柱形图还有一些变形，例如，堆积柱形图显示单个数据项与整体的关系，三维透视的柱形图可比较两个坐标轴上的数据点。

图2-1就是根据表2-9中的数据表格制作的三种不同形式的柱形图。

2.条形图

条形图也用于各数据之间的比较。与柱形图不同的是，其分类在垂直方向，而数值在水平方向，以使观察者的注意力集中在数值的比较上，而不在时间上。

另外，堆积条形图显示了单个数据与整体的关系，可以把不同项目之间的关系描述得更清楚。

图2-2就是根据表2-9中的数据表格制作的三种不同形式的条形图。

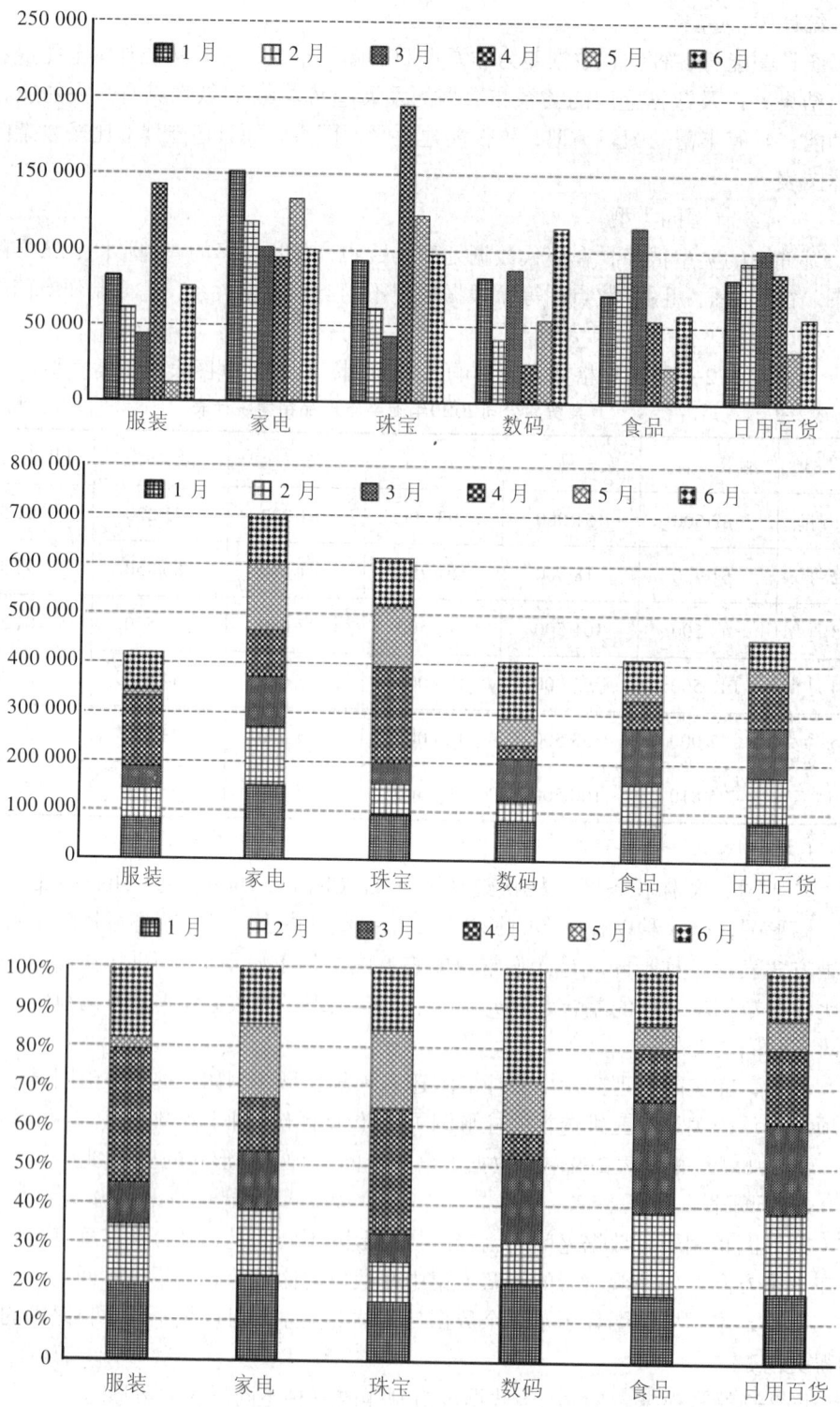

图2-1 三种不同形式的柱形图（柱形图、堆积柱形图、百分比堆积柱形图）

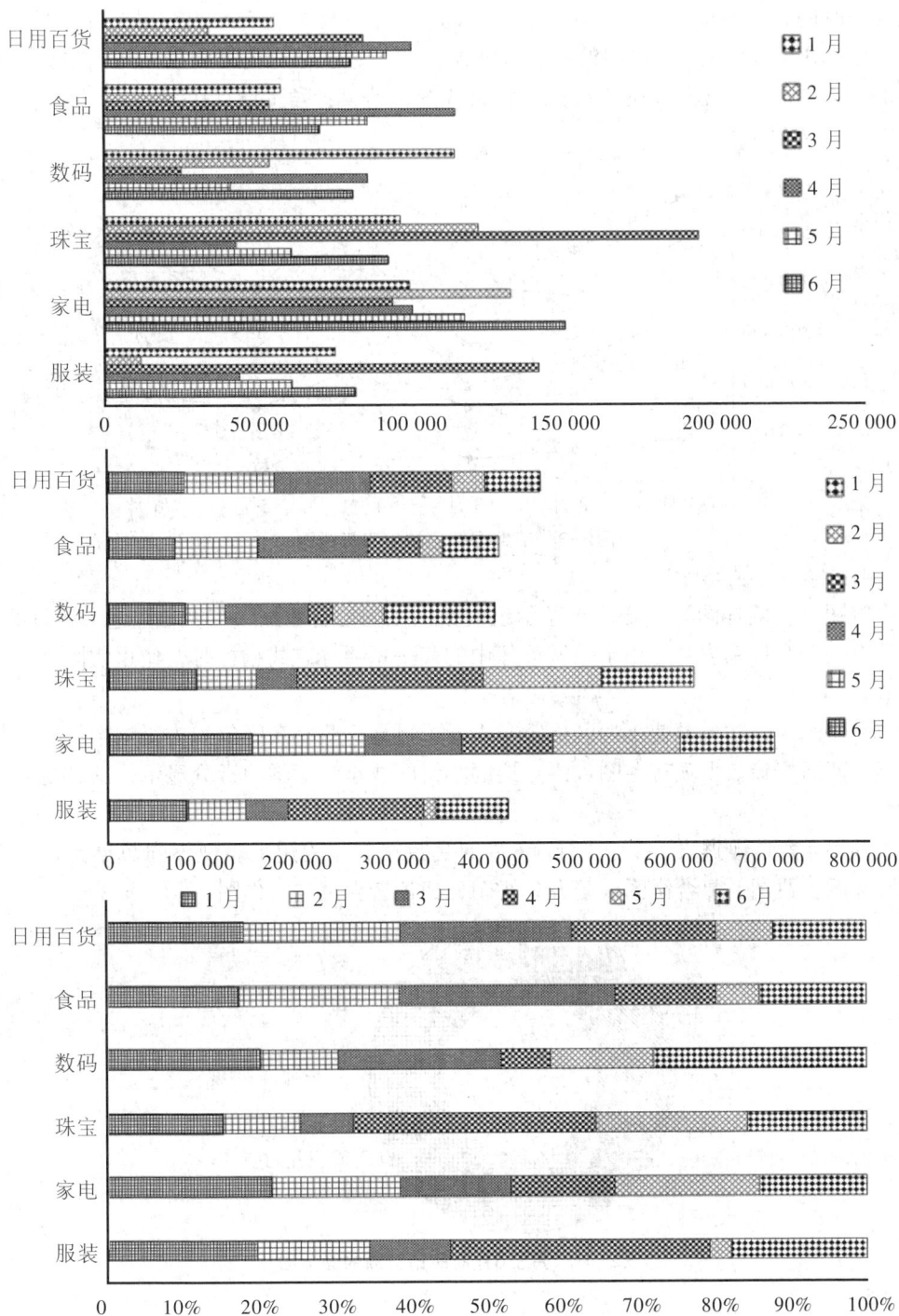

图2-2　三种不同形式的条形图（条形图、堆积条形图、百分比堆积条形图）

3.折线图

折线图主要用于显示各数据随时间而变化的趋势情况。折线图的横坐标几乎总是表现为时间，比如年份、季度、月份、日期等。折线图中也有堆积数据点折线图。

图2-3就是根据表2-9中的数据表格制作的带数据标记的堆积折线图。带数据标记的折线图、带数据标记的百分比堆积折线图，请读者尝试自行作图。

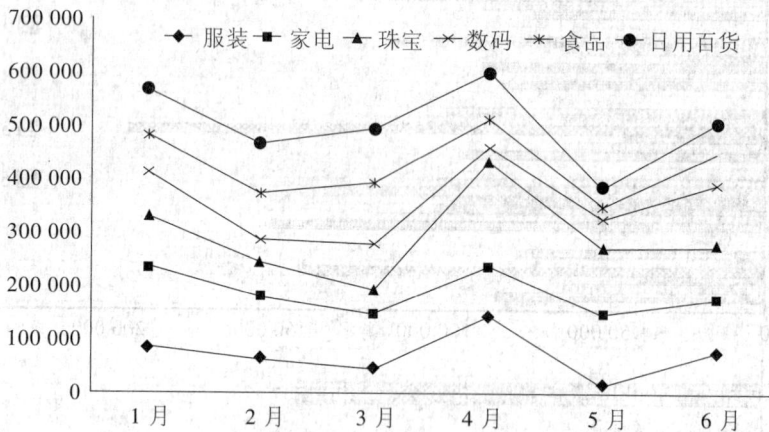

图2-3 带数据标记的堆积折线图

4.饼图（含圆环图）

饼图（含圆环图）主要用于显示组成数据系列的各数据项与数据项总和的比例。当只有一个数据系列并且用于强调整体中的某一重要标志或指标时，使用饼图就十分有效。

在饼图中，如果要使小扇区更容易查看，可将这些小扇区组织为饼图中的一个数据项，然后将该数据项在主图表的旁边的小饼图或小条形图中拆分显示，这就是复合饼图。

图2-4就是根据表2-9中1月份6种商品数据制作的用来表现不同数据比例关系的圆环图。饼图、复合饼图、复合条饼图，请读者尝试自行作图。

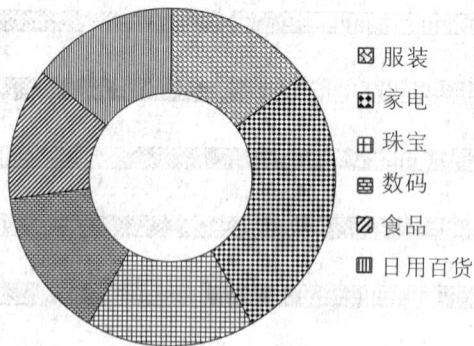

图2-4 1月份6种商品销售额的圆环图

5.面积图

面积图用于显示不同数据系列之间的对比关系，同时显示各数据系列与整体的比例关系。图2-5就是根据表2-9中数据制作的堆积面积图。面积图、百分比堆积面积图，请读者尝试自行作图。

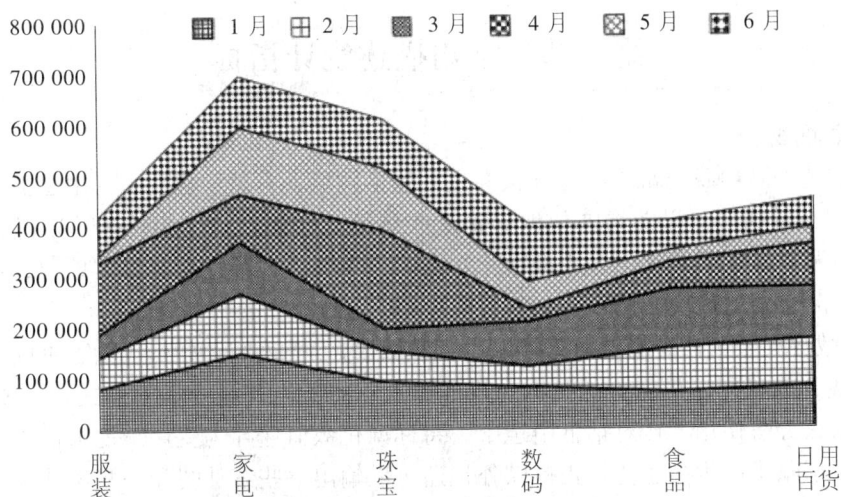

图2-5 堆积面积图

6.其他标准图表

除了上述几种常用的标准图表之外，其他常用的图表类型还有XY散点图、气泡图、雷达图、股价图、曲面图、锥形图、圆柱图、圆锥图和棱锥图等。

7.图表类型的选择原则

制作数据图表时，图表类型的选取最好与源数据表的内容以及制作目的相结合，对于不同的数据表一定要选择最适合的图表类型，这样才能使表现的数据更生动、形象。

比如，要制作某公司上半年各月份之间的销售变化趋势，最好使用柱形图、条形图或折线图；用来表现某公司人员职称结构、年龄结构等最好采用饼图；用来表现居民收入与上网时间关系等，最好采用XY散点图等。

（二）统计图的各个组成部分

认识统计图是正确操作图表的基础。图2-6标注了统计图的各个部分及其名称。

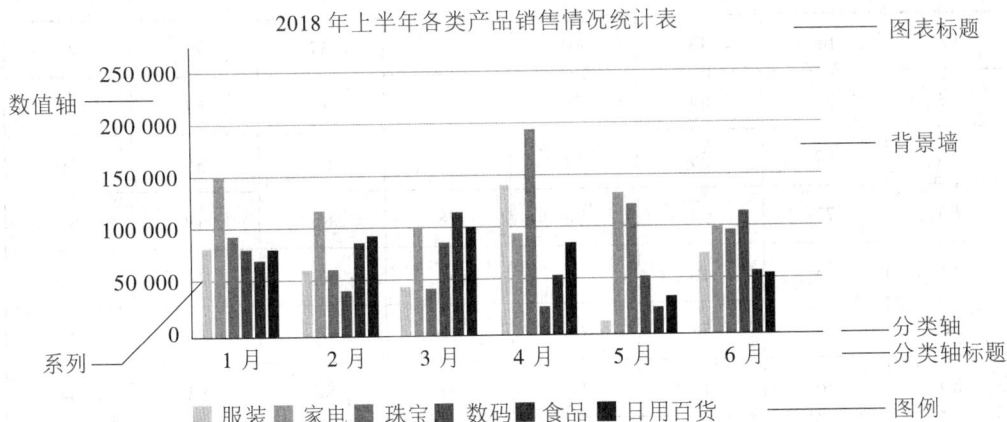

图2-6 统计图的各个部分及其名称

第二节　常用描述统计指标

一、基本原理

在描述统计中我们常用的统计指标主要包括均值、方差、标准差、中位数、众数等。使用统计软件可以非常方便地得到这些结果。SPSS的许多模块都可以进行描述性统计分析，其中最常用的几个模块集中在"分析"→"描述统计"菜单中，主要有"频数分布表"、"描述统计分析"和"探索分析"。

"频数分布表"命令的特色是可以产生频数表；"描述统计分析"除了可以进行一般性的统计描述，还可将原始数据转换成标准正态数据并以变量的形式存入SPSS数据库供以后分析使用（在对话框中选中"将标准化数值保存为变量"复选框）。"探索分析"过程除了产生描述统计指标以外，还可以输出一些统计图和一些统计检验。不同的命令可以计算的统计指标略有差异。

二、实验工具

实验工具为汉化版的SPSS软件。

三、试验方法

某企业对85名员工进行了业务知识培训，并在培训前后分别进行了测试，两次测试的得分如表2-10所示，要求计算均值、众数、中位数、方差、标准差等主要统计指标。

表2-10　　　　　　　　　　培训前后测试得分表　　　　　　　　　单位：分

培训前							
66	63	81	51	60	62	73	66
66	60	48	60	62	57	56	62
44	60	62	81	76	30	79	60
68	68	43	60	76	67	77	40
53	80	84	76	45	75	61	61
58	52	75	61	39	62	35	29
60	77	54	78	78	80	49	83
55	55	48	32	63	69	71	21
56	38	58	60	70	62	36	71
50	66	47	53	71	80	83	64
26	72	74	57	46			

续表

培训后							
73	73	63	79	94	43	71	85
71	71	67	87	65	70	85	64
79	96	87	64	92	89	54	93
45	78	82	64	94	64	75	72
75	88	82	64	66	70	73	75
80	95	67	97	93	53	80	75
73	68	84	75	87	53	64	85
80	62	64	75	64	80	71	71
75	66	75	86	86	81	62	49
68	75	95	66	79	78	80	89
75	88	63	78	37			

在 Excel 表中，显示结果如表 2-11 所示。

表2-11 **培训前后测试得分表**

工号	培训前	培训后
1	66	73
2	66	71
3	44	79
4	68	45
5	53	75
6	58	80
⋮	⋮	⋮
83	21	71
84	71	49
85	64	89

操作步骤如下：

将数据输入 SPSS。在菜单栏中选择"分析"→"描述统计"→"频率"，进入

"频率"对话框。将"培训前测试成绩"和"培训后测试成绩"同时选入"变量"对话框（如图2-7所示）。单击"Statistics"按钮进入"频率：统计"对话框，选中需要的统计指标（如图2-8所示），包括均值、中位数、众数、四分位数、标准差、方差、最小值、最大值。

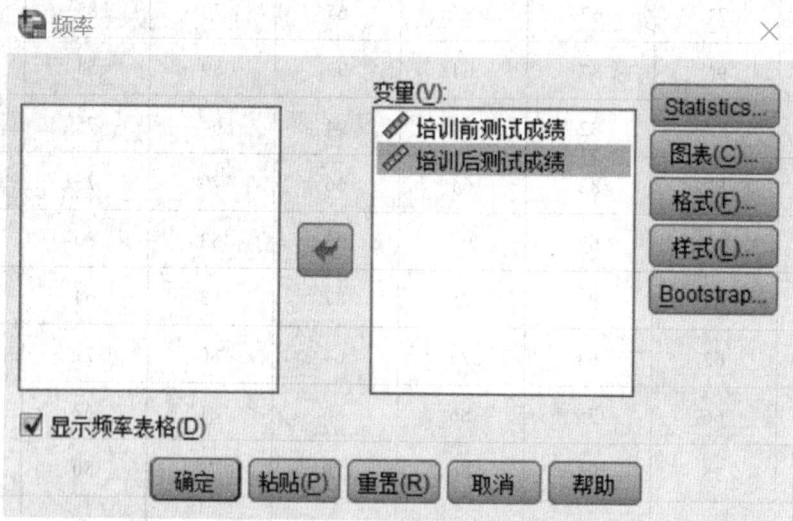

图2-7 "频率"对话框

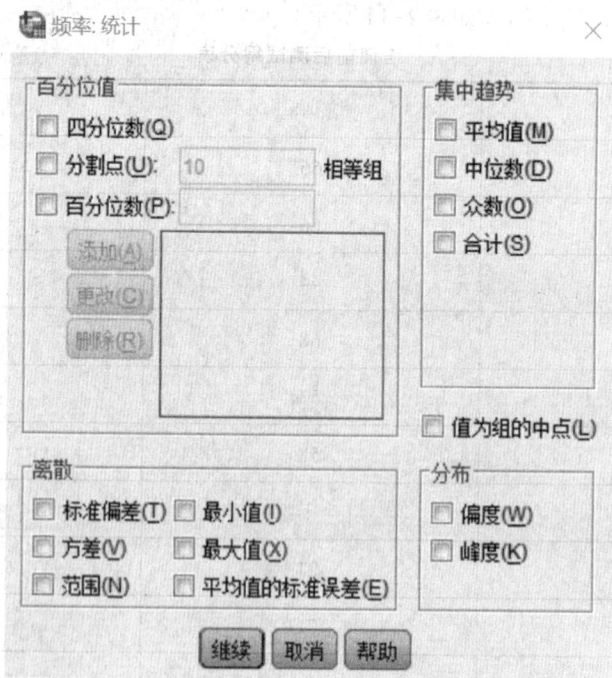

图2-8 "频率：统计"对话框

单击"继续"按钮返回"频率"对话框，单击"确定"按钮可得到计算结果。输出结果如图2-9所示。

统计量

		培训前测试成绩	培训后测试成绩
N	有效	85	85
	失效	0	0
均值		60.5059	74.4588
中值		61.0000	75.0000
众数		60.00	75.00
标准差		14.56236	12.55896
方差		212.062	157.727
极小值		21.00	37.00
极大值		84.00	97.00
百分位数	25	52.5000	66.0000
	50	61.0000	75.0000
	75	71.5000	84.5000

图2-9 输出结果

第三节 案例解析

一、用SPSS进行统计分组

（一）基本原理

SPSS有很好的分组统计功能，用SPSS进行分组是使用菜单中的"转换"命令，然后在对话框中进行分组区间设定，即通过"转换"→"重新编码"→"到不同变量"先定义一个新的变量名，然后单击"旧数值和新数值"指定分组的范围，再用"频数分布表"进行统计分析和图示。

（二）实验工具

实验工具为汉化版的SPSS软件。

（三）试验方法

对表2-1中的数据进行分组。

操作步骤如下：

（1）选择"转换"→"重新编码为不同变量"命令，弹出"重新编码为其他变量"对话框，将"培训前测试成绩"选入"Numeric Variable"（数字变量）框中，并在"输出变量"中输入新变量的名字"培训前成绩分组"，单击框后的"更改"按钮（如图2-10所示）。

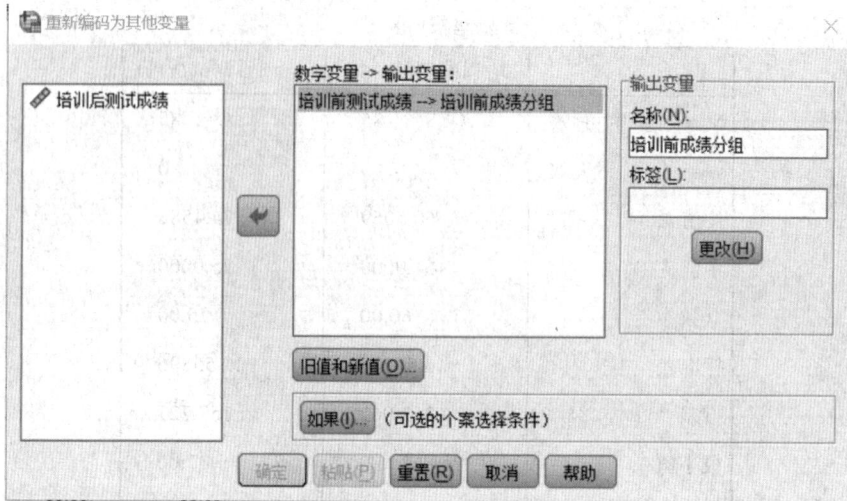

图2-10 "重新编码为其他变量"对话框

（2）单击"旧值和新值…"按钮，弹出"重新编码到其他变量：旧值和新值"对话框。在对话框中左侧"范围，从最低到值"框中输入"30"，然后在"新值"框中的"值"后输入"1"，单击"增加"按钮，右侧的文本框中显示"Lowest thru30→1"，表示用1代表30以下的分数。

以此类推，在左侧"范围"框中输入"30"到"40"，然后在"新值"框中的"值"后输入"2"，单击"增加"按钮，即用2代表30到40之间的分数。同样，用3代表40到50之间的分数，用4代表50到60之间的分数，用5代表60到70之间的分数，用6代表70到80之间的分数。在左侧"范围：从值到最高"框中输入"80"，然后在"新值"框中的"值"后输入"7"，单击"增加"按钮加入，即用7代表80以上的分数（如图2-11所示）。

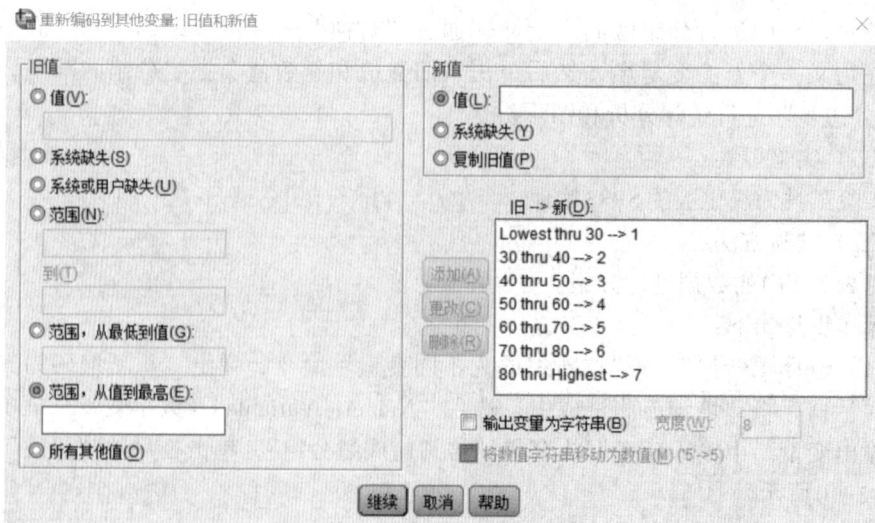

图2-11 新变量赋值对话框

（3）单击"继续"按钮，回到如图2-10所示的对话框中，单击"确定"按钮，生成新的变量"培训前成绩分组"。

（4）选择"分析"→"描述统计"→"频率"命令，弹出"频率"对话框，从左侧选择"培训前成绩分组"进入"变量"框中，选中"显示频率表格"复选框，表示显示频数分布表。单击"图表"按钮，弹出"频率：图表"对话框，如图2-12所示。

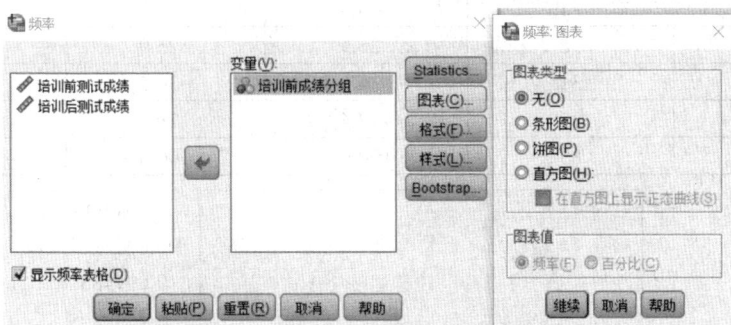

图2-12 "频率"及"频率：图表"对话框

继续选择"直方图"和"在直方图上显示正态曲线"两项，单击"继续"按钮，回到"频数"对话框，单击"确定"按钮，显示结果如表2-12和图2-13所示。

表2-12 处理结果：培训前成绩分组

分类	频率	百分比	有效百分比	累积百分比
有效 1	4	4.7	4.7	4.7
2	6	7.1	7.1	11.8
3	9	10.6	10.6	22.4
4	21	24.7	24.7	47.1
5	21	24.7	24.7	71.8
6	19	22.4	22.4	94.1
7	5	5.9	5.9	100.0
合计	85	100.0	100.0	

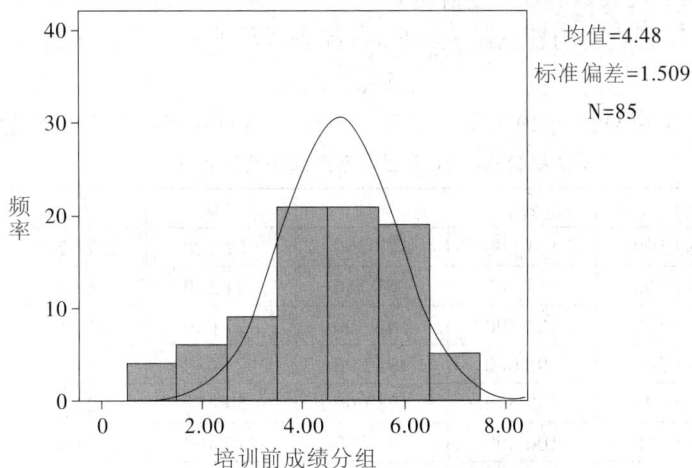

图2-13 培训前成绩分组直方图

（5）按上述步骤，作出"培训后成绩分组"，显示结果如表2-13和图2-14所示。

表2-13　　　　　　　　　　处理结果：培训后成绩分组

分类	频率	百分比	有效百分比	累积百分比
有效2	1	1.2	1.2	1.2
3	3	3.5	3.5	4.7
4	3	3.5	3.5	8.2
5	22	25.9	25.9	34.1
6	31	36.5	36.5	70.6
7	25	29.4	29.4	100.0
合计	85	100.0	100.0	

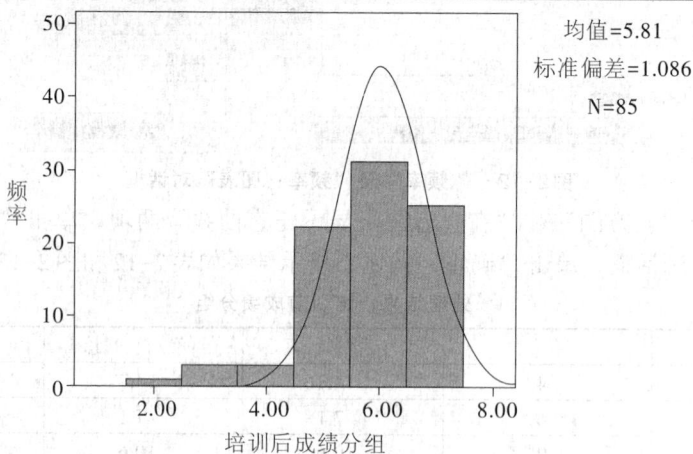

均值=5.81
标准偏差=1.086
N=85

图2-14　培训后成绩分组直方图

本节重点介绍数据图表的创建与编辑，请读者注意各种操作的步骤的主要内容以及注意事项。

二、Excel数据图表的创建与编辑

（一）嵌入式的图表和图表工作表

不管制作哪种类型的数据图表，Excel都有两种处理方式：嵌入式图表和图表工作表。

表2-14是某贸易公司2020年上半年产品销售数据按产品和月份汇总后的结果。

表2-14　　　　　某贸易公司2020年上半年产品销售统计表　　　　　单位：元

月份	服装	家电	珠宝	数码	食品	日用百货
1月	82 500	151 000	93 500	81 900	71 220	81 520
2月	61 750	118 500	61 750	41 500	86 950	93 450
3月	44 500	101 500	43 500	87 050	115 500	101 500
4月	142 500	95 000	195 000	25 630	54 542	85 580
5月	12 000	133 500	123 000	54 470	23 690	34 570
6月	75 810	100 500	97 500	115 400	58 470	56 320
合计	407 060	566 500	491 250	351 480	386 682	418 370

嵌入式图表如图 2-15（a）所示，是把数据图表直接插入数据所在的工作表中，主要用于说明数据与工作表的关系，用图表来解释和说明工作表中的数据具有很强的说服力。

图表工作表如图 2-15（b）所示，是把数据图表和与之相关的原数据表分开存放，数据图表放在一个独立的工作表中，它主要适用于只需要图表的场合，输入工作表数据的目的就是建立一个数据图表，在最后的文档中只需要这张图表。

	A	B	C	D	E	F	G
1	月份	服装	家电	珠宝	数码	食品	日用百货
2	1月	82500	151000	93500	81900	71220	81520
3	2月	61750	118500	61750	41500	86950	93450
4	3月	44500	101500	43500	87050	115500	101500
5	4月	142500	95000	195000	25630	54542	85580
6	5月	12000	133500	123000	54470	23690	34570
7	6月	75810	100500	97500	115400	58470	56320
8	合计	407060	566500	491250	351480	386682	418370

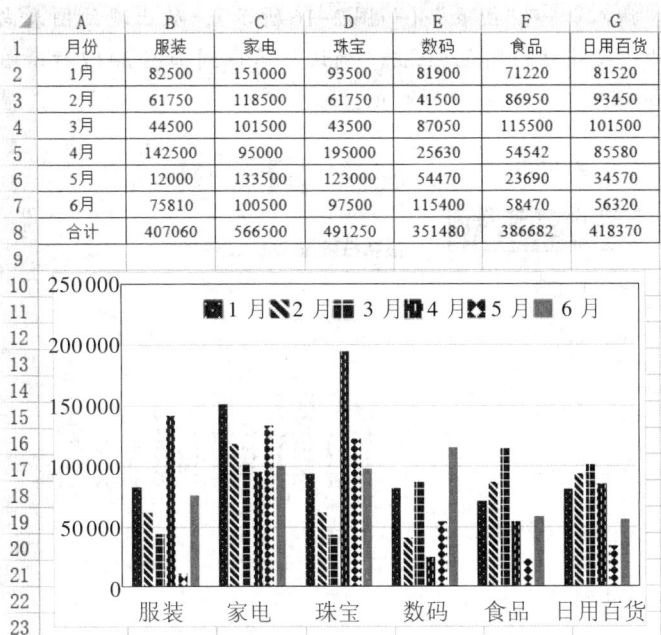

（a）嵌入式图表

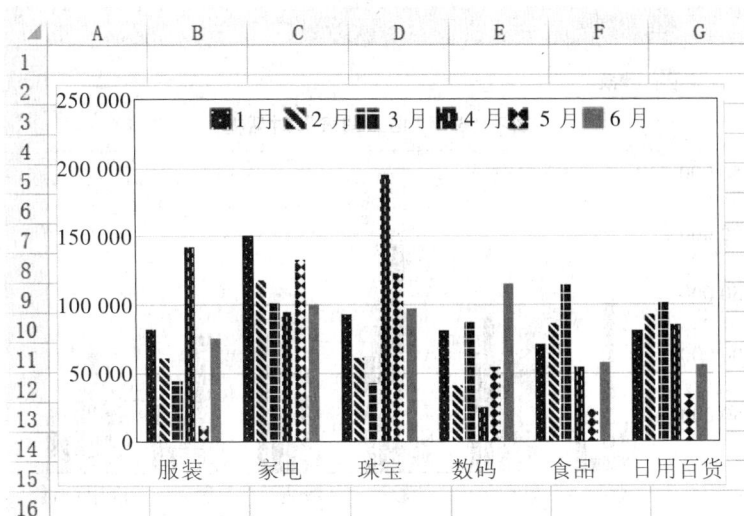

（b）单独图表工作表

图2-15　两种数据图表的处理方式

（二）利用图表向导创建嵌入式图表

【例2-1】根据图2-15（a）中的图表，利用图表向导快速创建嵌入式图表。

操作步骤如下：

（1）选择单元格数据区域。对于本例，应该选取A2：G7范围。

注意：制作统计图时，需要先选择数据区域。选取数据区域时，其所在的行标题、列标题也必须同步选取，以便作为将来建立数据图表的系列名称和图例名称。

（2）选择"插入"→"图表"（如图2-16所示），从出现的图表向导中选择"柱形图"的第一种"簇状柱形图"，点击"确认"后得到如图2-17所示图表。

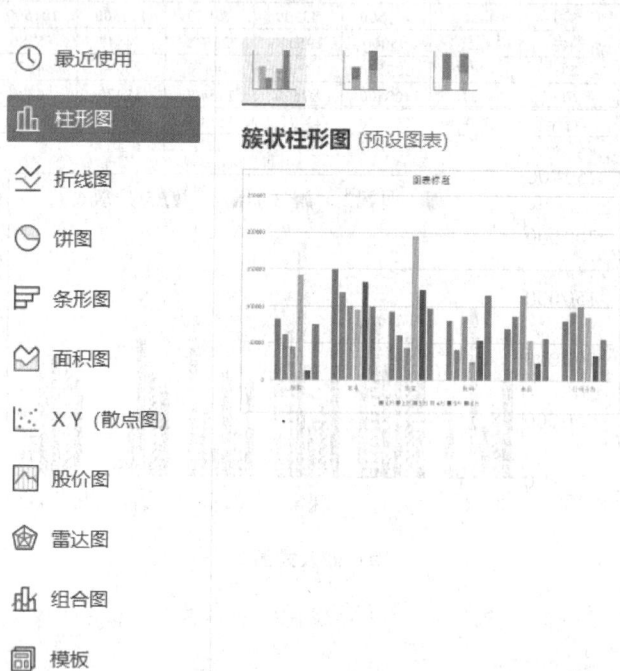

图2-16 "插入图表"对话框

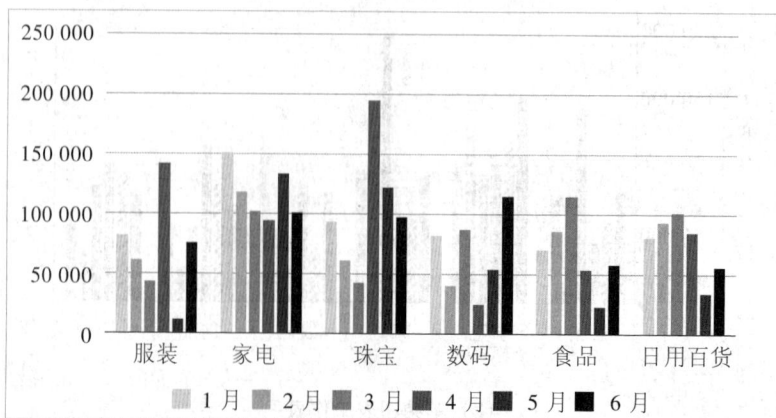

图2-17 插入的簇状柱形图

需要说明的是，可以对图2-17点击"设置绘图区格式""设置图例格式""设置坐标轴格式"进行图的修饰，使得图尽量美观、简洁。

（3）选中插入的图表，右键单击"选择数据"按钮，弹出"编辑数据源"对话框，如图2-18所示。在"系列生成方向"中可切换"每行/每列数据作为一个系列"，切换后的效果如图2-19所示。

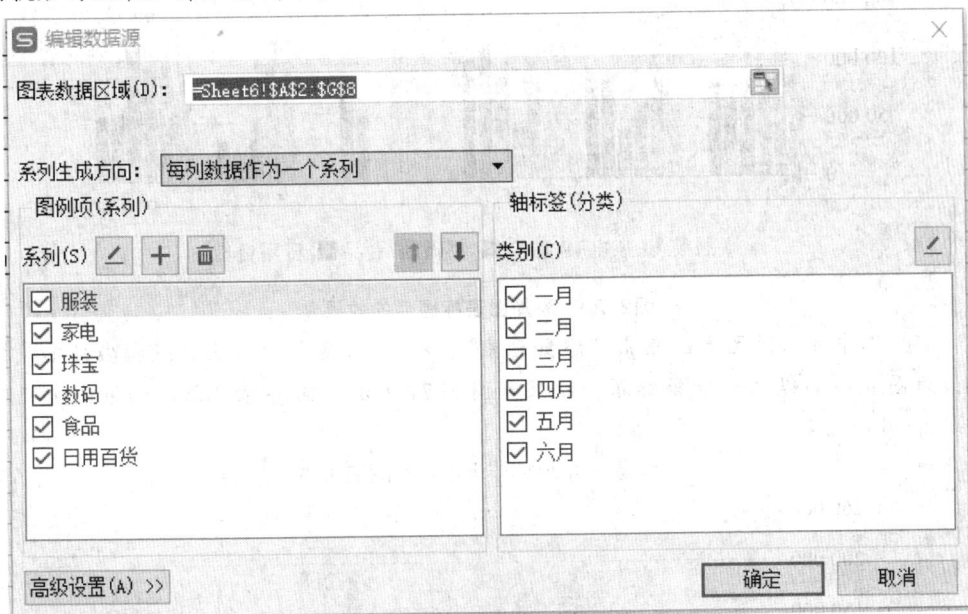

图2-18　"编辑数据源"对话框

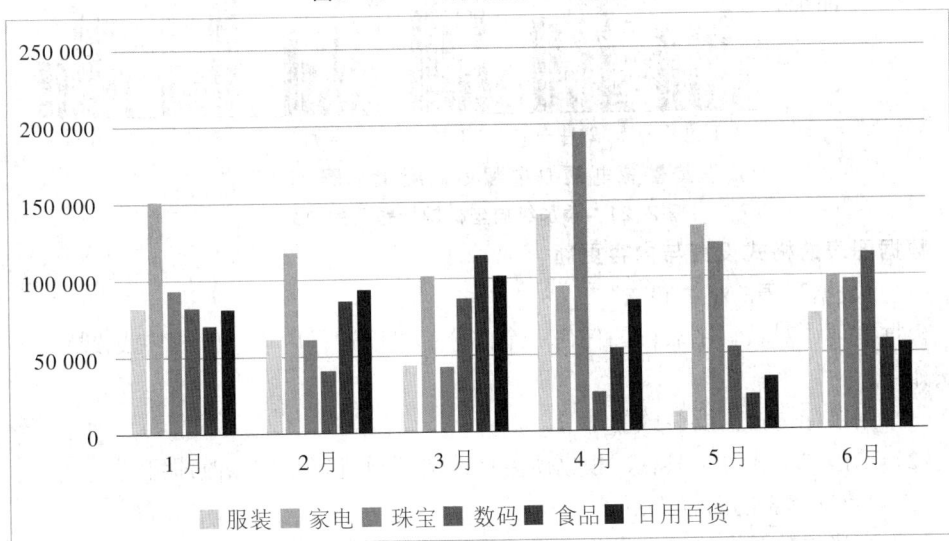

图2-19　切换行/列后的效果

（4）选中插入的图表，单击"添加元素"→"图表标题"→"图表上方"按钮，为图表添加标题，如图2-20所示。

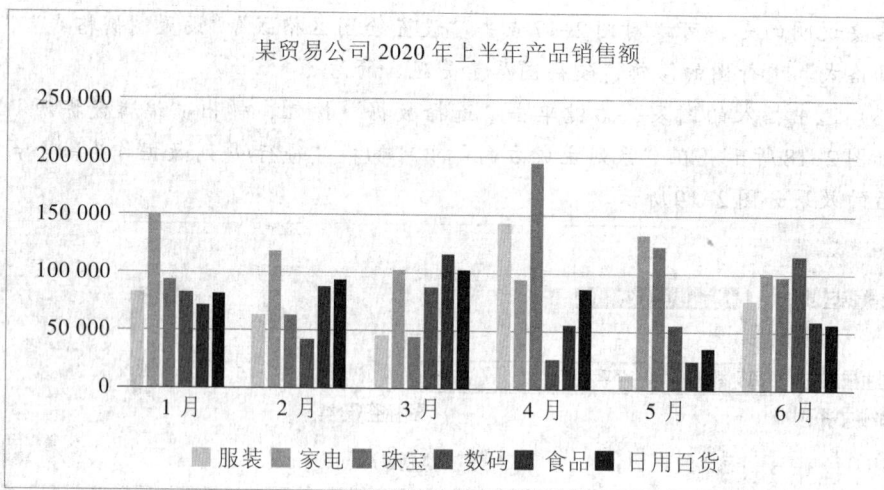

图2-20　添加图表标题后的效果

（5）选中插入的图表，单击"添加元素"→"轴标题"→"主要纵向坐标轴"按钮，为图表添加纵向坐标轴标题，结果如图2-21所示。同样也可以添加横向坐标轴标题。

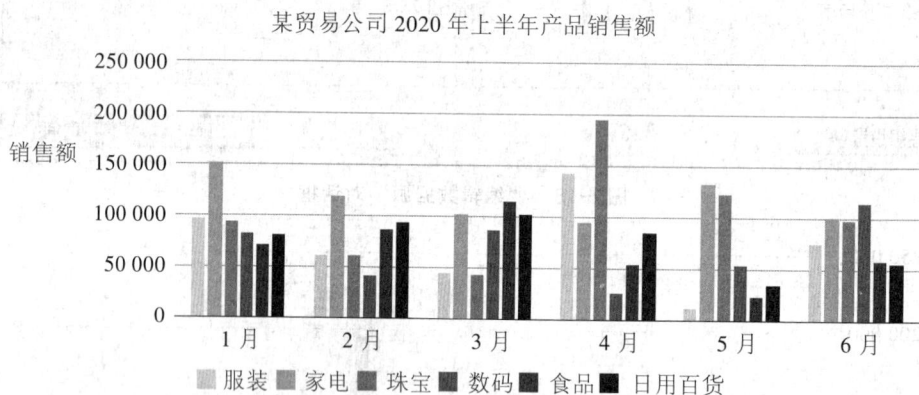

图2-21　添加纵向坐标轴标题后的效果

三、数据图表的格式设置与内容更新

（一）数据图表的格式设置

根据需要，对数据图表中的任何一个部分都可以进行内容修改或格式设置，操作步骤如下：

（1）用鼠标选择需要修改的部分。

（2）单击"格式"工具栏，根据所要修改的项目进行相应修改即可。

（二）数据图表的内容更新

如果表格中数据源的数据发生变化或根据工作要求，有时需要对数据图表进行更新，一般包括以下3项操作内容：

（1）修改原表格数据：当原表格的数据发生变化时，根据原先的数据生成的图或表会自动智能更新。

（2）向图表添加数据：首先复制需要添加的单元格，然后选中图表"粘贴"即可。

（3）从图表删除数据：从图表中选择数据系统，按 Delete 键即可。

上述 3 种变动数据方法，需要谨慎操作，防止产生错漏。

四、选取不连续区域制作饼图

对于不连续区域的数据，也可以制作图表，这在饼状图制作中非常普遍。

继续对表 2-14 数据进行示例操作。现在想制作用来反映上半年各产品合计销售额之间对比关系的饼图，操作步骤如下：

（1）先选择商品类别所在行的连续区域 A2∶G2（注意 A2 不要漏掉）。

（2）按住 Ctrl 键的同时，再选择"合计"一行所在的连续区域 A9∶G9，如图 2-22 所示。需要说明的是，与图 2-15 相比，多加一行文字"某贸易公司 2020 年上半年产品销售统计表"。

	A	B	C	D	E	F	G
1	某贸易公司2020年上半年产品销售统计表						
2	月份	服装	家电	珠宝	数码	食品	日用百货
3	1月	82500	151000	93500	81900	71220	81520
4	2月	61750	118500	61750	41500	86950	93450
5	3月	44500	101500	43500	87050	115500	101500
6	4月	142500	95000	195000	25630	54542	85580
7	5月	12000	133500	123000	54470	23690	34570
8	6月	75810	100500	97500	115400	58470	56320
9	合计	407060	566500	491250	351480	386682	418370

图2-22 选择不连续区域的数据区域

（3）选择"插入"→"图表"工具栏，按照前面介绍的方法创建图表并根据需要对图表进行修饰和格式化设置，最终制作效果如图 2-23 所示。

某贸易公司 2020 年上半年产品销售额占比

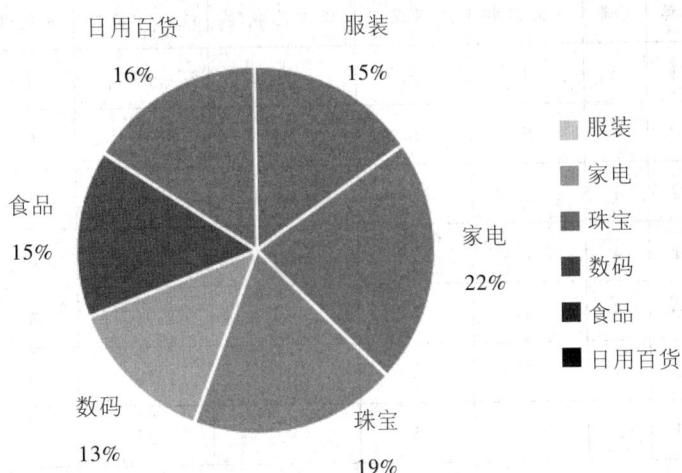

图2-23 合计后的各类产品销售比例图

五、用 SPSS 绘制基本统计图

虽然 Excel 具有纯中文界面和简单而强大的绘图功能，可以用它来直接绘制各种简单的统计图，但是 Excel 可以直接绘制的统计图种类有限，对于误差条图、自回归图等无能为力。即使它支持线图、条图等，但如果过于复杂，如叠式条图、累计条图等也无法作出，而这些复杂统计图在统计中是经常会碰到的，此时就只能采用统计软件来绘制，SPSS 就是其中优秀的统计作图软件之一。

【例 2-2】在某学期的统计学教学中，教师在教学中使用了英文教材，并采用了案例教学的方法。在学期结束时，采用问卷形式对 35 名学生进行了调查。调查问卷如下：

（1）你的性别为（　　）。0＝男，1＝女

（2）你的年龄为＿＿＿周岁。

（3）写出你对于以下三种说法的观点（1＝完全不同意，2＝比较不同意，3＝无所谓，4＝比较同意，5＝完全同意）：

①"我对统计学很感兴趣。"（　　）

②"英文原版教材的使用对我的学习帮助很大。"（　　）

③"案例对我掌握相关知识非常重要。"（　　）

（4）概率论课程你的考试成绩是＿＿＿。

（5）你上个月的生活费支出为（　　）元。

（1＝300 及以下，2＝301~400，3＝401~500，4＝501~600，5＝601~700，6＝701~800，7＝801~900，8＝900 以上）

（6）你的身高＝＿＿＿cm，体重＝＿＿＿kg。

考试结束后在调查数据里又增加了学生的"统计学"课程考试成绩，最后得到的数据见表 2-15。我们将这次调查称为学生调查，并对调查结果进行相关的统计分析。

表2-15　　　　　　　　　　　　　　　学生调查数据表

编号	性别	年龄	兴趣	英文教材	案例教学	概率论成绩	统计学成绩	月支出	身高	体重
1	0	21	5	4	5	74	83	4	172	80
2	0	20	2	5	5	82	78	6	173	62
3	0	22	1	2	1	49	38	5	183	67
4	1	21	4	1	2	80	87	8	162	49
5	1	20	5	4	5	90	91	3	159	49
6	1	22	4	3	4	81	78	6	161	45
7	1	21	2	5	5	92	97	3	166	51
8	0	20	2	3	3	67	60	2	174	74

续表

编号	性别	年龄	兴趣	英文教材	案例教学	概率论成绩	统计学成绩	月支出	身高	体重
9	1	22	3	2	5	63	65	8	165	52
10	1	20	4	2	4	78	83	3	163	54
11	1	21	4	2	5	90	89	4	160	50
12	0	22	1	5	5	89	69	5	168	55
13	0	21	2	2	4	68	55	2	173	65
14	0	20	2	3	5	87	82	3	172	60
15	1	22	2	2	3	91	89	5	165	52
16	0	21	3	3	5	78	70	1	170	53
17	0	20	2	1	5	72	68	1	164	60
18	1	21	5	4	5	88	85	6	158	52
19	1	21	3	1	5	87	81	4	163	48
20	1	21	2	4	4	86	88	7	159	53
21	0	22	5	5	5	74	80	7	175	78
22	1	20	1	2	4	73	75	6	162	42
23	1	21	3	3	5	68	65	5	165	49
24	1	22	4	2	5	76	78	5	164	53
25	1	21	5	4	5	85	92	4	161	51
26	1	22	4	3	4	71	69	3	163	49
27	1	21	4	2	5	75	65	5	158	55
28	1	22	1	4	5	64	55	6	165	50
29	0	22	3	2	5	62	64	1	169	51
30	0	20	5	5	5	77	68	2	180	75
31	0	21	3	5	4	78	80	2	171	62
32	1	21	2	4	5	87	88	3	161	50
33	0	20	4	2	4	66	68	1	167	70
34	0	22	5	5	5	79	83	2	178	65
35	0	21	3	4	3	75	77	5	168	62

下面用SPSS来绘制常用的统计图。

（一）基本原理

SPSS具有强大的制图功能，可以绘制多种统计图形。这些图形可以由各种统计分析过程产生，也可以直接由菜单栏中的"图表"菜单产生。SPSS图形的制作可分为三个过程：①建立数据文件。②生成图形。③修饰生成的图形。

（二）实验工具

实验工具为汉化版的SPSS软件。

（三）试验方法

1.线图（Line Chart）

线图常用于描绘连续的数据，有助于观察现象发展的长期趋势。在SPSS菜单栏中选择"图形"→"旧对话框"→"线图"按钮打开"线图"对话框（如图2-24所示）。有三种线图可选：简单、多线线图、垂直线图。在选项框的下方有数据类型栏，提供了三种数据类型。

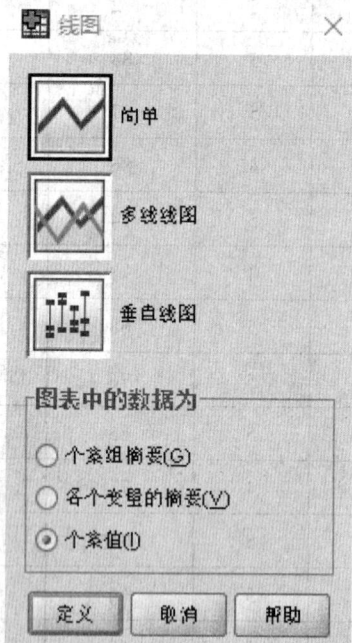

图2-24　线图类型的选择框

单击"定义"按钮，选择需要绘制的变量并定义分类变量，单击"确定"按钮后就可以得到一个图形了。图2-25是以变量"概率论成绩"做的线图。在SPSS中双击该图形可以对图形的各个元素进行修改。

2.条形图（Bar Chart）

【例2-3】用SPSS做一个分组的条形图，比较学生调查中男生和女生对统计学的兴趣。

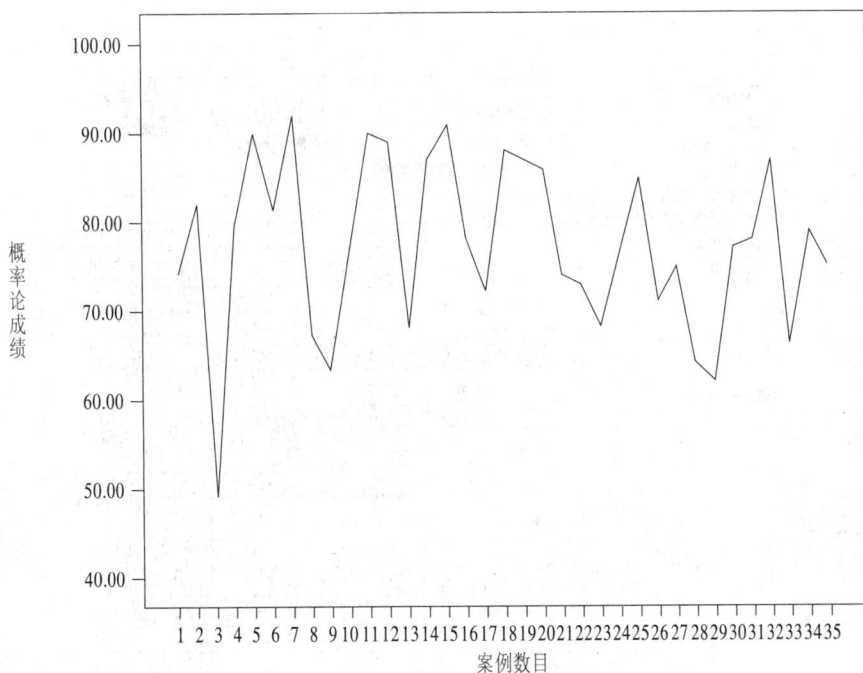

图2-25 SPSS生成概率论成绩线图

选择"图形"→"旧对话框"→"条形图"按钮，弹出"条形图"对话框，如图2-26所示。在对话框中把条形图的类型选为"堆积"，将数据类型选择为"个案组摘要"。接下来，单击"定义"按钮，在"定义堆积条形图：个案组摘要"对话框（如图2-27所示）中选择"类别轴"为"兴趣"，"定义堆积"为"性别"，用条形代表个案数的百分比，单击"确定"按钮后就可以得到分组条形图了。对图形进行进一步的修改后得到的图形如图2-28所示。

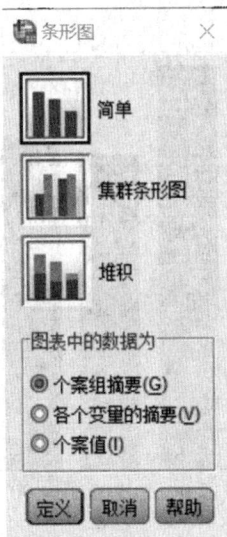

图2-26 "条形图"对话框

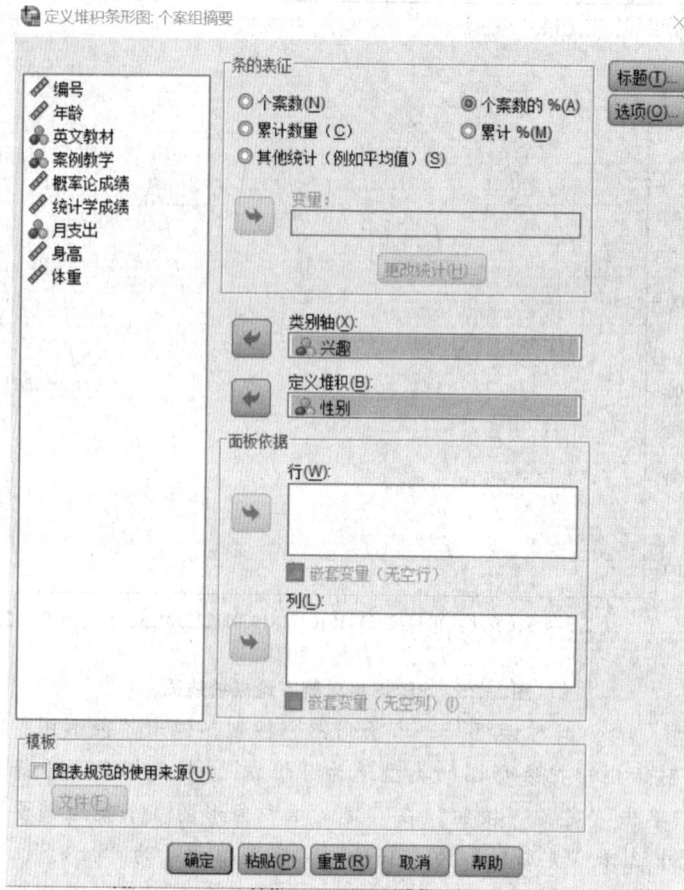

图2-27 条形图的定义框

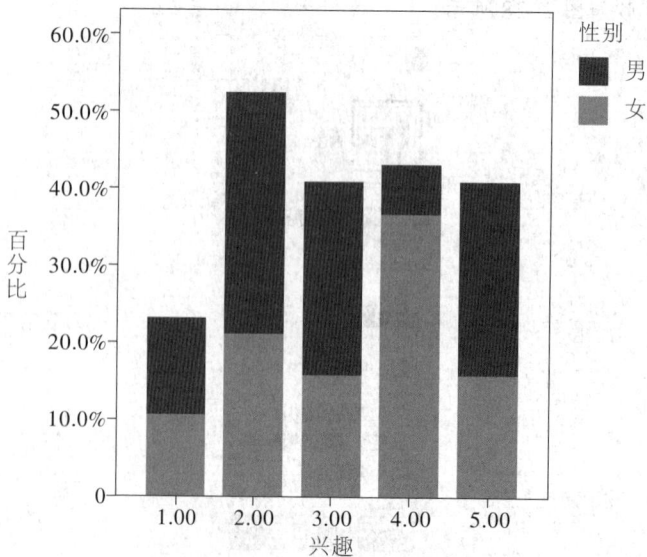

图2-28 对统计学兴趣的性别差异

3.饼图 (Pie Chart)

【例2-4】作出学生对统计学兴趣百分比的饼图。

选择"图形"→"旧对话框"→"饼图"按钮，在如图2-29所示的"饼图"选项框中选择"个案组摘要"，单击"定义"按钮。在接下来的对话框中，在"分区的表征"选项中选择"个案数的%"，在"定义分区"框中选择变量"兴趣"，单击"确定"按钮完成图形，然后对图形进行必要的修改，可以得到如图2-30所示的结果。

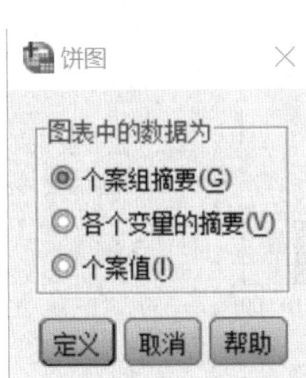

图2-29 SPSS饼图选项框

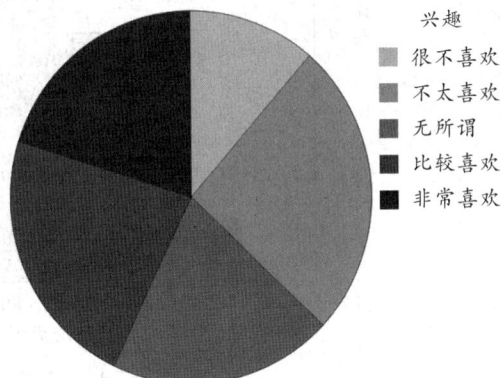

图2-30 学生对统计学课程的兴趣

4.直方图 (Histogram)

【例2-5】用SPSS制作统计成绩的直方图。

选择"图形"→"旧对话框"→"直方图"按钮，调用"直方图"对话框（如图2-31所示）可绘制直方图。在"直方图"对话框中将"概率论成绩"变量选入"变量"框，再单击"确定"按钮就完成了，SPSS会自动确定分组界限，结果如图2-32所示。

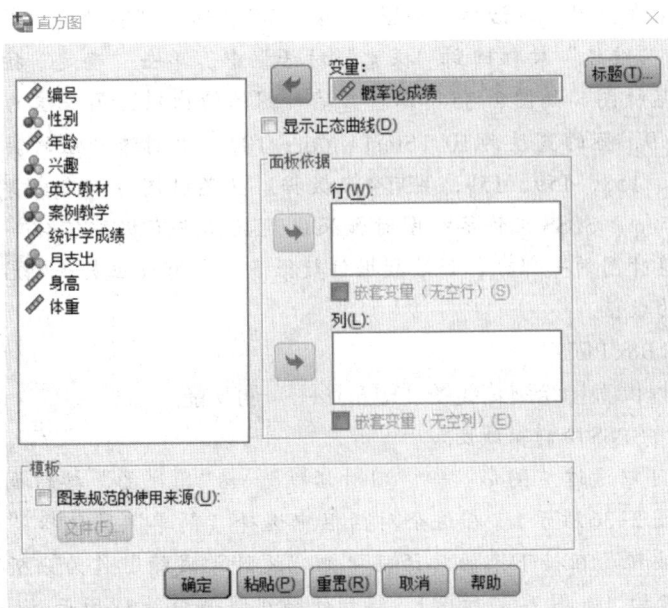

图2-31 SPSS绘制直方图对话框

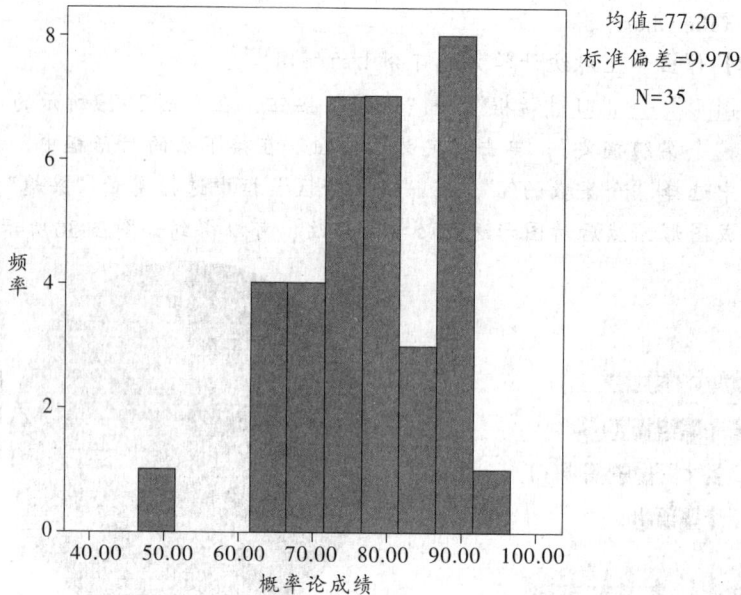

图2-32　SPSS绘制的直方图

5.茎叶图（Stem and Leaf Plot）

在数据数量不太多时，茎叶图可以很好地反映数据的分布状况，并且能够保留原始数据的信息。Excel没有提供创建茎叶图的功能。

【例2-6】用SPSS创建学生身高的茎叶图。

在SPSS中选择"分析"→"描述统计"→"探索"可以完成茎叶图的绘制。在"探索"对话框（如图2-33所示）中，将"身高"选入"因变量列表"，单击"绘图"按钮，弹出"探索：图"对话框（如图2-34所示）。选中"茎叶图"复选框（这是默认选项），单击"继续"按钮回到"探索"对话框中，单击"确定"按钮，在输出结果中就会看到茎叶图，如图2-35所示。在茎叶图的输出中，第一组的茎为15，叶分别为8、8、9、9，茎的宽度为10（Stem width：10），说明这一组的实际数值分别为158（15.8×10）、158、159、159，共有4个数据。从茎叶图可以看出身高的中位数和众数都等于165cm。SPSS在作茎叶图时如果发现数据中有极端值会单独作为一组标出，而不作为茎叶图的一部分；如果数据位数很多，当有效位数确定后，则可能会舍弃后面数据位的数值。

6.箱线图（Box Plot）

Excel没有提供直接绘制箱线图（即箱形图）的功能。

【例2-7】用SPSS绘制箱线图。

在SPSS中可以通过"图形"→"旧对话框"→"箱线图"按钮调出绘制箱线图的对话框（如图2-36所示）。在这个对话框中选择"简单"并选择"个案组摘要"，单击"定义"按钮。在接下来的对话框中把"统计学成绩"作为分析变量，把"性别"作为分类变量（如图2-37所示），得到的箱线图如图2-38所示。

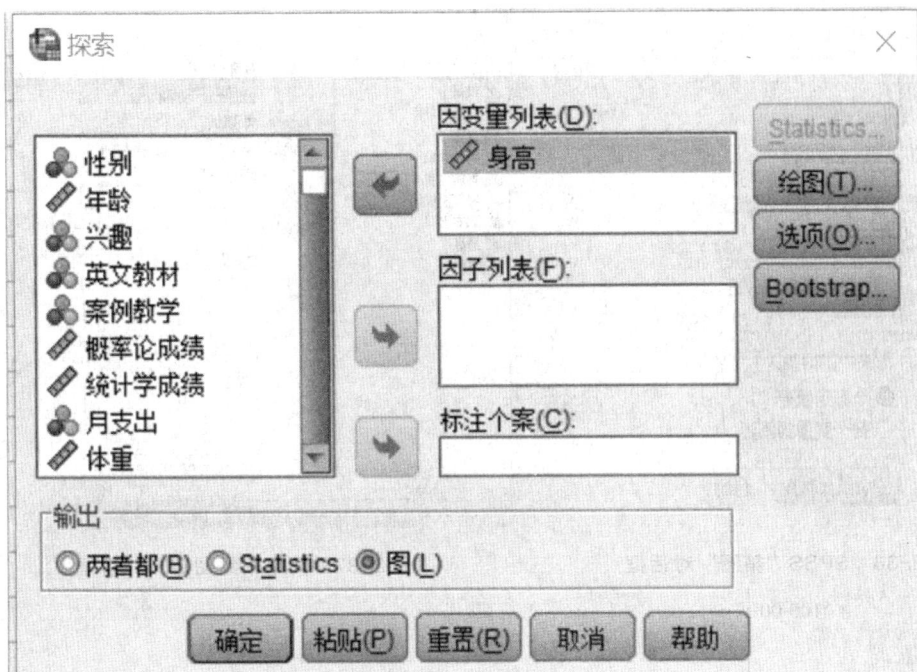

图2-33　SPSS"探索"对话框

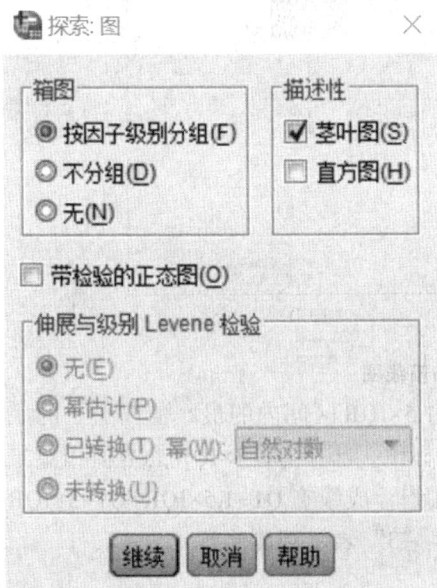

图2-34　SPSS"探索：图"对话框

```
身高  Stem-and-Leaf  Plot

Frequency       Stem  &   Leaf

    4.00           15  .  8899
   11.00           16  .  01112233344
    9.00           16  .  555567889
    7.00           17  .  0122334
    2.00           17  .  58
    2.00           18  .  03

Stem  width:       10.00
Each  leaf:        1  case(s)
```

图2-35　SPSS绘制的学生身高的茎叶图

　　SPSS中的箱线图是这样绘制的：先根据三个四分位数（Q1、Q2、Q3）画出中间的盒子。盒子的长度（Q3-Q1）称为四分位距或四分位差（Interquartile Range，IQR）。然后，由Q3~Q3+1.5×IQR区间内的最大值向盒子的顶端连线；如果数据处于Q3+1.5×IQR~Q3+3×IQR的范围内则用圆圈标出，超出了Q3+3×IQR的数值用星号标

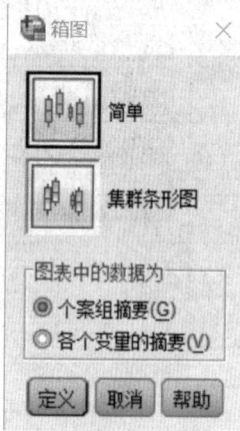

图2-36　SPSS "箱图" 对话框

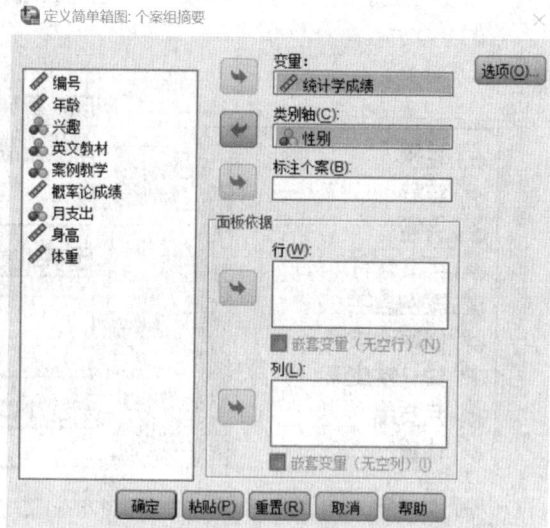

图2-37　简单箱线图定义对话框

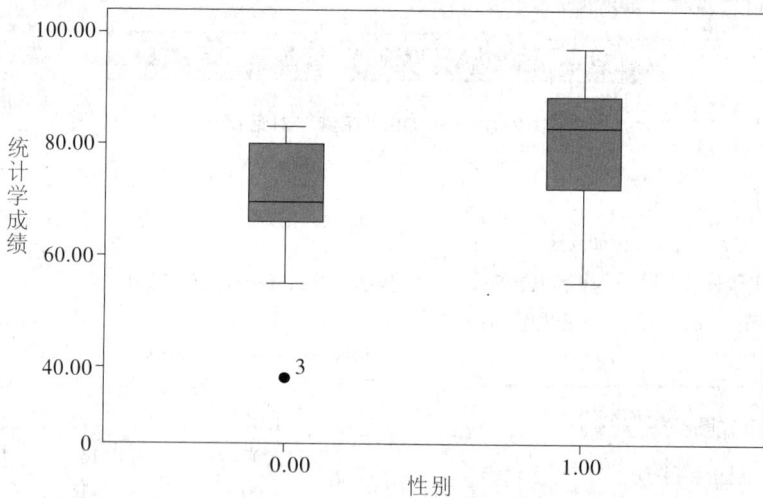

图2-38　SPSS绘制的箱线图

出。在Q1一侧也用类似的方法绘制：由Q1~Q1-1.5×IQR区间内的最小值向盒子的底部连线；Q1-1.5×IQR~Q1-3×IQR的范围内用圆圈标出，小于Q1-3×IQR的数值用星号标出。观察图2-38，我们可以看出有一个男生的统计成绩在Q1-1.5×IQR~Q1-3×IQR的范围内，这个人的观测号是3（圆圈旁边的数字 "3" 表示观测号）。

7.数据透视表和数据透视图

数据透视表（图）是以原始数据列表中一个字段或几个字段的不同值为行（简称行字段），以另一个字段或现行个字段的不同值为列（简称列字段）制作的一种统计汇总表（图）。数据透视表（图）能够帮助用户分析、组织数据，并从不同角度对数据进行分类汇总。数据透视表是Excel和SPSS的强大的数据分析工具之一，Excel和SPSS数据透视表有一个灵活的特点，根据需求实时变动汇总方式——交互式，是每一位统计分析人员必备的武器。通过数据透视表汇总和运算，并把数据可视化呈现出来（数据透视图），可以将统计分析人员从创建复杂公式、使用各种函数的繁重工作中解脱出来。

【例2-8】某地区2021年随机抽取60家企业进行问卷调查，搜集数据集见表2-16。

表2-16　　　　　　　　某地区2021年60家企业基本情况

企业序号	行业名称	企业规模	从业人员（人）	营业收入（万元）
1	工业	微型	45	540
2	租赁和商务服务业	微型	9	423
3	租赁和商务服务业	微型	13	390
4	零售业	小型	173	5 190
5	工业	小型	199	9 950
6	租赁和商务服务业	微型	13	247
7	工业	小型	76	1 976
8	工业	中型	1 229	23 351
9	工业	小型	67	1 139
10	租赁和商务服务业	微型	8	344
11	零售业	小型	147	3 381
12	工业	微型	10	140
13	工业	微型	13	195
14	租赁和商务服务业	微型	5	235
15	工业	中型	1 350	44 550
16	零售业	微型	10	220
17	零售业	微型	11	198
18	工业	小型	161	2 254
19	零售业	微型	16	352

企业序号	行业名称	企业规模	从业人员（人）	营业收入（万元）
20	零售业	中型	554	9 972
21	租赁和商务服务业	小型	141	4 512
22	零售业	微型	6	96
23	零售业	微型	14	224
24	工业	中型	1 968	61 008
25	工业	微型	16	240
26	零售业	中型	687	27 480
27	工业	小型	79	2 212
28	工业	微型	10	170
29	零售业	中型	1 534	65 962
30	零售业	中型	595	13 685
31	工业	小型	112	2 912
32	工业	中型	1 704	57 936
33	零售业	中型	1 064	52 136
34	租赁和商务服务业	微型	12	456
35	工业	小型	86	3 010
36	租赁和商务服务业	小型	118	1 416
37	租赁和商务服务业	中型	855	15 390
38	租赁和商务服务业	微型	7	140
39	零售业	微型	11	407
40	工业	中型	1 557	28 026
41	工业	小型	70	3 080
42	工业	微型	13	143

企业序号	行业名称	企业规模	从业人员（人）	营业收入（万元）
43	租赁和商务服务业	中型	1 918	30 688
44	零售业	小型	188	3 008
45	零售业	微型	16	288
46	工业	小型	82	2 378
47	零售业	小型	198	5 148
48	零售业	微型	19	456
49	工业	中型	1 694	42 350
50	零售业	小型	169	3 549
51	工业	微型	50	2 100
52	租赁和商务服务业	微型	7	182
53	租赁和商务服务业	微型	5	230
54	零售业	中型	926	17 594
55	工业	微型	19	741
56	租赁和商务服务业	微型	9	135
57	租赁和商务服务业	微型	14	448
58	零售业	中型	1 871	71 098
59	工业	微型	36	1 044
60	租赁和商务服务业	小型	110	4 510

　　现在针对不同的数据汇总需求，可以制作不同的数据透视表进行汇总分析数据，关键是各个字段需要放置的位置不同，从而得到想要的汇总结果：数据透视表和数据透视图。

　　具体操作步骤如下：

　　把光标停在A1位置，选择"插入"选项卡中"数据透视表"或"数据透视图"，本例先讲解数据透视表，如图2-39所示。

图2-39　数据透视表操作第1步

　　选择后弹出"创建数据透视表"窗口。在"表/区域"内将第一个表内需要分析的数据选中，点击确定，如果把光标停在A1位置，系统自动默认填入本表数据单元格区域，如图2-40所示。

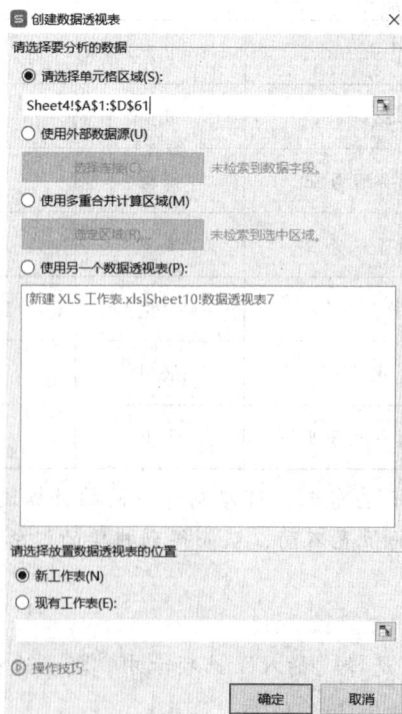

图2-40　数据透视表操作第2步

勾选"新工作表",点击"确定",产生一个空白的数据透视表,如图2-41所示。

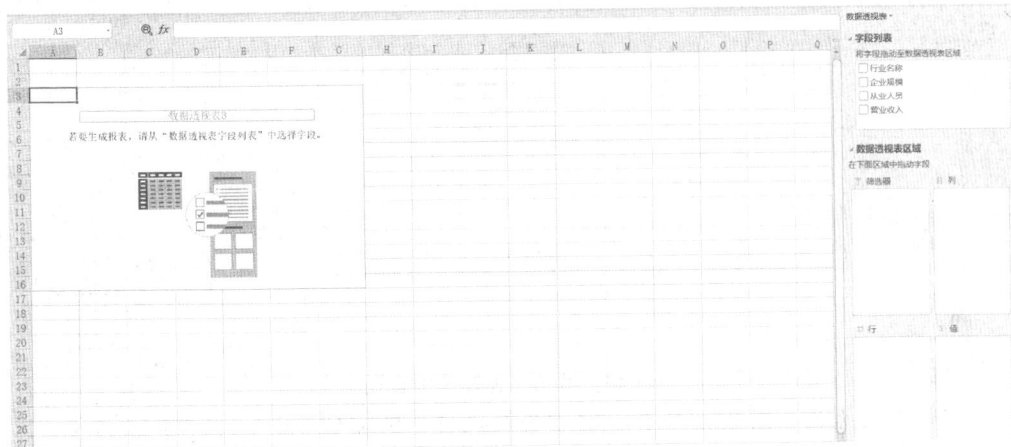

图2-41　数据透视表操作第3步

在右侧"数据透视表字段列表"中将需要分析的字段列表(比如行业名称)在其复选框中打钩。打钩后的数据被全部插入"轴字段(分类)"中,可根据实际需求拖动至"筛选器""列""行""值"。"筛选器"的功能和"数据"选项卡中"数据"的"筛选"功能类似。"列""行",顾名思义为透视表列和行的选项内容。以此改变需要分析的主要内容,也可以将报表的字段内容直接拖动到表格内。

本例将"行业名称"拖动至"行",将"企业规模"拖动至"列",将"企业规模"拖动至"值","值字段设置"选择"计数"后,自动汇总得到按照行业名称和企业规模划分的企业个数分布状况。"数值"可以选择求和、计数、平均值、最大值……自定义需要分析的内容的值,如图2-42所示。

图2-42　数据透视表操作第4步

将"行业名称"拖动至"行",将"企业规模"拖动至"列",将"从业人员"拖动至"值","值字段设置"选择"求和"后,自动汇总得到按照行业名称和企业规模划分的企业从业人员分布状况,如图2-43所示。

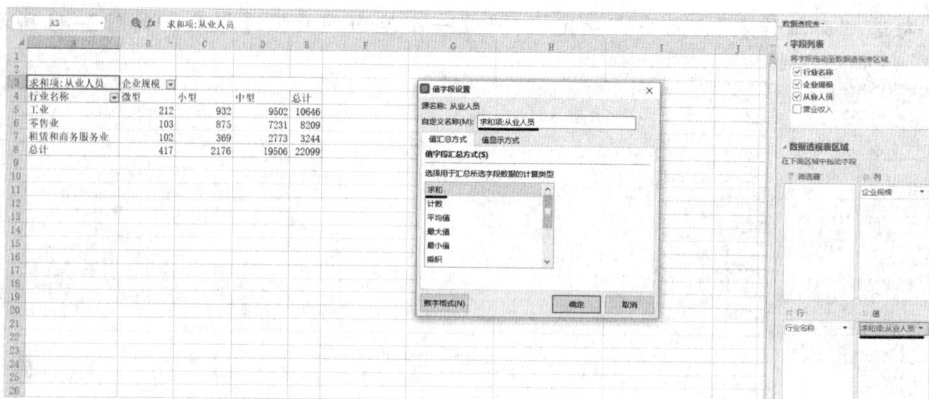

图2-43　数据透视表操作第5步

将"行业名称"拖动至"行",将"企业规模"拖动至"列",将"营业收入"拖动至"值","值字段设置"选择"平均值"后,自动汇总得到按照行业名称和企业规模划分的企业营业收入均值分布状况,如图2-44所示。

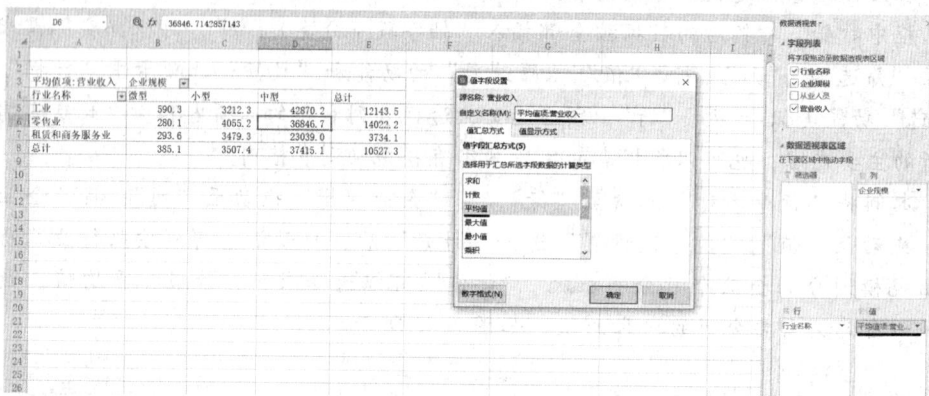

图2-44　数据透视表操作第6步

数据透视图操作步骤类似于数据透视表,且数据透视图同时显示数据透视表结果,如图2-45所示。

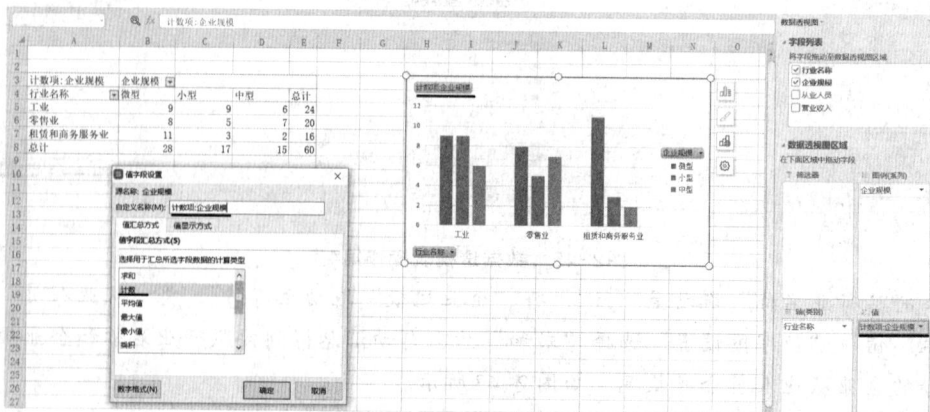

图2-45　数据透视图结果

对于图表中的数据标签可以通过选中内容，右键选择"添加数据标签"来在图表上显示数据选择图表后，会在上部出现"数据选择视图工具"动态选项卡（WPS显示为"快速布局"）。可在其中选择设计、布局、格式、分析。

SPSS生成数据透视表（图）的具体操作步骤如下：

首先，根据原始数据的变量性质，将企业序号（可以理解为企业名称）、行业名称、企业规模的"变量类型"修改为"字符串"，如图2-46所示。

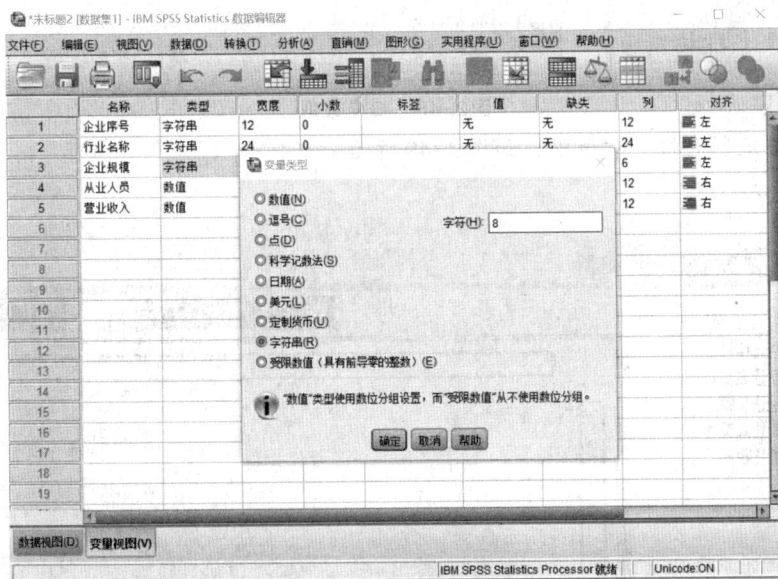

图2-46　编辑变量类型

其次，在"数据视图"粘贴原始数据，如图2-47所示。

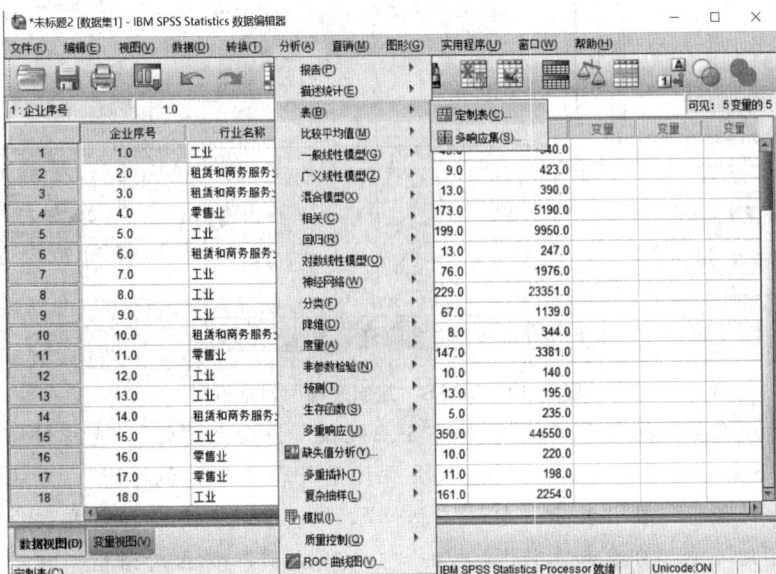

图2-47　生成SPSS数据集

弹出"测量级别",软件会提示用户确定变量定义,默认点击"扫描数据",如图2-48所示。

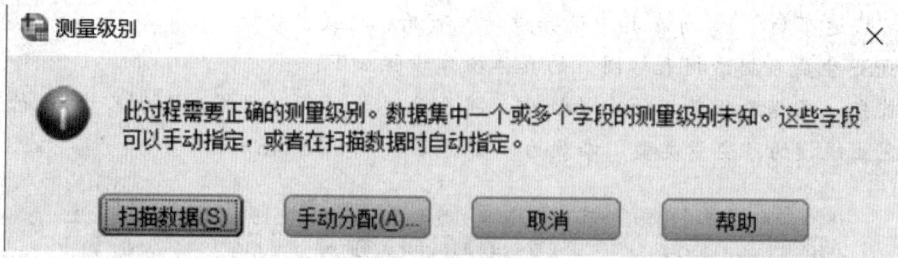

图2-48 扫描数据

弹出"定制表格"对话框,如图2-49所示。

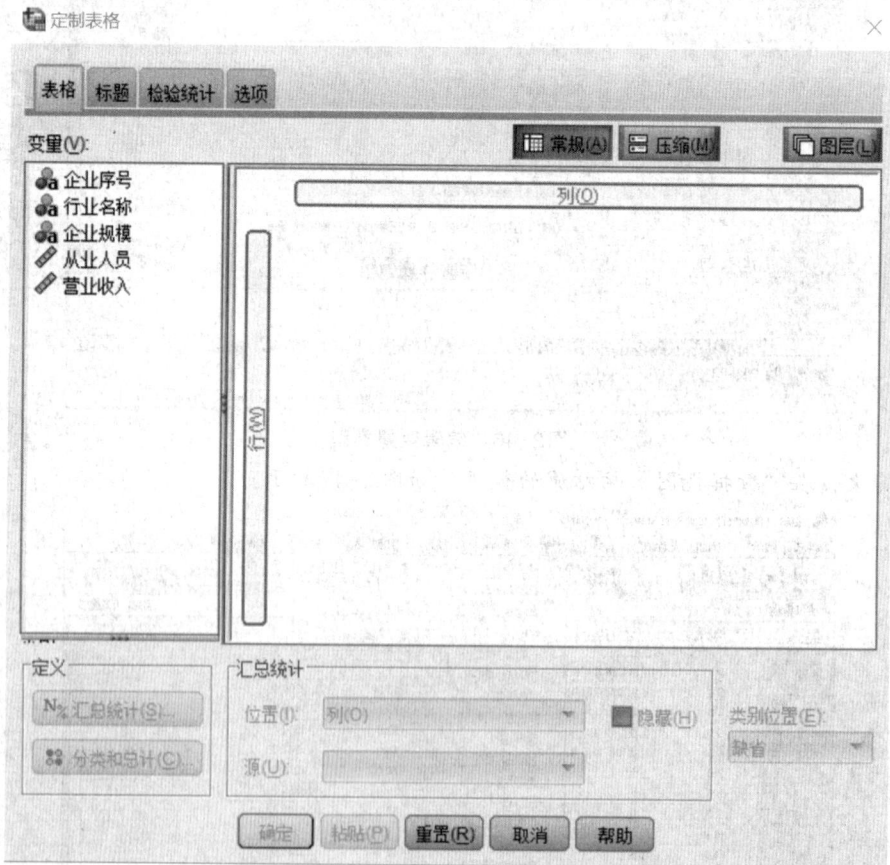

图2-49 SPSS"定制表格"对话框

将"行业名称"拖动至"行",将"企业规模"拖动至"列"。光标停留在"行业名称",左下角"定义"中显示"N%摘要统计量"和"分类和总计"。点击"分类和总计"弹出对话框,在"显示"勾选"总计"。以此类推,光标停留在"企业规模",左下角"定义"中"分类和总计"。点击"分类和总计"弹出对话框,在"显示"勾选"总计",结果如图2-50所示。

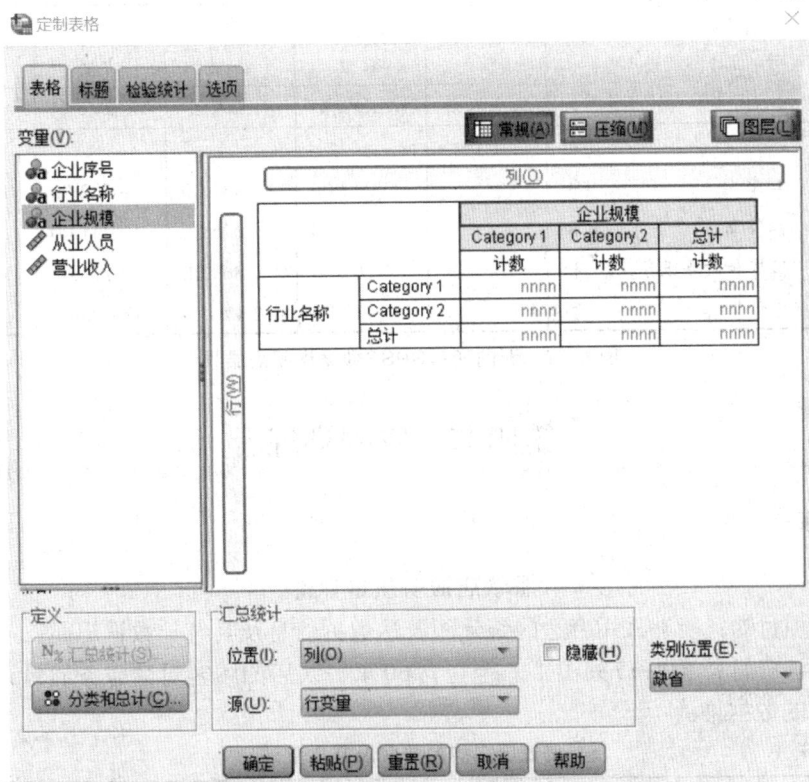

图2-50 定制SPSS数据透视表

点击"确定",得到如图2-51所示的结果。其中,横线和竖线表示该行、列数据删除。该结果与Excel数据透视表结果是一致的。

图2-51 SPSS数据透视表结果

当将"从业人员"拖动至"企业规模",点击"从业人员","定义"出现"N%摘要统计量",统计量选择"计数","显示"中统计量为"合计",继续点击"应用选择",得到新的变量SPSS数据透视表结果,如图2-52所示。该结果与Excel数据透视表结果是一致的。

		企业规模			
		微型	小型	中型	总计
		从业人员	从业人员	从业人员	从业人员
行业名称	和				
工业	和	212.00	932.00	9 502.00	10 646.00
零售业	和	103.00	875.00	7 231.00	8 209.00
租赁和商务服务业	和	102.00	369.00	2 773.00	3 244.00
总计	和	417.00	2 176.00	19 506.00	22 099.00

图2-52　新的变量SPSS数据透视表结果

第四节　实践训练

实践训练一

餐饮店服务质量评价

1. 实训目的：能够采用合适的统计图表达数据信息及其统计数量规律。

2. 实训资料：表2-17列出了一个包含60家餐饮店的顾客对其服务质量评价和人均消费额的数据集。

表2-17　　　　　　　　　　餐饮店人均消费额及其质量评价

代码	质量评价	人均消费额（元）	代码	质量评价	人均消费额（元）	代码	质量评价	人均消费额（元）
1	中等	13	21	优秀	21	41	良好	38
2	良好	33	22	良好	34	42	中等	15
3	良好	44	23	良好	31	43	中等	25
4	优秀	42	24	优秀	25	44	良好	40
5	优秀	34	25	中等	22	45	良好	35
6	中等	25	26	良好	28	46	中等	20
7	中等	22	27	中等	10	47	良好	23
8	中等	26	28	良好	27	48	良好	13
9	优秀	17	29	优秀	41	49	中等	20
10	良好	30	30	良好	35	50	中等	20
11	中等	19	31	中等	11	51	中等	10
12	良好	33	32	中等	18	52	良好	17

续表

代码	质量评价	人均消费额（元）	代码	质量评价	人均消费额（元）	代码	质量评价	人均消费额（元）
13	良好	22	33	优秀	40	53	良好	20
14	优秀	32	34	良好	48	54	良好	21
15	优秀	33	35	优秀	26	55	优秀	35
16	良好	34	36	良好	12	56	优秀	41
17	良好	38	37	中等	20	57	中等	28
18	中等	27	38	良好	38	58	优秀	30
19	中等	27	39	良好	36	59	良好	31
20	良好	26	40	良好	37	60	优秀	33

3.实训任务：

（1）根据该表建立 SPSS 数据集；

（2）按照质量评价制作条形图、饼图；

（3）按照人均消费额制作直方图、饼图、茎叶图、箱线图。

实践训练二

农业生产增加值

1.实训目的：能够运用统计图表达数据信息及其统计规律。

2.实训资料：表2-18列出了2018年全国沿海地区农业生产增加值的数据集。

表2-18　　　　　　　　**2018年全国沿海地区农业生产增加值**　　　　　　　单位：亿元

地区	农业	林业	牧业	渔业	地区	农业	林业	牧业	渔业
天津	97	7	36	35	福建	1 031	246	369	732
河北	2 142	120	944	132	山东	2 907	130	1 040	873
辽宁	991	70	558	402	广东	2 160	291	556	828
上海	63	6	14	22	广西	1 866	284	529	342
江苏	2 673	83	447	938	海南	1 020	73	147	285
浙江	1 088	128	148	610					

3.实训任务：

（1）根据该表建立 SPSS 数据集；

（2）按照农业生产增加值制作雷达图。

实践训练三

各类医院

1. 实训目的：能够运用统计图表达数据信息及其统计规律。

2. 实训资料：表2-19列出了长三角地区2017—2019年各类医院的数据集。

表2-19 长三角地区2017—2019年各类医院统计情况 单位：个

地区	类别	2019年	2018年	2017年
上海市	综合医院数	169	171	180
	中医医院数	21	19	19
	专科医院数	122	120	118
	中西医结合医院数	10	10	9
江苏省	综合医院数	995	1 029	1 015
	中医医院数	151	138	121
	专科医院数	509	473	420
	中西医结合医院数	40	37	32
浙江省	综合医院数	577	555	529
	中医医院数	179	171	162
	专科医院数	509	473	438
	中西医结合医院数	38	33	34
安徽省	综合医院数	770	723	701
	中医医院数	125	113	107
	专科医院数	298	262	251
	中西医结合医院数	28	24	24

3. 实训任务：

（1）根据该表建立SPSS数据集；

（2）制作时间序列图。

第三章　相关分析与回归分析

掌握统计科学理论知识　服务人工智能时代

2018 年 10 月 31 日，习近平总书记在中共中央政治局第九次集体学习时强调，人工智能是引领这一轮科技革命和产业变革的战略性技术，具有溢出带动性很强的"头雁"效应。在移动互联网、大数据、超级计算、传感网、脑科学等新理论新技术的驱动下，人工智能加速发展，呈现出深度学习、跨界融合、人机协同、群智开放、自主操控等新特征，正在对经济发展、社会进步、国际政治经济格局等方面产生重大而深远的影响。加快发展新一代人工智能是我们赢得全球科技竞争主动权的重要战略抓手，是推动我国科技跨越发展、产业优化升级、生产力整体跃升的重要战略资源。

人工智能是什么？华为总裁任正非在接受央视采访时表示，人工智能就是统计学。相关分析与回归分析作为统计学的重要组成部分，在统计学中占有重要的地位。培养学生运用理论知识、逻辑推理、经验常识科学构建研究对象的若干影响因素的相关关系和因果关系，充分发挥统计科学理论指导实践、推动工作的作用，为经济社会发展作出积极贡献。

第一节　相关分析

在我们的生活当中，经常看到这样的现象：一个学生越努力、投在学习上的时间越多，成绩也往往越好，但其成绩与投在学习上的时间并不呈现正比例关系。一个农业工人向农田中施一定量的农业肥料之后，农业产量获得了一定幅度的提高，当他在此基础上施同样多的农业肥料后，农业产量虽然获得了一定幅度的提高，但与前一次提高的幅度并不相同。一个家庭在 A 收入水平上，消费支出为 X；当其收入水平提高到 B 后，其消费支出虽有一定的提高，达到了 Y，但 X/A 与 Y/B 并不相等，即消费支出的变动与家庭收入的变动并没有呈现一定的比例规律。我们称现象之间的这种关系为相关关系。那么，这种关系的内涵是什么？有哪些类别？如何表达和计算这种关系密切程度？这些即是本节要学习的主要内容。

一、相关关系的概念

在现实客观世界的发展变化中，现象之间总是存在普遍的联系和相互依存的关系。这种客观现象之间存在的数量依存关系按照确定性程度的不同，分为确定性关系和非确定性关系。我们将客观现象之间存在的确定性的数量依存关系称为函数关系，如圆的面积与圆的半径之间的关系、产品销售额与销售单价之间的关系等；将客观现象之间存在的非确定性的数量依存关系称为相关关系，如产品销售量与产品单价之间的关系、广告费用的支持与产品的销售量之间的关系等。

二、相关关系的种类

在现实的客观世界中，现象与现象之间的联系是普遍且复杂的，这就决定客观现象之间的相关关系通常表现为不同的形式和类型。一般来说，按照分类标准选择的不同，相关关系通常分为如下几种类型：

（一）按照相关关系中涉及的变量或因素个数的多少，相关关系可分为单相关与复相关

所谓单相关，亦称一元相关，是指两个变量或因素之间的相关关系，如儿童生长发育期的身高与体重之间的相关关系就是单相关。所谓复相关，亦称多元相关，是指多个变量或因素之间的相关关系，如作物产量与施肥量、浇水量之间的相关关系就是复相关。

（二）按照相关关系方向的不同，相关关系可分为正相关和负相关

所谓正相关，是指相关变量之间的变动方向是一致的相关关系，如相关变量 X 与 Y，若随着 X 变量的增加或减少，Y 变量也相应地增加或减少，则称变量 X 与 Y 之间的相关为正相关。所谓负相关，它与正相关刚好相反，是指相关变量之间的变动方向是相反的相关关系，如相关变量 P 和 Q，若随着 P 变量的增加或减少，Q 变量随之呈现出减少或增加的现象，则称变量 P 与 Q 之间的相关为负相关。

（三）按照相关关系表现形式的不同，相关关系可分为线性相关和非线性相关

所谓线性相关，亦称直线相关，就是指将具有相关关系的两个变量的变量值对应地绘制在直角坐标系上，如果变量间的散点图趋向直线的形式，则称变量间的这种相关为线性相关。如果变量间的散点图趋向某种曲线的形式，则称变量间的这种相关为非线性相关，也可称为曲线相关。

（四）按照相关关系密切程度的不同，相关关系可分为完全相关、不相关和不完全相关

所谓完全相关，就是指一个变量的变化完全由另一个变量的变化来决定的相关关系。从实质上来看，这种相关就是一种确定性的函数关系。所谓不相关，就是指一个变量的变化完全不受另一个变量变化的影响，变量之间相互独立的相关关系。所谓不完全相关，就是指一个变量的变化与另一个变量的变化有关，但又不完全由另一个变量的变化决定的相关关系。在这种相关关系中，通常是，一个变量的变化除了受到另一个变量变化的影响，还受到随机因素的影响。

三、相关关系的表达与计算

相关关系的表达与计算是通过相关分析来进行的。何谓相关分析？就是指研究现象之间是否存有某种依存关系，并探讨具有这种依存关系的现象之间的相关方向与相关程度。它是研究变量之间是否具有相关性及相关性密切程度的一种分析方法。一般地，这种分析方法常用的手段有：相关表、相关图和相关系数。其中相关表和相关图是直观地表达变量之间相关方向和相关程度的方法；而计算相关系数是精确表达两个变量之间相关关系密切程度的方法。

（一）相关表

所谓相关表，就是将具有相关关系的原始数据，按照某一指定的顺序平行排列在一张表上，以观察它们的相关关系。

如某地区的儿童健康机构为了了解0~3岁儿童的生长发育情况，便从当地的妇幼保健机构随机抽取了20名儿童，观察他们的身高与月龄的情况，得到表3-1的数据。

表3-1　　　　　　　　　　**某地区儿童月龄与身高的抽样调查数据表**

编号	月龄（月）	身高（厘米）	编号	月龄（月）	身高（厘米）
1	2	55	11	20	82
2	3	56	12	22	85
3	6	65	13	24	87
4	7	64	14	26	87
5	9	70	15	28	90
6	12	77	16	29	91
7	13	76	17	32	94
8	15	78	18	33	94
9	18	80	19	35	96
10	19	82	20	36	98

从表3-1可以看出，随着儿童月龄的增长，其身高的增加虽然呈现一定的波动性，但在总体趋势上是不断增加的，即随着儿童月龄的增长，其身高也在不断增加。

（二）相关图

相关图也称分布图或散点图，是指在平面直角坐标系中把具有相关关系的原始数据用点描绘出来的一种相关分析手段。它虽然是直观表达变量之间相关关系的又一手段，但与相关表相比，相关图所反映的变量之间的相关关系的方向和程度更为直观和清晰。

图3-1是根据英国统计学家罗纳德·艾尔默·费希尔（Ronald Aylmer Fisher）在研究鸢尾花花萼的长度、花萼的宽度、花瓣的长度、花瓣的宽度之间的相关关系时所使用的数据画出的相关图。通过观察相关图可以看出，鸢尾花花瓣的长度与花瓣的宽度之间、花萼的长度与花瓣的长度之间表现为较密切的正向直线相关；花萼的长度与花

瓣的宽度之间表现为较松散的正向直线相关。而花萼的长度与花萼的宽度之间、花萼的宽度与花瓣的长度之间和花萼的宽度与花瓣的宽度之间则表现为不相关。

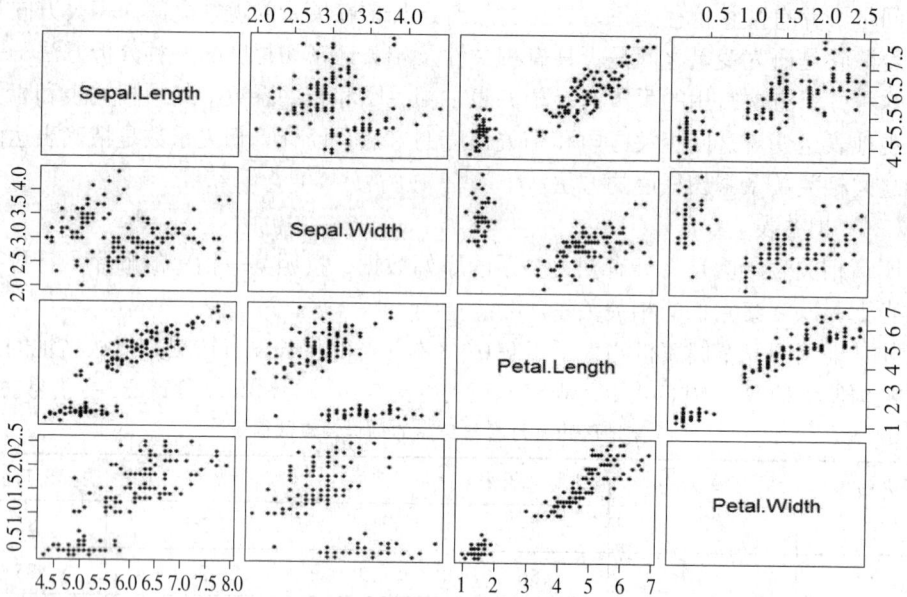

图3-1　鸢尾花花萼、花瓣的长度与宽度相关图

关于相关图如何通过SPSS软件来绘制，我们不妨以表3-1的数据为例进行步骤讲解。

（1）将表3-1的数据输入SPSS 22.0分析软件（如图3-2所示）。

图3-2　SPSS数据输入窗口

（2）点击"图形"，在下拉菜单中点击"旧对话框"，在下拉菜单中点击"散点/点状"（如图3-3所示）。

图3-3　相关图对话框位置示意图

（3）在新弹出的窗口中，点击"简单分布"（如图3-4所示），完成后点击定义选项。

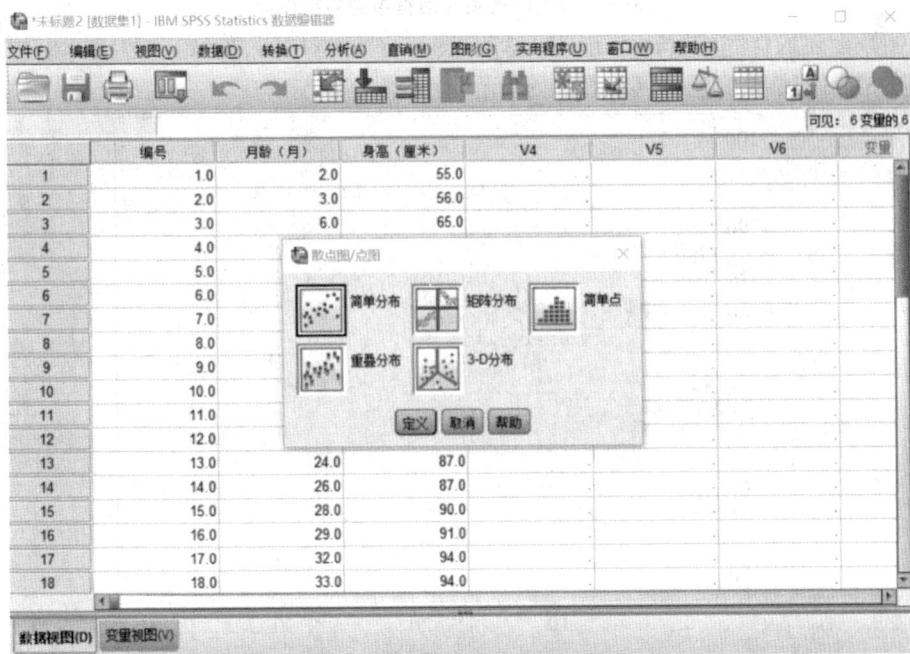

图3-4　相关图类型选择对话框

（4）在弹出的"简单散点图"对话框中，将"身高（厘米）"选项选入"Y轴"选项框，将"月龄（月）"选项选入"X轴"选项框。在这里，如果想根据变量的值将观测量分成几组，可以在"设置标记"框中采用不同的符号进行标注；如果想给散点图取名字，可以点击"简单散点图"对话框中的"标题"按钮，在弹出的"标题"对话框中输入想要的标题即可（如图3-5所示）。

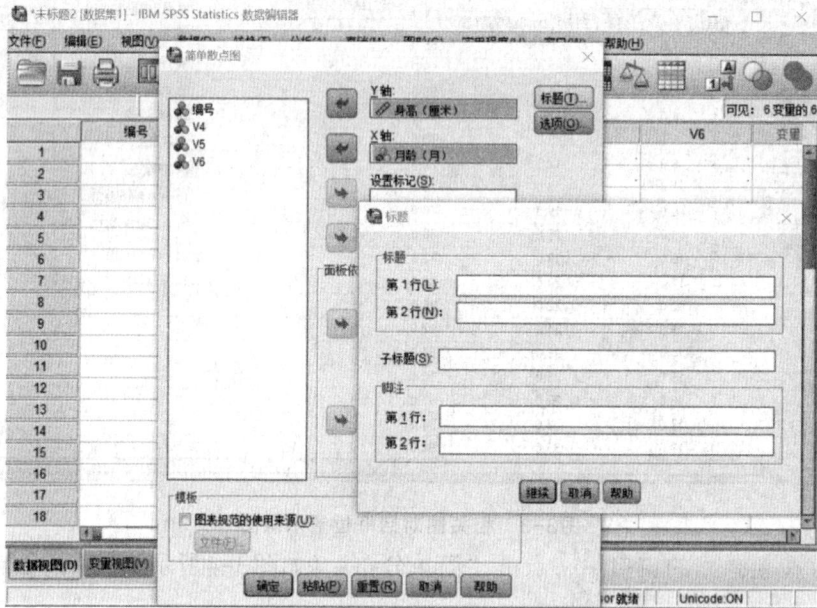

图3-5　相关图选项对话框中的内容设计

（5）上述操作完成后，点击"简单散点图"对话框中的"确定"按钮，相关图便呈现在SPSS的结果窗口中（如图3-6所示）。

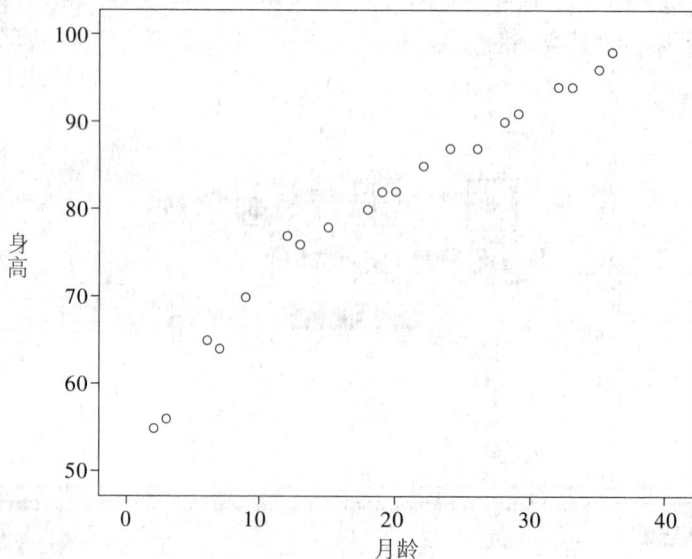

图3-6　0～3岁儿童月龄与身高的相关图

从 0~3 岁儿童月龄与身高的散点图可以看出，月龄与身高呈正向曲线相关。在 0~12 个月期间，随着儿童月龄的增长，身高增长较快；在 12 月之后，随着儿童月龄的增长，身高虽然也在不断增长，但增长的速度有所减缓。

（三）相关系数

1.相关系数的计算

在表达两个变量之间相关关系的方向和程度时，虽然相关表和图比较直观，但它们并没有给我们提供一个确切的表达变量之间相关程度的数值，而这一密切程度的数值恰恰又是决策者们最为关心的问题。为此，我们就有必要用一个数值指标来对此进行衡量，这一数值指标就是相关系数。

根据 1890 年英国著名统计学家 Karl Pearson 提出的计算两个变量之间线性相关关系的计算方法——积差相关系数或称简单相关系数，其计算公式如下式所示：

$$r = \frac{\sum(x - \bar{x}) \cdot (y - \bar{y})}{\sqrt{\sum(x - \bar{x})^2 \cdot \sum(y - \bar{y})^2}} = \frac{\sum xy - \frac{1}{n}\sum x \cdot \sum y}{\sqrt{\sum x^2 - \frac{1}{n}(\sum x)^2} \cdot \sqrt{\sum y^2 - \frac{1}{n}(\sum y)^2}}$$

式中：r 表示相关系数；x 和 y 分别表示两个变量；$\bar{x}$ 和 $\bar{y}$ 分别表示两个变量数列的均值。

下面我们通过一个例子来看一下相关系数的计算过程。

【例 3-1】表 3-2 所示的数据是某地区各不同景区在一年内的游览人次 x（万人）与旅游收入 y（万元）情况，试计算游览人次 x 与旅游收入 y 的相关系数。

表3-2　　某地区各不同景区在一年内的游览人次与旅游收入相关系数计算表

景区编号	x	y	x²	y²	xy	$(x_i - \bar{x})^2$
1	1	18	1	324	18	118.81
2	2	32	4	1 024	64	98.01
3	3	60	9	3 600	180	79.21
4	5	108	25	11 664	540	47.61
5	8	80	64	6 400	640	15.21
6	12	158	144	24 964	1 896	0.01
7	20	180	400	32 400	3 600	65.61
8	20	220	400	48 400	4 400	65.61
9	22	225	484	50 625	4 950	102.01
10	26	320	676	102 400	8 320	198.81
合计	119	1 401	2 207	281 801	24 608	790.9

解：根据相关系数的计算公式可得游览人次 x 与旅游收入 y 的相关系数：

$$r = \frac{24\,608 - \frac{1}{10} \times 119 \times 1\,401}{\sqrt{2\,207 - \frac{1}{10} \times 119^2} \times \sqrt{281\,801 - \frac{1}{10} \times 1\,401^2}} \approx 0.96$$

这个计算过程也可以通过 SPSS 来实现，其步骤如下：

（1）在数据输入的基础上，点击"分析"，在下拉菜单中点击"相关"选项，然后在下拉菜单中选择"双变量"选项（如图3-7所示）。

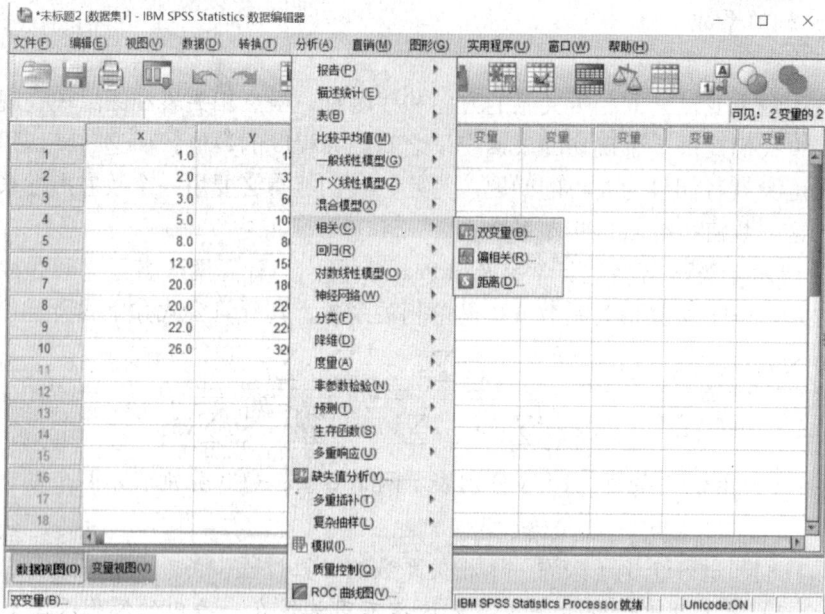

图3-7 双变量相关系数窗口位置示意图

（2）将 x 与 y 移入"变量"框，因本例中 x、y 均为数值型数据，所以"相关系数"选项中勾选"Pearson"选项；然后点击"选项"按钮，在统计量对话框中勾选"平均值和标准差"（如图3-8所示）。

图3-8 相关系数窗口内容设计

（3）设定好之后，依次点击"继续"和"确定"按钮，关于x与y的相关系数就在SPSS的结果窗口中呈现出来了（见表3-3）。由结果可知，x的均值为11.90，y的均值为140.10，x与y的相关系数为0.965，与上述运用公式计算的结果一致。

表3-3　　　　　　　　　　　游览人次与旅游收入的相关系数分析结果

描述性统计量

	均值	标准差	N
x	11.90	9.374	10
y	140.10	97.480	10

相关性

		x	y
x	Pearson 相关性	1	0.965**
	显著性（双侧）		0.000
	N	10	10
y	Pearson 相关性	0.965**	1
	显著性（双侧）	0.000	
	N	10	10

注：**在0.01水平（双侧）上显著相关。

2. 相关系数的性质

性质1：相关系数的取值范围为 $[-1, 1]$，即$|r| \leq 1$。

性质2：若 $r = 0$，表示两个变量之间不存在线性相关。

性质3：若 $0 < r \leq 1$，表示两个变量之间存在线性正相关关系；若 $-1 \leq r < 0$，表示两个变量之间存在线性负相关关系。

性质4：若$|r| = 1$，表示两个变量之间完全线性相关，即两个变量之间存在确定性的函数关系。若 $r = 1$，表示两个变量之间完全线性正相关；若 $r = -1$，表示两个变量之间完全线性负相关。

性质5：$0 < |r| < 1$，表示两个变量之间存在不同程度的线性相关。$|r|$的数值越接近1，表示两个变量之间的线性相关程度越高；反之，$|r|$的数值越接近0，表示两个变量之间的线性相关程度越低。通常认为：若 $0 < |r| < 0.3$，表示两个变量之间存在微弱线性相关；若 $0.3 \leq |r| < 0.5$，表示两个变量之间存在低度线性相关；若 $0.5 \leq |r| < 0.8$，表示两个变量之间存在中度线性相关；若 $0.8 \leq |r| < 1$，表示两个变量之间存在高度线性相关，特别是当$|r| \geq 0.95$时，表示两个变量之间存在显著性线性相关关系。

3. 相关关系的显著性检验

一般情况下，总体相关系数 ρ 是未知的，通常是将样本相关系数 r 作为 ρ 的近似估计值。

（1）确定r的抽样分布。

为了对样本相关系数r的显著性进行检验，需要考察r的抽样分布。r的抽样分布随总体相关系数 ρ 和样本量n的大小而变化。当 ρ 为较大的正值时，r 呈现左偏分布；

当ρ为较大的负值时，r呈现右偏分布。

（2）对r进行显著性检验。

如果对r服从正态分布的假设成立，则可以应用正态分布来检验。检验的具体步骤如下：

①提出假设。

H_0：$\rho = 0$；H_1：$\rho \neq 0$

②计算检验的统计量。

$$t = |r| \sqrt{\frac{n-2}{1-r^2}} \sim t(n-2)$$

③进行对决策。

根据给定的显著性水平α和自由度df = n − 2查t分布表，得出$t_{\alpha/2} \sim t(n-2)$的临界值。若|t|大于$t_{\alpha/2}$，则拒绝原假设H_0，表明总体的两个变量之间存在显著的线性关系。

第二节 回归分析

19世纪末，英国著名统计学家弗朗西斯·高尔顿（Francis Galton）在研究人体身高遗传特征的实验中发现：身材高大的父母，他们的孩子的身高也高，但是这些孩子的平均身高低于他们父母的平均身高；对于身高比较矮的父母，他们孩子的身高也比较矮小，但这些孩子的平均身高要高于他们父母的身高。这是怎么一回事呢？

高尔顿把这种孩子的身高向中间值靠近的趋势称为"回归"效应，这也就是后来"回归"一词的起源。那么，回归方程如何构建？回归的效果如何？通过回归方程如何确定未知变量的估计值？这些即是本节我们要重点学习的内容。

一、回归分析的主要内容与步骤

所谓回归分析，就是指根据已知的变量去估计未知变量的一种统计方法，它以对未知变量（因变量）同其他变量（自变量）相互关系的观察为基础，并在某种精确度下，来对未知变量的数值进行预测。一般地，根据回归分析中自变量个数的不同，将只有一个自变量的回归模型称为一元回归分析，将具有两个及以上自变量的回归模型称为多元回归分析。回归分析的主要内容和步骤如下：

首先，选择适当的回归模型。根据理论分析所研究的客观对象，找出现象间的因果关系，构建起理论模型，从而得到一个较好地反映客观现象变化规律的回归模型。

其次，进行参数估计。根据搜集到的样本数据对模型中参数进行估计。

然后，对参数估计值加以评定，确定它们在理论上是否具有意义，在统计上是否显著，只有通过检验的模型才能用于实际。

最后，根据回归方程进行适当预测，这是回归分析的最终目的。

二、利用样本数据估计回归模型参数时的假定

假定1：随机误差项ε是服从正态分布的随机变量。

假定2：零均值假定，即随机误差项ε的平均值为零，$E(\varepsilon) = 0$。

假定3：同方差假定，即对于自变量的所有观察值 x_1，x_2，$\cdots$，x_n，随机误差项 ε 的方差 σ^2 都相同。

假定4：非自相关假定，即与自变量不同观察值对应的随机误差项之间是互不相关、互不影响的。

假定5：自变量与误差项不相关假定。

假定6：无多重共线性假定，即自变量之间不存在完全或近似的线性关系。

三、一元线性回归

（一）一元线性回归模型

对于具有线性关系的两个变量（不妨假定一个是自变量X，一个是因变量Y），如果它们之间的线性相关关系可以表示为 $Y_i = \alpha + \beta X_i + \varepsilon_i$ 的形式，则称 $Y_i = \alpha + \beta X_i + \varepsilon_i$ 为总体的一元线性回归模型。其中，α、β 为常数，ε_i 为无法直接观测的随机扰动变量。

（二）一元线性回归方程

根据回归模型的假定，在一元线性回归分析中，作为非随机变量的自变量X在取得一定的数值后，因变量Y的取值并不确定，而是表现为一个随机变量；且随机扰动项 ε_i 的 $E(\varepsilon_i) = 0$，$Var(\varepsilon_i) = \sigma^2$，$Cov_{i1, i2 \in i}(\varepsilon_{i1}, \varepsilon_{i2}) = 0$，$Cov(X_i, \varepsilon_i) = 0$，并且随机扰动项 ε_i 均服从正态分布，因此有：$E(Y_i) = E(\alpha + \beta X_i + \varepsilon_i) = \alpha + \beta X_i$，我们称 $E(Y_i) = \alpha + \beta X_i$ 为总体的一元线性回归方程。$E(Y_i)$ 表示给定自变量X以数值 X_i 时因变量 Y_i 的期望或均值，α、β 为总体一元线性回归方程的参数，其中，α 为总体一元线性回归方程的截距，表示除了自变量X以外的其他因素对因变量Y的平均影响；β 为总体一元线性回归方程的斜率，表示自变量X每增加一个单位时因变量Y的平均变化量（如图3-9所示）。由此我们可以得知，总体一元线性回归方程描述的是自变量X和其他影响因素对因变量Y的平均影响。

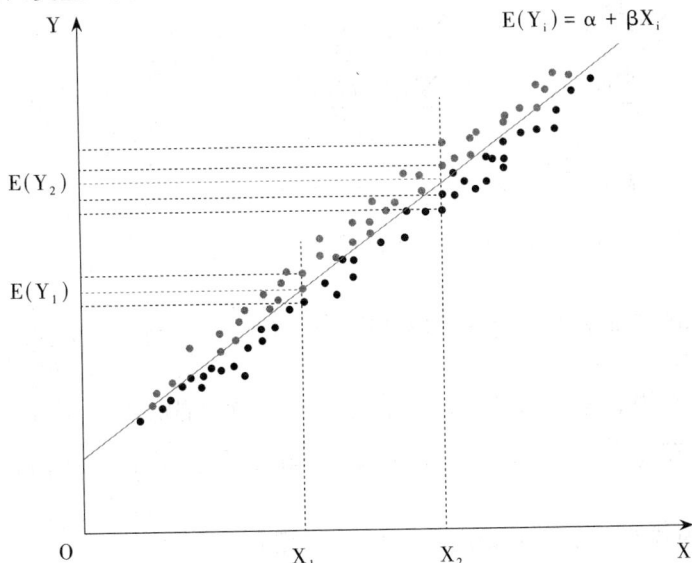

图3-9　现象总体的一元线性回归方程示意图

（三）一元线性回归方程的估计

在实际中，通常情况下由于不可能把变量的全部值搜集齐全，从而导致总体一元线性回归方程中的参数 α 和 β 是不可能通过对总体的直接观测而计算得出的，因此我们需要通过对样本数据的采集来对其进行估计。其基本思路和方法如下：

若我们能找到两个样本统计量 $\hat{\alpha}$，$\hat{\beta}$ 分别作为总体回归参数 α，β 的估计量，就用 $\hat{\alpha}$，$\hat{\beta}$ 分别替代总体回归方程中的参数 α，β，那么我们就可以得到总体的估计回归方程，也称样本的回归方程，记为 $y_i = \alpha + \beta x_i$。其中，y_i 是与自变量 X_i 取值 x_i 时相对应的因变量 Y_i 的均值 $\bar{Y}_i$ 或期望值 $E(Y_i)$ 的估计，α 为样本回归方程的截距，β 为样本回归方程的斜率（亦称样本回归系数）。

虽然样本回归方程与总体回归方程的形式是一致的，但总体回归方程的参数 α 和 β 是未知的、确定的数值，从而总体的回归方程也是未知的、确定的、唯一的；而作为总体回归方程参数 α，β 的估计量的 $\hat{\alpha}$，$\hat{\beta}$ 虽然会随着抽取样本的不同而变化，但它们是可以通过样本而求得的。因此，样本回归方程是随着抽样的变化而变化的，即对于每个可能的样本，都可以拟合一条样本回归直线。在这种情况下，自然就存在对总体估计精度不同的样本回归直线，而那条估计精度最高的样本回归直线通常被用来作为总体回归直线的估计。而求得这条估计精度最高的样本回归直线的方法通常是最小二乘法。

所谓最小二乘法，即若记样本的全部观测值与对应的回归估计值的离差平方和为 Q，则 $Q = \sum_{i=1}^{n}(y_i - \hat{y}_i)^2 = \sum_{i=1}^{n}(y_i - \hat{\alpha} - \hat{\beta}x_i)^2$，按照最小二乘法的定义，则有：

$$Q = \sum_{i=1}^{n}(y_i - \hat{y}_i)^2 = \sum_{i=1}^{n}(y_i - \hat{\alpha} - \hat{\beta}x_i)^2 = 最小$$

由此 $\Rightarrow$
$$\begin{cases} \hat{\beta} = \dfrac{\sum_{i=1}^{n}(x_i - \bar{x})(y_i - \bar{y})}{\sum_{i=1}^{n}(x_i - \bar{x})^2} = \dfrac{n\sum_{i=1}^{n}x_iy_i - \sum_{i=1}^{n}x_i\sum_{i=1}^{n}y_i}{n\sum_{i=1}^{n}x_i^2 - (\sum_{i=1}^{n}x_i)^2} \\ \\ \hat{\alpha} = \bar{y} - \hat{\beta}\bar{x} = \dfrac{\sum_{i=1}^{n}y_i}{n} - \hat{\beta} \times \dfrac{\sum_{i=1}^{n}x_i}{n} \end{cases}$$

由此得到总体一元回归方程的估计方程：

$$y_i = \alpha + \beta x_i$$

（四）一元线性估计回归方程的拟合优度检验

1.判定系数

所谓判定系数，是指对估计的回归方程拟合优度的度量。若记回归判定系数为 R^2，$SST = \sum_{i=1}^{n}(y_i - \bar{y})^2$ 为总离差平方和，$SSR = \sum_{i=1}^{n}(\hat{y}_i - \bar{y})^2$ 为回归平方和，$SSE = \sum_{i=1}^{n}(y_i - \hat{y}_i)^2$ 为残差平方和（如图3-10所示），则有：

$$SST = SSR + SSE$$

$$0 \leqslant R^2 = \frac{SSR}{SST} = \frac{\sum_{i=1}^{n}(\hat{y}_i - \bar{y})^2}{\sum_{i=1}^{n}(y_i - \bar{y})^2} \leqslant 1$$

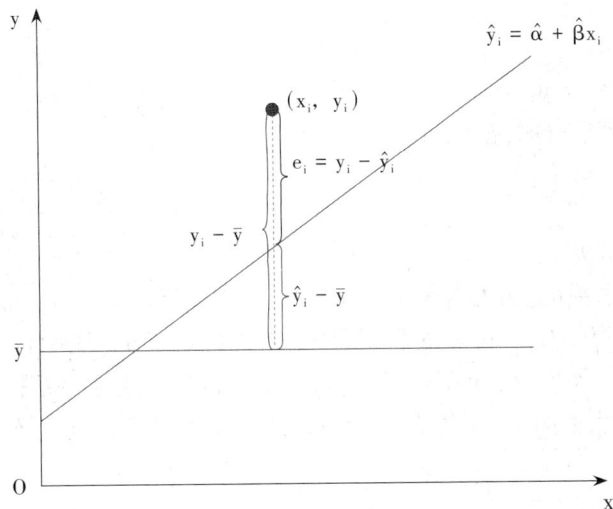

图3-10 总离差分解示意图

2.估计标准误差

判定系数一般用于度量回归直线的拟合优度，而估计标准误差（Standard Error of Estimate）就是度量各实际观测点在直线周围的散布状况的一个统计量，它是均方残差（MSE）的平方根，用 S_e 来表示，其计算公式为：

$$S_e = \sqrt{\frac{SSE}{n-2}} = \sqrt{\frac{\sum_{i=1}^{n}e_i^2}{n-2}} = \sqrt{\frac{\sum_{i=1}^{n}(y_i - \hat{y}_i)^2}{n-2}}$$

3.线性回归关系检验

所谓线性回归关系检验，就是检验自变量 X 和因变量 Y 之间的线性关系是否显著，或者说，它们之间能否用一个线性模型 $Y_i = \alpha + \beta X_i + \varepsilon_i$ 来表示。检验的具体步骤如下：

第一步：提出假设。

H_0 ： $\beta_1 = 0$

两个变量之间的线性关系不显著。

第二步：计算检验统计量F。

$$F = \frac{\dfrac{SSR}{1}}{\dfrac{SSE}{(n-2)}} = \frac{MSR}{MSE}$$

第三步：作出决策。

确定显著性水平 α，并根据分子自由度 $df_1 = 1$ 和分母自由度 $df_2 = n - 2$ 查F分布表，找到相应的临界值 F_α。若 $F > F_\alpha$，拒绝 H_0，表明两个变量之间的线性关系是显著的；若 F < F_α，不拒绝 H_0，没有证据表明两个变量之间的线性关系显著。

4.回归系数的显著性检验

所谓回归系数的显著性检验，就是指检验自变量对因变量的影响是否显著。其具体步骤如下：

第一步：提出假设。

$H_0 : \beta_1 = 0$；$H_1 : \beta_1 \neq 0$

第二步：计算检验的统计量 t。

$$t = \frac{\hat{\beta}_1}{S_{\hat{\beta}_1}}$$

第三步：作出决策。

确定显著性水平 α，并根据自由度 df = n − 2 查 t 分布表，找到相应的临界值 $t_{\alpha/2}$。若 |t| 大于 $t_{\alpha/2}$，则拒绝 H_0，回归系数等于 0 的可能性小于 α，表明自变量 x 对因变量 y 的影响是显著的，换言之，两个变量之间存在着显著的线性关系；|t| 小于 $t_{\alpha/2}$，则不拒绝 H_0，没有证据表明 x 对 y 的影响显著，或者说，二者之间尚不存在显著的线性关系。

5.回归分析结果的评价

回归分析结果的评价可从以下几个方面入手：第一，观察所估计的回归系数 β_1 的符号是否与理论或现实预期相一致。第二，如果理论上认为 y 与 x 之间的关系不仅是正的，而且是统计上显著的，那么所建立的回归方程也应该如此。第三，判定回归模型在大多程度上解释了因变量 y 取值的差异。第四，考察关于误差项 ε 的正态性假定是否成立。

6.利用回归方程进行预测

所谓预测（Predict），是指通过自变量 x 的取值来预测因变量 y 的取值，通常分为点估计和区间估计。

所谓点估计，就是指利用估计的回归方程，对于 x 的一个特定取值 x_0，求出 y 的一个估计值。它又分为两种：一是平均值的点估计；二是个别值的点估计。

所谓区间估计，就是利用估计的回归方程式，对于 x 的一个特定值 x_0，求出 y 的一个估计值的区间，通常分为 y 的平均值的预测区间估计和 y 的个别值的预测区间估计。y 的平均值的预测区间估计，就是对 x 的各给定值 x_0，求出 y 的平均值的区间估计。y 的个别值的预测区间估计，就是对 x 的各给定值 x_0，求出 y 的某个个别值的区间估计。

7.残差分析

对随机扰动变量 ε 正态性假定的检验，就是通过对标准化残差的分析来完成。标准化残差（Standardized Residual）是残差除以它的标准差后得到的数值，也称为 Pearson 残差或半学生化残差（Semi-studentized Residuals），用 z_e 表示。第 i 个观察值的标准化残差可以表示为：

$$z_{ei} = \frac{e_i}{S_e} = \frac{y_i - \hat{y}_i}{S_e}$$

式中：S_e 是残差的标准误差的估计。

8.一元线性估计回归方程的SPSS实现

【例3-1】为研究消费支出与可支配收入之间的关系，我们通过调研得到如表3-4所示的一组数字。

表3-4   消费支出与可支配收入的观测值

消费支出 y（千元）	可支配收入 x（千元）
1.6	2.0
2.0	2.5
2.3	3.0
2.4	3.5
3.0	4.0
3.2	4.5
3.1	5.0
3.5	5.5
3.6	6.0
4.4	6.5

第一步，建立数据文件，定义"消费支出"变量为 y，定义"可支配收入"变量为 x，并录入相应数据（如图3-11所示）。

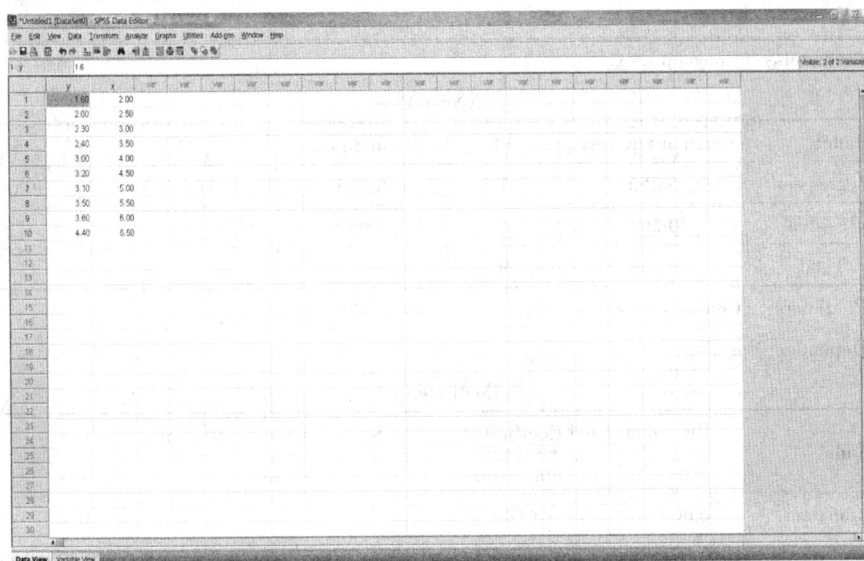

图3-11 一元线性回归分析数据录入窗口

第二步，选择主菜单"Analyze"→"Regression"→"Linear"，打开"Linear Regression"主对话框。在左边列表框中选定变量y，单击按钮，使之进入"Dependent"框，选定变量x，单击按钮使之进入"Independent（s）"框（如图3-12所示）。

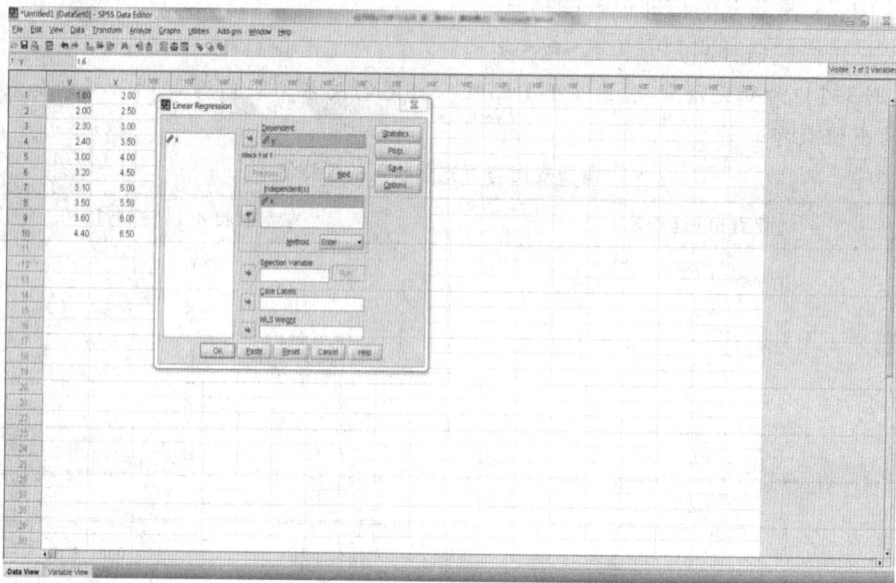

图3-12 一元线性回归分析主对话框

第三步，单击"OK"按钮，得到如表3-5所示的结果。

表3-5 一元线性回归分析结果输出

Model Summary

Model	R	R Square	Adjusted R Square	Std. Error of the Estimate
1	0.977[a]	0.954	0.948	0.19176

a. Predictors：（Constant），x

ANOVA[b]

Model		Sum of Squares	df	Mean Square	F	Sig.
1	Regression	6.055	1	6.055	164.655	0.000[a]
	Residual	0.294	8	0.037		
	Total	6.349	9			

a. Predictors：（Constant），x

b. Dependent Variable：y

Coefficients[a]

Model		Unstandardized Coefficients		Standardized Coefficients	t	Sig.
		B	Std. Error	Beta		
1	（Constant）	0.607	0.189		3.206	0.013
	x	0.542	0.042	0.977	12.832	0.000

a. Dependent Variable：y

四、多元线性回归

（一）多元回归模型与回归方程

设因变量为 y，k 个自变量分别为 x_1，x_2，$\cdots$，x_k，描述因变量 y 如何依赖于自变量 x_1，x_2，$\cdots$，x_k 和误差项 ε 的方法称为多元线性回归模型，其一般形式可表示为：

$$y = \beta_0 + \beta_1 x_1 + \beta_2 x_2 + \cdots + \beta_k x_k + \varepsilon$$

式中：β_0，β_1，β_2，$\cdots$，β_k 是模型的参数；ε 为误差项。

根据回归模型的假定有：$E(y) = \beta_0 + \beta_1 x_1 + \beta_2 x_2 + \cdots + \beta_k x_k$，我们称其为多元回归方程。它描述了因变量 y 的期望值与自变量 x_1，x_2，$\cdots$，x_k 之间的关系。

（二）估计的多元回归方程

回归方程中的参数 β_0，β_1，β_2，$\cdots$，β_k 是未知的，需要利用样本数据去估计它们。其一般形式为：

$$\hat{y} = \hat{\beta}_0 + \hat{\beta}_1 x_1 + \hat{\beta}_2 x_2 + \cdots + \hat{\beta}_k x_k$$

式中：$\hat{\beta}_0$，$\hat{\beta}_1$，$\hat{\beta}_2$，$\cdots$，$\hat{\beta}_k$ 是参数 β_0，β_1，β_2，$\cdots$，β_k 的估计值；$\hat{y}$ 是因变量 y 的估计值。其中 $\hat{\beta}_0$，$\hat{\beta}_1$，$\hat{\beta}_2$，$\cdots$，$\hat{\beta}_k$ 称为偏回归系数。

（三）参数的最小二乘估计

回归方程中的 $\hat{\beta}_0$，$\hat{\beta}_1$，$\hat{\beta}_2$，$\cdots$，$\hat{\beta}_k$ 仍然是根据最小二乘法求得，也就是使残差平方和 $Q = \sum (y_i - \hat{y}_i)^2 = \sum (y_i - \hat{\beta}_0 - \hat{\beta}_1 x_1 - \hat{\beta}_2 x_2 - \cdots - \hat{\beta}_k x_k)^2$ 最小。

（四）回归方程的拟合优度

1.多重判定系数

多重判定系数（Multiple Coefficient of Determination）是多元回归中的回归平方和占总平方和的比例，它是度量多元回归方程拟合度的一个统计量，反映了在因变量 y 的变差中被估计的回归方程所解释的比例。

2.估计标准误差

同一元线性回归一样，多元线性回归中的估计标准误差也是对误差项 ε 的方差 σ^2 的一个估计值，它在衡量多元回归方程的拟合优度方面起着重要作用。其计算公式为：

$$S_e = \sqrt{\frac{\sum (y_i - \hat{y}_i)^2}{n - k - 1}} = \sqrt{\frac{SSE}{n - k - 1}} = \sqrt{MSE}$$

3.显著性检验

显著性检验则是对每个回归系数分别进行单独的检验，它主要是用于检验每个自变量对因变量的影响是否显著。

首先，线性关系检验，即检验因变量 y 与 k 个自变量之间的关系是否显著，也称为总体显著性检验。检验的具体步骤如下：

第一步：提出假设。

H_0：β_0，β_1，β_2，$\cdots$，$\beta_k = 0$；H_1：β_0，β_1，β_2，$\cdots$，β_k 至少有一个不是 0

第二步：作出统计决策。

给定显著性水平 α，根据分子自由度 $df_1 = k$，分母自由度 $df_2 = n - k - 1$ 查 F 分布

表得 F_α，则拒绝原假设；若 $F < F_\alpha$，则不拒绝原假设。根据计算机输出的结果，可直接利用 P 值作出决策：若 $P < \alpha$，则拒绝原假设；若 $P > \alpha$，则不拒绝原假设。

第二，回归系数检验和推断，即在回归方程通过线性关系检验后，对各个回归系数 β_i 有选择地进行一次或多次检验。其检验的具体步骤如下：

第一步：提出假设。

对任意参数 $\beta_i(i = 1, 2, \cdots, k)$，$H_0 : \beta_i = 0$；$H_1 : \beta_i \neq 0$

第二步：计算检验统计量 t。

$$t_i = \frac{\hat{\beta}_i}{S_{\hat{\beta}_i}} \sim t(n - k - 1)$$

式中：$s_{\hat{\beta}_i}$ 是回归系数 $\hat{\beta}_i$ 的抽样分布的标准差，即 $s_{\hat{\beta}_i} = \dfrac{S_e}{\sqrt{\sum x_i^2 - \dfrac{1}{n}(\sum x_i)^2}}$。

第三步：作出统计决策。

给定显著性水平 α，根据自由度 $df = n - k - 1$ 查 t 分布表，得 $t_{\alpha/2}$ 的值。若 $|t| < |t_{\alpha/2}|$，则不拒绝原假设。

4.多重共线性检验

检验多重共线性的方法有多种，其中最简单的一种办法是计算模型中各对自变量之间的相关系数，并对各相关系数进行显著性检验。具体来说，如果出现下列情况，暗示存在多重共线性：

第一，模型中各对自变量之间显著相关。

第二，当模型的线性关系检验（F检验）显著时，几乎所有回归系数 β_i 的 t 检验都不显著。

第三，回归系数的正负号与预期的相反。

第四，容忍度（Tolerance）与方差扩大因子（Variance Inflation Factor，VIF），容忍度越小，多重共线性越严重，VIF越大，多重共线性越严重。

一旦发现模型中存在多重共线性问题，就应采取某种解决措施。至于采取什么样的方法来解决，要看多重共线性的严重程度。

第一，将一个或多个相关的自变量从模型中剔除，使保留的自变量尽可能不相关。

第二，如果要在模型中保留所有的自变量，那就应该：避免根据 t 统计量对单个参数 β 进行检验。将对因变量 y 值的判断（估计或预测）限定在自变量样本值的范围内。

（五）多元线性估计回归方程的 SPSS 实现

在理论阐述的基础上，下面我们将通过两个例子来讲解如何通过 SPSS 软件进行拟合和检验多元线性回归方程。

【例3-2】某公司为了弄清每周营业收入与不同广告途径的关系，现对其做了一番调查，调查数据见表3-6，请试着根据所学知识对此进行解读。

表3-6　　　　　　某公司每周营业收入与电视广告费用和报刊广告费用数据表

每周营业收入（千美元）y	电视广告费支出（千美元）x1	报刊广告费支出（千美元）x2
96	5.0	1.5
90	2.0	2.0
95	4.0	1.5
92	2.5	2.5
95	3.0	3.3
94	3.5	2.3
94	2.5	4.2
94	3.0	2.5

第一步，在录入数据的基础上，点击"分析"选项，在下拉菜单中点击"回归"选项，然后在下拉菜单中选择"线性"选项，点开"线性回归"窗口（如图3-13所示）。

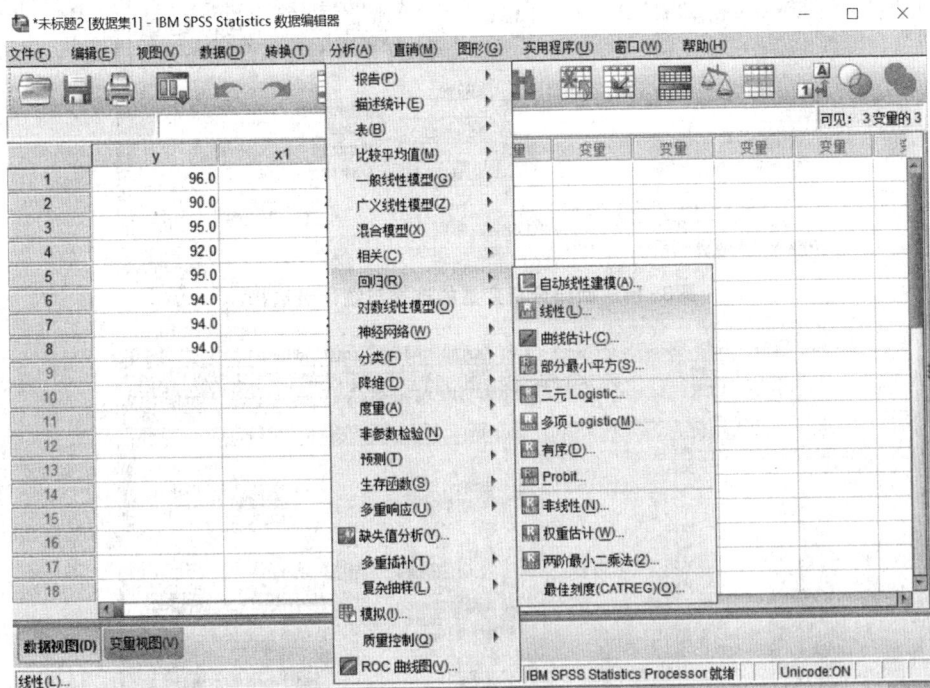

图3-13　线性回归分析窗口位置示意图

第二步，在"线性回归"窗口中首先进行因变量与自变量的选择，方法选择"逐步进入"，接着进行"统计量""绘制""保存""选项"等功能的设置。在"统计量"窗口中，首先勾选"模型拟合度""共线性诊断"；然后勾选回归系数选项组中的估计值，勾选残差选项组中的"Durbin-Watson"和"个体诊断"（选择默认值）（如图3-14所示）。
设置完成后，点击"继续"。在"绘制"窗口中，选择"*ZPRED"作为Y轴变量，选择
"DEPEBDNT"作为X轴变量，然后勾选标准化残差图下的"直方图"和"正态概率图"
选项（如图3-15所示）。设置完成后，点击"继续"。在"保存"窗口中勾选预测值选
项中的"未标准化"选项和残差选项中的"未标准化"选项（如图3-16所示）。设置
完成后，点击"继续"。在"选项"窗口中选择默认值（如图3-17所示），然后点击
"继续"。全部设置完成后，点击"确定"按钮，关于每周营业收入与电视广告费用支
出、报刊广告费用支出的多元回归分析结果便在SPSS结果窗口中展现出来。

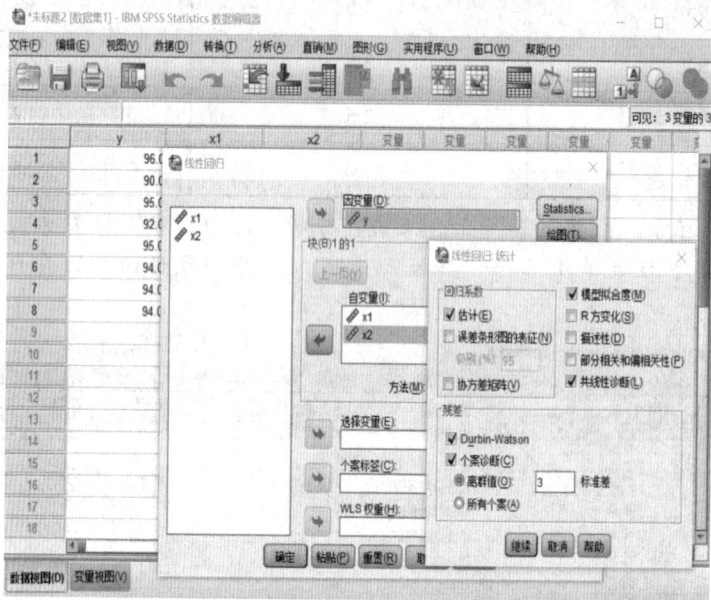

图3-14　回归分析变量的选择与统计量选择

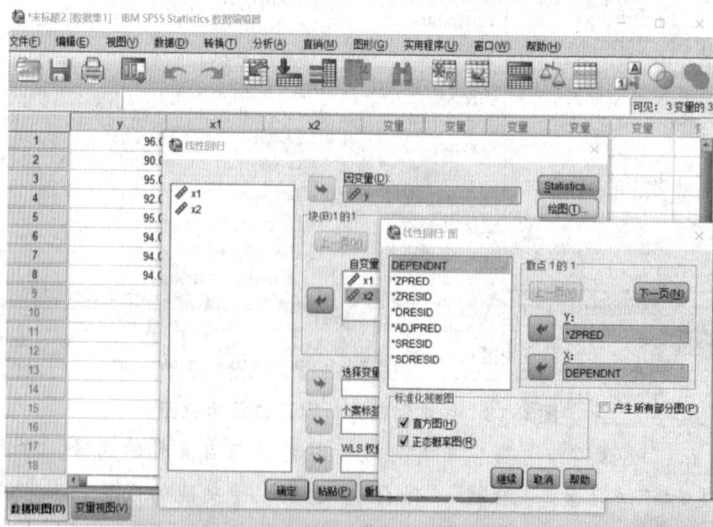

图3-15　回归分析绘图功能选择

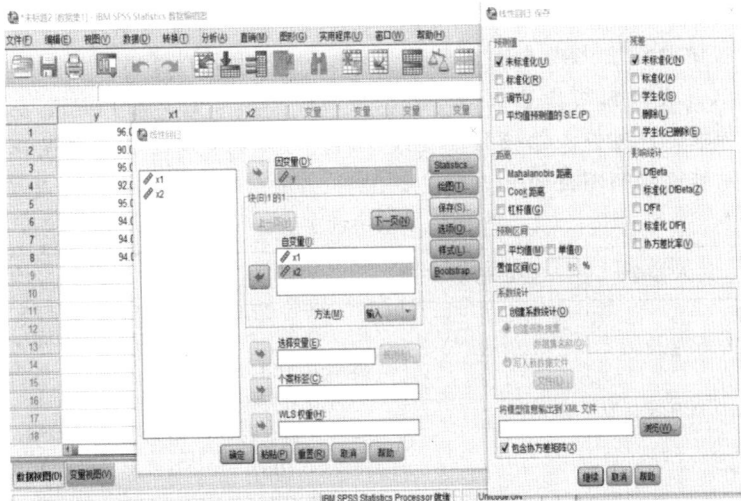

图3-16 回归分析预测值与残差功能选择

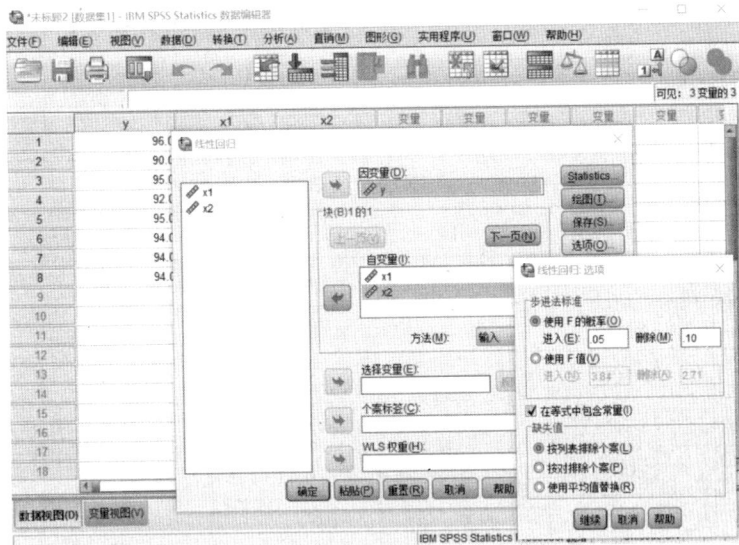

图3-17 回归分析显著性水平选择

从输出结果看，模型最先引入的变量为电视广告费用支出，第二个引入模型的变量为报刊广告费用支出，没有变量被剔除（见表3-7）。从模型的拟合情况看，模型的复相关系数为0.959，R方为0.919，调整R方为0.887，D-W值为2.174（见表3-8），由此可知模型残差独立。由方差分析表可知，模型的F统计量的值为28.378，概率为0.002（见表3-9所示），在显著性水平为10%的情形下，可以认为每周营业收入与电视广告费用支出、报刊广告费用支出存在线性关系。由回归系数分析表可知，在10%的显著水平下，系数均通过检验（见表3-10），由此可建立起每周营业收入与电视广告费用支出、报刊广告费用支出的多元线性回归方程：$\hat{y} = 83.23 + 2.29x_1 + 1.30x_2$。从共线性诊断表（见表3-11）可知，该模型存有一定的共线性。从残差统计量分析表（见表3-12）可知，标准化残差的最大值为1.024，没有超过默认值3，即未能发现奇异值。从回归标准化残差的直方图（如图3-18所示）可以看出，由于样本只有10个，所以只能大概判断其呈正态分布。由回归标准化的正态P-P图（如图3-19所示）可知，标准化残差散点比较靠近直线，因而可以判定标准化残差呈正态分布。由因变量与回归标准化预测值的散点图（如图3-20所示）可知，两变量呈直线趋势。

表3-7 输入／移去的变量表

模型	输入的量	移去的量	方法
1	x1		步进（准则：F-to-enter的概率≤0.050，F-to-remove的概率≥0.100）
2	x2		步进（准则：F-to-enter的概率≤0.050，F-to-remove的概率≥0.100）

表3-8 模型汇总表

模型	R	R方	调整R方	标准估计的误差	Durbin-Watson
1	0.808	0.653	0.595	1.2152	
2	0.959	0.919	0.887	0.6426	2.174

表3-9 方差分析表

模型		平方和	df	均方	F	Sig.
1	回归	16.640	1	16.640	11.269	0.015
	残差	8.860	6	1.477		
	总计	25.500	7			
2	回归	23.435	2	11.718	28.378	0.002
	残差	2.065	5	0.413		
	总计	25.500	7			

表3-10 回归系数表

模型		非标准化系数		标准系数	t	Sig.	共线性统计量	
		B	标准误差	试用版			容差	VIF
1	（常量）	88.638	1.582		56.016	0.000		
	x1	1.604	0.478	0.808	3.357	0.015	1.000	1.000
2	（常量）	83.230	1.574		52.882	0.000		
	x1	2.290	0.304	1.153	7.532	0.001	0.690	1.448
	x2	1.301	0.321	0.621	4.057	0.010	0.690	1.448

表3-11   共线性诊断表

模型	维数	特征值	条件索引	方差比例		
				（常量）	x1	x2
1	1	1.962	1.000	0.02	0.02	
	2	0.038	7.228	0.98	0.98	
2	1	2.846	1.000	0.00	0.01	0.01
	2	0.140	4.510	0.00	0.16	0.29
	3	0.014	14.494	1.00	0.83	0.71

表3-12   残差统计量

	极小值	极大值	均值	标准偏差	N
预测值	90.412	96.632	93.750	1.8297	8
残差	−0.6325	0.6577	0.000	0.5431	8
标准预测值	−1.824	1.575	0.000	10.000	8
标准残差	−0.984	1.024	0.000	0.845	8

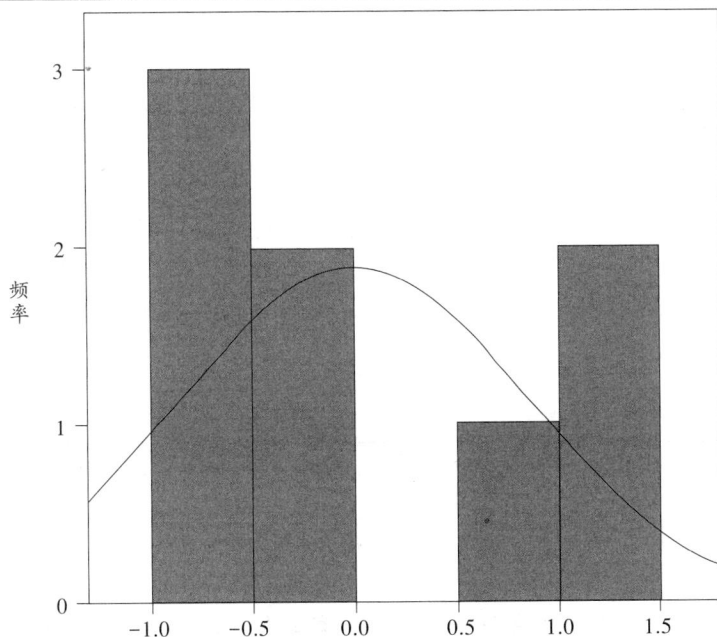

图3-18　回归标准化残差的直方图

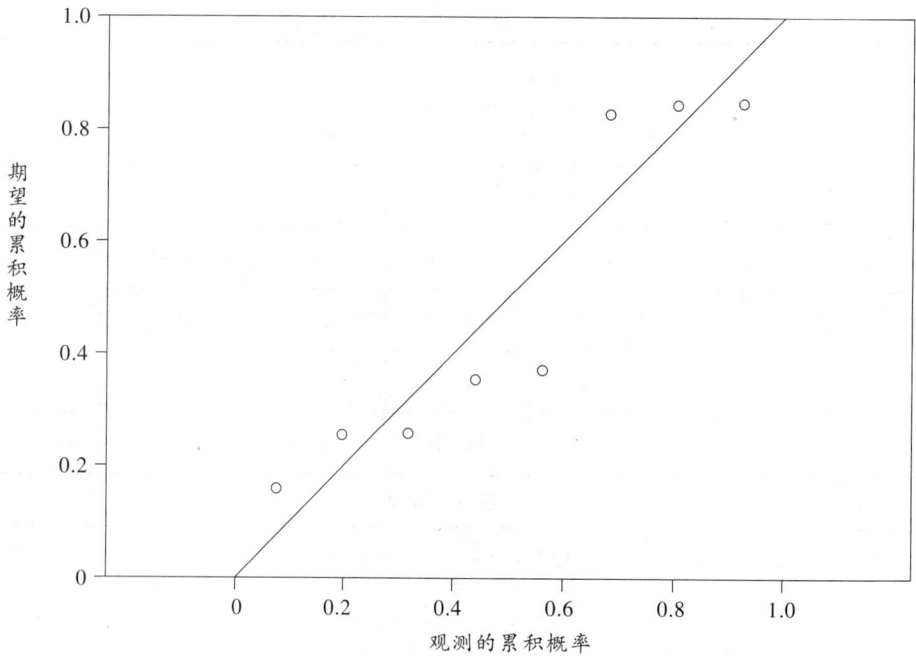

图3-19　回归标准化的正态P-P图

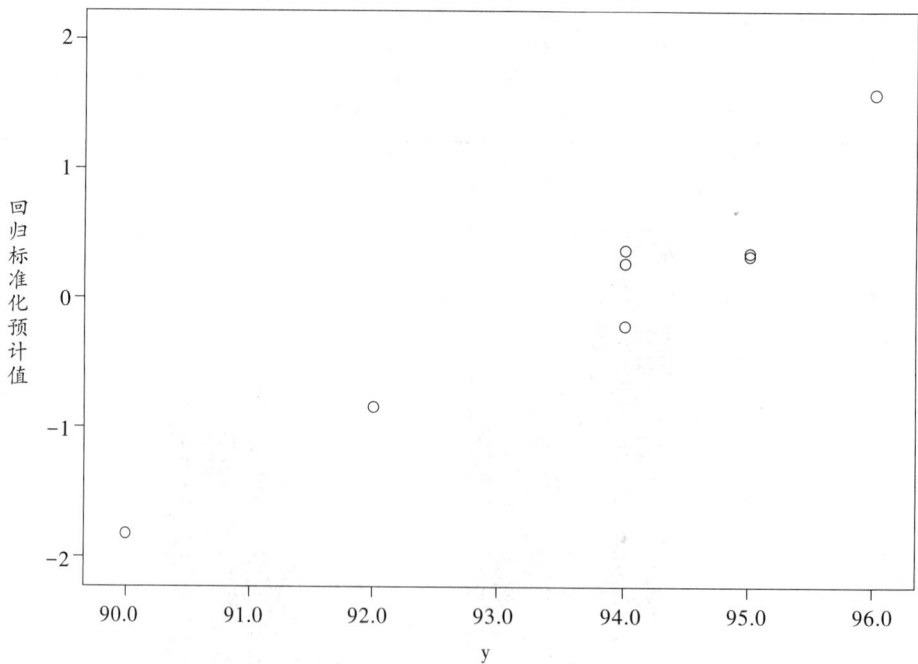

图3-20　因变量与回归标准化预测值的散点图

【例3-3】信用卡消费者的消费行为特性是商家感兴趣的话题。某调查公司通过随机抽样调查取得50个消费者关于年收入、家庭人数、信用卡年支付额的数据，见表3-13。那么，有了这份调查数据，你能得到怎样的判断呢？

表 3-13 信用卡年支付额与家庭年收入和家庭人数数据表

年收入（千美元）	家庭人数（人）	信用卡年支付额（美元）
54	3	4 016
30	2	3 159
32	4	5 100
50	5	4 742
31	2	1 864
55	2	4 070
37	1	2 731
40	2	3 348
66	4	4 764
51	3	4 110
25	3	4 208
48	4	4 219
27	1	2 477
33	2	2 514
65	3	4 214
63	4	4 965
42	6	4 412
21	2	2 448
44	1	2 995
37	5	4 171
62	6	5 678
21	3	3 623
55	7	5 301
42	2	3 020
41	7	4 828
54	6	5 573
30	1	2 583

年收入（千美元）	家庭人数（人）	信用卡年支付额（美元）
48	2	3 866
34	5	3 586
67	4	5 037
50	2	3 605
67	5	5 345
55	6	5 370
52	2	3 890
62	3	4 705
64	2	4 157
22	3	3 579
29	4	3 890
39	2	2 972
35	1	3 121
39	4	4 183
54	3	3 730
23	6	4 127
27	2	2 921
26	7	4 603
61	2	4 273
30	2	3 067
22	4	3 074
46	5	4 820
66	4	5 149

首先，我们根据抽样调查数据进行多元线性回归。在录入数据的基础上，点开"线性回归"窗口。在"线性回归"窗口中首先进行因变量与自变量的选择，方法选择"逐步进入"，接着进行"统计量""绘制""保存""选项"等功能的设置。在"统计量"窗口中，首先勾选"模型拟合度""共线性诊断"；然后勾选回归系数选项组中的"估计值"，勾选残差选项组中的"Durbin-Watson"和"个体诊断"（选择默认值），如图3-21所示。设置完成后，点击"继续"。在"绘制"窗口中，选择"*ZPRED"作为

Y 轴变量，选择 "DEPEBDNT" 作为 X 轴变量，然后勾选标准化残差图下的 "直方图" 和 "正态概率图"（如图 3-22 所示）。设置完成后，点击 "继续"。在 "保存" 窗口中勾选预测值选项中的 "未标准化" 选项和残差选项中的 "未标准化" 选项（如图 3-23 所示）。设置完成后，点击 "继续"。在 "选项" 窗口中选择默认值（如图 3-24 所示），然后点击 "继续"。全部设置完成后，点击 "确定" 按钮，关于信用卡年支付额与年收入、家庭人数的多元回归分析结果便在 SPSS 结果窗口中展现出来。

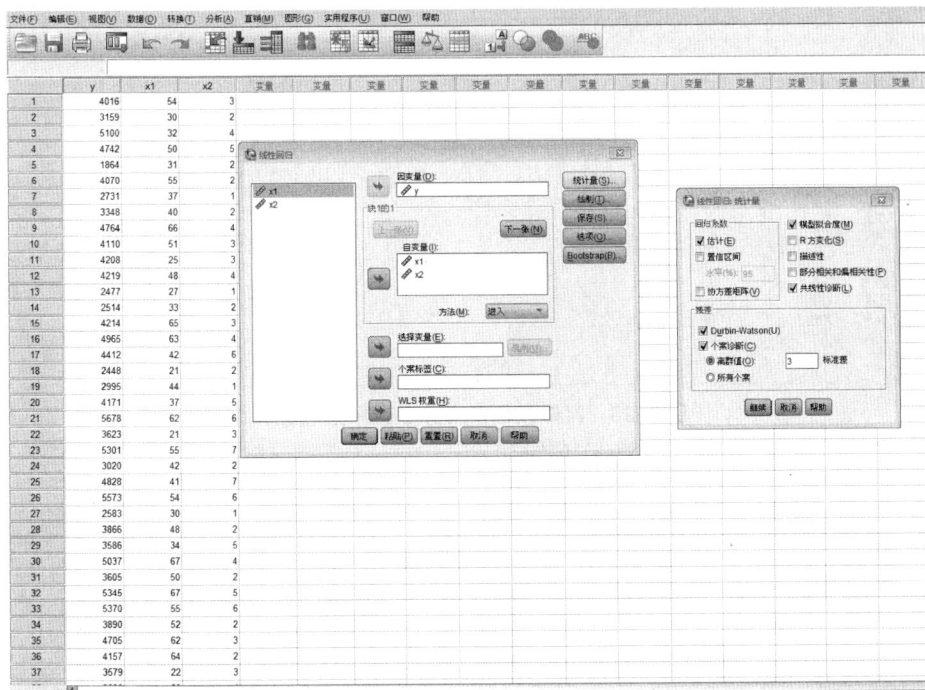

图3-21　回归分析变量的选择与统计量选择

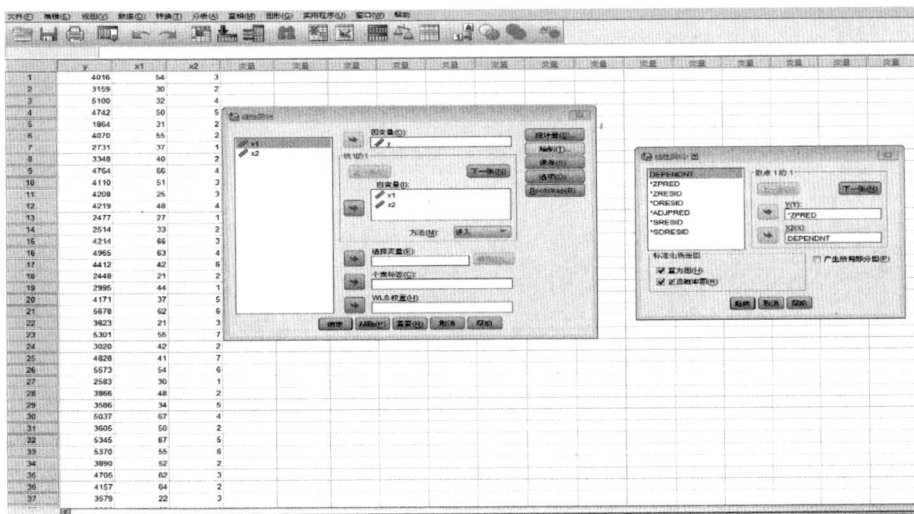

图3-22　回归分析绘图功能选择

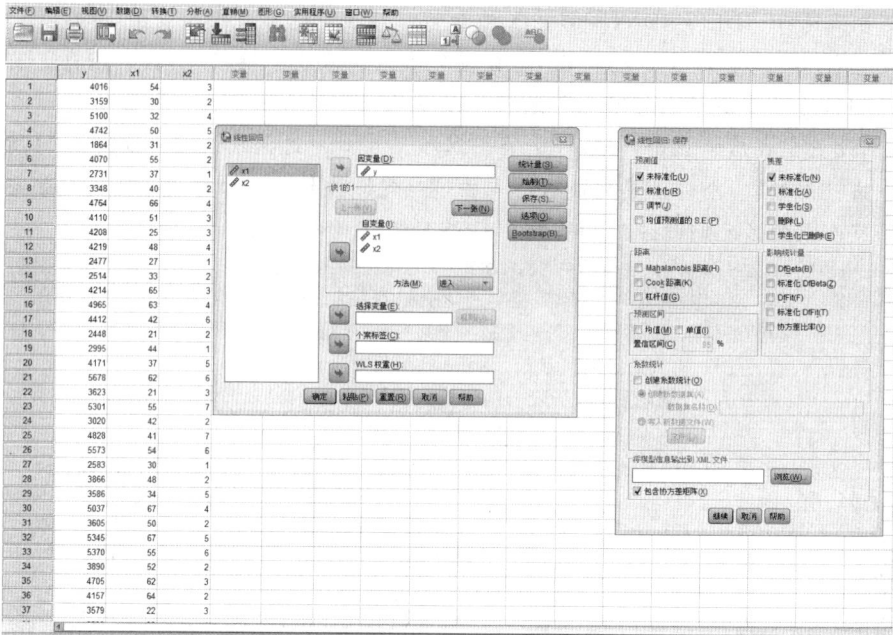

图3-23 回归分析预测值与残差功能选择

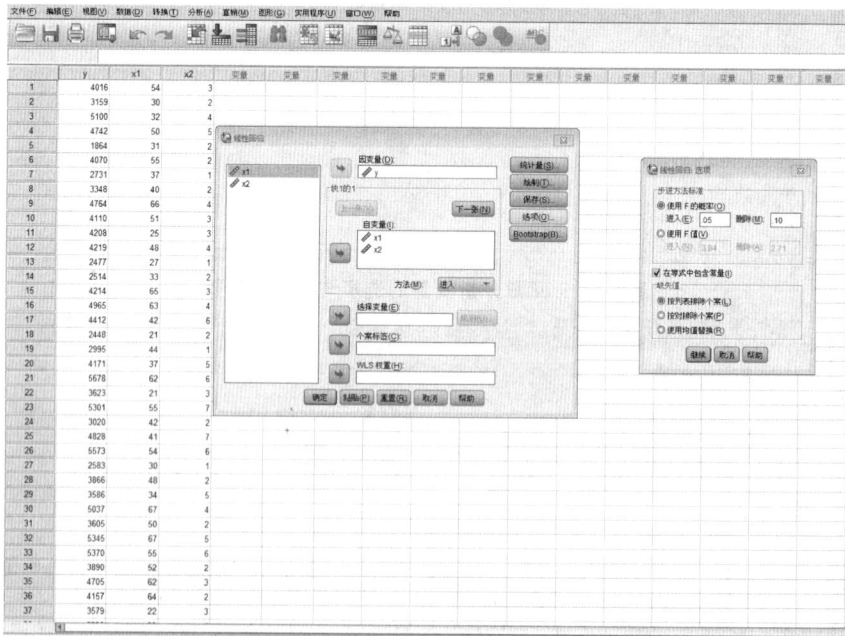

图3-24 回归分析显著性水平选择

从输出结果看，模型最先引入的变量为家庭人口，第二个引入模型的变量为家庭年收入，没有变量被剔除（见表3-14）。从模型的拟合情况看，模型的复相关系数为0.909，R方为0.826，调整R方为0.818，D-W值为2.037（见表3-15），由此可知模型残差独立。由方差分析表可知，模型的F统计量的值为111.218，概率为0.000（见表

3-16），在显著性水平为5%的情形下，可以认为家庭信用卡年支出与家庭年收入、家庭人口存在线性关系。由回归系数分析表可知，在5%的显著性水平下，系数均通过检验（见表3-17），由此可建立起家庭信用卡年支出与家庭年收入、家庭人口的多元线性回归方程：

$$\hat{y} = 1\,304.91 + 33.13x_1 + 356.30x_2$$

表3-14 　　　　　　　　　　　　　　　　　输入／移去的变量表

模型	输入的量	移去的量	方法
1	x2		步进（准则：F-to-enter 的概率≤0.050，F-to-remove 的概率≥0.100）
2	x1		步进（准则：F-to-enter 的概率≤0.050，F-to-remove 的概率≥0.100）

表3-15 　　　　　　　　　　　　　　　　　　模型汇总表

模型	R	R方	调整R方	标准估计的误差	Durbin-Watson
1	0.753	0.567	0.558	620.793	
2	0.909	0.826	0.818	398.091	2.037

表3-16 　　　　　　　　　　　　　　　　　　方差分析表

模型		平方和	df	均方	F	Sig.
1	回归	2.420E7	1	2.420E7	62.796	0.000
	残差	1.850E7	48	385 383.986		
	总计	4.270E7	49			
2	回归	3.525E7	2	1.763E7	111.218	0.000
	残差	7 448 393.148	47	158 476.450		
	总计	4.270E7	49			

表3-17 　　　　　　　　　　　　　　　　　　回归系数表

模型		非标准化系数		标准系数	t	Sig.	共线性统计量	
		B	标准误差	试用版			容差	VIF
1	（常量）	2 581.941	195.263		13.223	0.000		
	x2	404.128	50.998	0.753	7.924	0.000	1.000	1.000
2	（常量）	1 304.905	197.655		6.602	0.000		
	x2	356.296	33.201	0.664	10.732	0.000	0.970	1.031
	x1	33.133	3.968	0.516	8.350	0.000	0.970	1.031

从共线性诊断表（见表3-18）可知，该模型存有一定的共线性。从残差统计量分析表（见表3-19）可知，标准化残差的最大值为2.29，最小值为-2.966，绝对值没

有超过默认值3，即未能发现奇异值。从回归标准化残差的直方图（如图3-25所示）可以看出，样本残差通过残差正态性检验。由回归标准化的正态P-P图（如图3-26所示）可知，标准化残差散点比较靠近直线，因而可以判定标准化残差呈正态分布。由因变量与回归标准化预测值的散点图（如图3-27所示）可知，两变量呈直线趋势。

表3-18　　　　　　　　　　　　　　共线性诊断表

模型	维数	特征值	条件索引	方差比例		
				（常量）	x_2	x_1
1	1	1.893	1.000	0.05	0.05	
	2	0.107	4.211	0.95	0.95	
2	1	2.810	1.000	0.01	0.02	0.01
	2	0.141	4.469	0.05	0.93	0.17
	3	0.049	7.568	0.94	0.05	0.82

表3-19　　　　　　　　　　　　　　残差统计量

	极小值	极大值	均值	标准偏差	N
预测值	2 555.79	5 621.29	3 964.06	848.176	50
残差	−1.181E3	1 309.655	0.000	389.882	50
标准预测值	−1.660	1.954	0.000	1.000	50
标准残差	−2.966	2.290	0.000	0.979	50

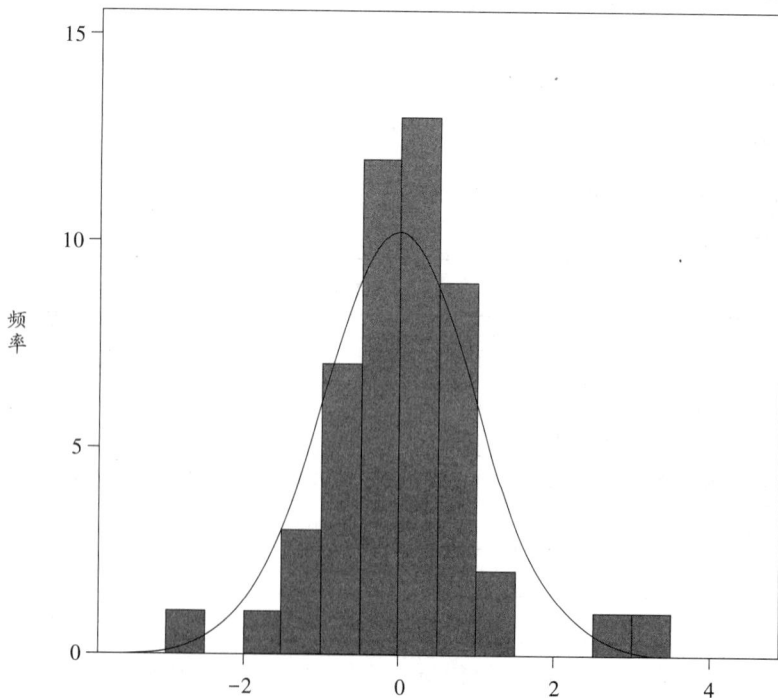

图3-25　回归标准化残差的直方图

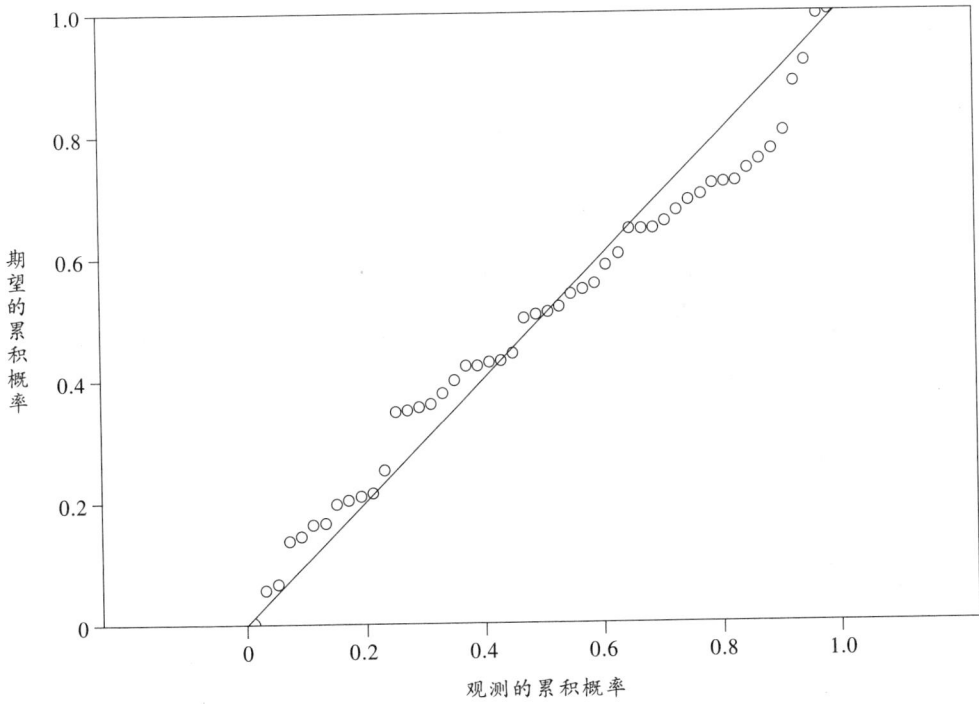

图3-26 回归标准化的正态P-P图

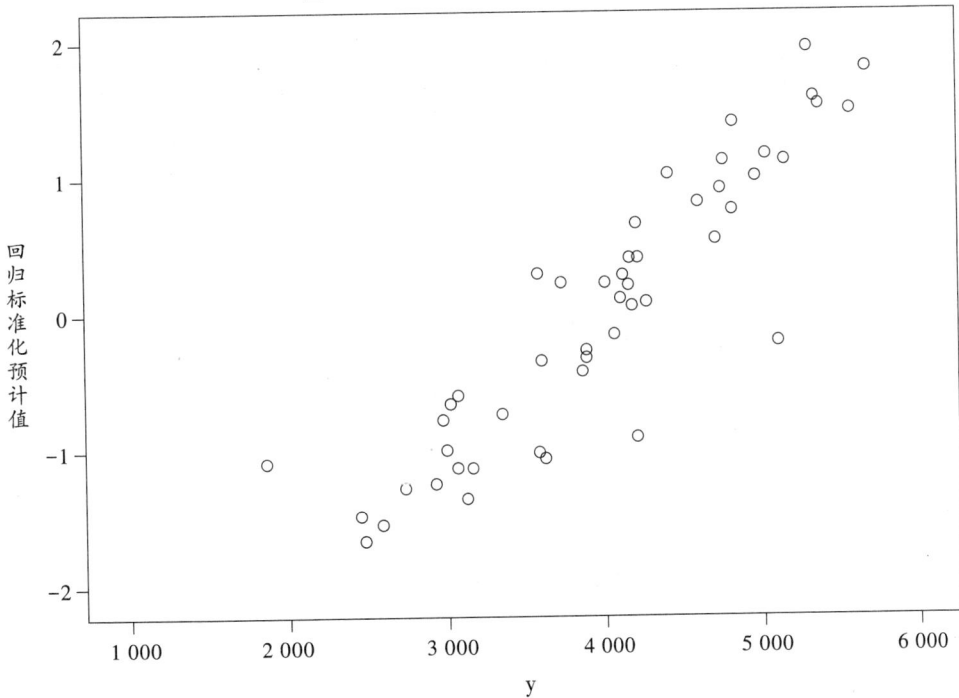

图3-27 因变量与回归标准化预测值的散点图

第三节　案例解析

在理论阐述的基础上，下面我们将通过两个例子来讲解如何通过SPSS软件进行拟合和检验一元线性回归方程。

【例3-4】表3-20是某地区10家快餐店的就餐人数x及其季度销售额y的情况，请据此拟合一个关于该地区就餐人数及其季度销售额的一元线性回归方程。

表3-20　　　　　　某地区快餐店就餐人数与季度销售收入情况表

餐馆代码	就餐人数 x（千人）	季度销售额 y（万元）
1	2	46.4
2	6	84
3	8	70.4
4	8	94.4
5	12	93.6
6	16	109.6
7	20	125.6
8	20	135.2
9	22	119.2
10	26	161.6

第一步，在数据输入的基础上，查看就餐人数x和季度销售额y的相关图（如图3-28所示）。由就餐人数与季度销售额的相关图，我们可以看出，季度销售额与就餐人数呈正向线性相关关系。

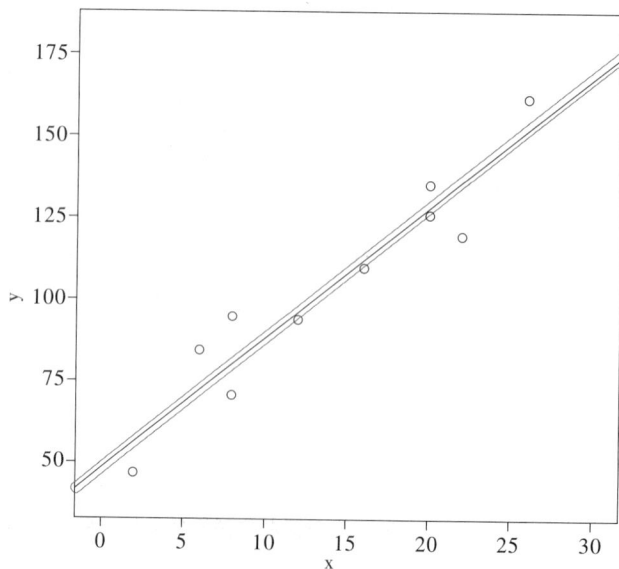

图3-28　就餐人数和季度销售额的相关图

第二步，点击"分析"，在下拉菜单中点击"回归"选项，然后在下拉菜单中选择"线性"选项（如图3-29所示），点开"线性回归"窗口。

图3-29 线性回归分析窗口位置示意图

第三步，在"线性回归"窗口中，依次将自变量与因变量移入相应的分析窗口中，方法选择"进入"，即自变量一次全部进入的方法。然后点击"统计量"选项，打开统计量窗口，勾选"模型拟合度"与回归系数下的"估计"，然后依次点击"继续"和"确定"按钮（如图3-30所示）。由此，一元线性回归分析的结果便呈现在SPSS的结果窗口中。

图3-30 线性回归窗口中的内容设计

由分析结果（见表3-21）可知，就餐人数x和季度销售额y的相关系数R=0.950，拟合优度R方为0.903，调整后的拟合优度R方为0.891，标准估计的误差为11.063，方程的整体拟合效果较好。回归模型的F统计量为74.248，P值为0.000，因此，我们认为该回归模型是具有统计学意义的。由于一元线性回归模型只有一个自变量，因此，模型的检验就等于系数的检验。根据回归系数，我们可得就餐人数x和季度销售额y的线性回归估计方程为：$\hat{y} = 48 + 4x$，即就餐人数每增加1千人，季度销售额将增加4万元。

表3-21　　　　　　**就餐人数和季度销售额的线性回归分析结果**

模型汇总

模型	R	R方	调整R方	标准估计的误差
1	0.950[a]	0.903	0.891	11.063

a. 预测变量：（常量），x

Anova[b]

模型		平方和	df	均方	F	Sig.
1	回归	9 088.000	1	9 088.000	74.248	0.000[a]
	残差	979.200	8	122.400		
	总计	10 067.200	9			

a. 预测变量：（常量），x

b. 因变量：y

系数[a]

模型		非标准化系数		标准系数	t	Sig.
		B	标准误差	试用版		
1	（常量）	48.000	7.381		6.503	0.000
	x	4.000	0.464	0.950	8.617	0.000

a. 因变量：y

【例3-5】为了研究交通安全问题，搜集若干城市每1 000个驾驶员中发生死亡事故的车祸次数y和有驾照的司机中21岁及以下所占比例x的数据，见表3-22。试问有驾照的司机中21岁及以下所占比例与每1 000个驾驶员中发生死亡事故的车祸次数关系大吗？

表3-22　　　　**驾驶员中发生死亡事故的车祸次数与驾驶员年龄结构数据表**

21岁以下所占比例x（%）	每1 000个驾驶员中发生死亡事故车祸次数y（次）
13	2.962
12	0.708
8	0.885
12	1.652

续表

21岁以下所占比例 x（%）	每1 000个驾驶员中发生死亡事故车祸次数 y（次）
11	2.091
17	2.627
18	3.83
8	0.368
13	1.142
8	0.645
9	1.028
16	2.801
12	1.405
9	1.433
10	0.039
9	0.338
11	1.849
12	2.246
14	2.855
14	2.352
11	1.294
17	4.1
8	2.19
16	3.623
15	2.623
9	0.835
8	0.82
14	2.89
8	1.267
15	3.224
10	1.014
10	0.493
14	1.443
18	3.614
10	1.926

21岁以下所占比例 x（%）	每1 000个驾驶员中发生死亡事故车祸次数 y（次）
14	1.643
16	2.943
12	1.913
15	2.814
13	2.634
9	0.926
17	3.256

第一步，在数据输入的基础上，查看城市每1 000个驾驶员中发生死亡事故的车祸次数 y 和有驾照的司机中21岁及以下所占比例 x 的相关图及在95%的置信度下，个体数值靠近回归估计方程的程度。由此相关图我们可以看出，城市中有驾照的司机中21岁及以下所占比例 x 和每1 000个驾驶员中发生死亡事故的车祸次数 y 呈正向线性相关关系（如图3-31所示）。

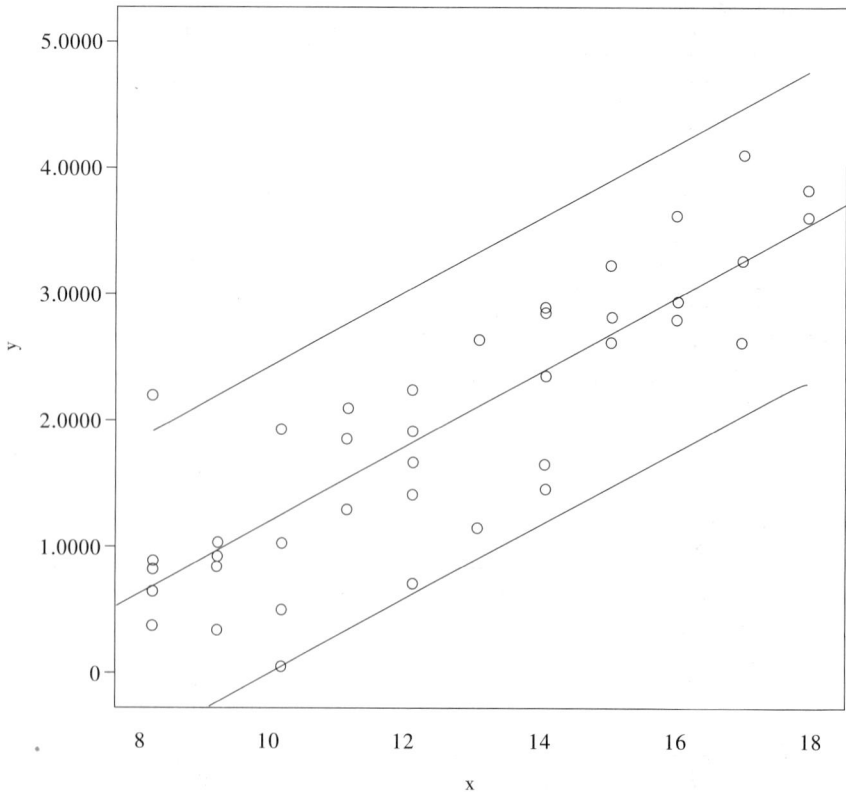

图3-31　驾驶员年龄比例与驾驶员中发生死亡事故的车祸次数的相关图

第二步，点击"分析"，在下拉菜单中点击"回归"选项，然后在下拉菜单中选择"线性"选项（如图3-32所示），点开"线性回归"窗口。

图3-32 线性回归分析窗口位置示意图

第三步，在"线性回归"窗口中，依次将自变量与因变量移入相应的分析窗口中，方法选择"进入"，即自变量一次全部进入的方法。然后点击"统计量"选项，打开统计量窗口，勾选"模型拟合度"与回归系数下的"估计"，然后依次点击"继续"和"确定"按钮（如图3-33所示）。由此，一元线性回归分析的结果便呈现在SPSS的结果窗口中。

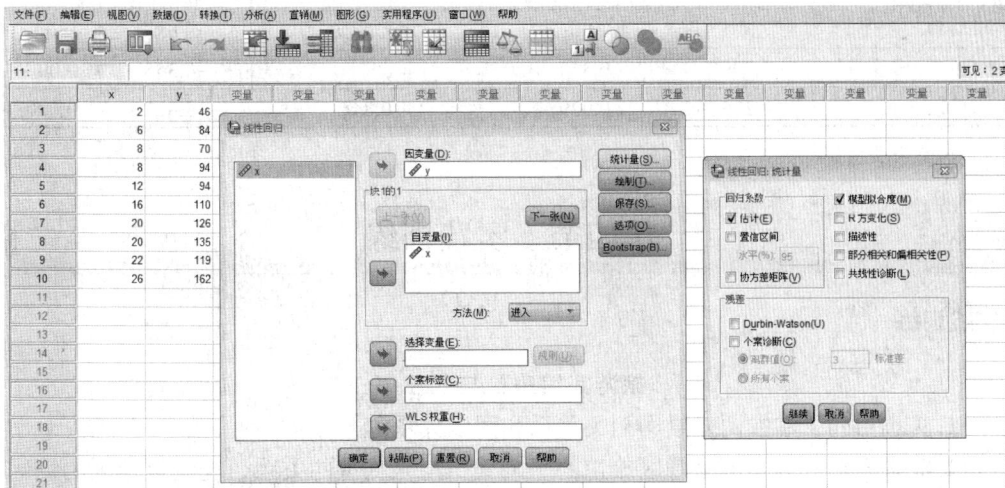

图3-33 线性回归窗口中的内容设计

　　由分析结果（见表3-23）可知，城市中有驾照的司机中21岁及以下所占比例x和城市中每1 000个驾驶员中发生死亡事故的车祸次数y的相关系数R为0.844，拟合优度R方为0.713，调整后的拟合优度R方为0.705，标准估计的误差为0.58，方程的整体拟合效果一般，即回归方程个体数靠近回归方程的程度比较分散。回归模型的F统计量为96.772，P值为0.000，因此，我们认为该回归模型是具有统计学意义的。由于一元线性回归模型只有一个自变量，因此，模型的检验就等于系数的检验。根据回归系数，我们可得城市中有驾照的司机中21岁及以下所占比例x和城市中每1 000个驾驶员中发生死亡事故的车祸次数y的线性回归估计方程为：$\hat{y} = -1.599 + 0.285x$，即城市中有驾照的司机中21岁及以下所占比例每提高1个百分点，城市中每1 000个驾驶员中发生死亡事故的车祸次数将增加0.285次。因此，我们认为城市中有驾照的司机中21岁及以下所占比例和每1 000个驾驶员中发生死亡事故的车祸次数有较大的关系。

表3-23　　　　驾驶员年龄比例与发生死亡事故的车祸次数的线性回归分析结果

模型汇总

模型	R	R方	调整R方	标准估计的误差
1	0.884[a]	0.713	0.705	0.5815660

a. 预测变量：（常量），x

Anova[b]

模型		平方和	df	均方	F	Sig.
1	回归	32.730	1	32.730	96.772	0.000[a]
	残差	13.191	39	0.338		
	总计	45.921	40			

a. 预测变量：（常量），x

b. 因变量：y

系数[a]

模型		非标准化系数		标准系数		
		B	标准误差	试用版	t	Sig.
1	（常量）	-1.599	0.367		-4.358	0.000
	x	0.285	0.029	0.844	9.837	0.000

a. 因变量：y

第四节　实践训练

实践训练一

旅游宾馆房价与入住率

　　1.实训目的：掌握两变量间相关关系和回归关系。

　　2.实训资料：为了解某地区旅馆的平均房价与入住率的关系，现对该地区的旅馆营业状况进行了调查，调查数据见表3-24。

表3-24　　　　　　　　某地区旅店入住率与平均房价数据表

旅馆代码	入住率 x（%）	平均房价 y（元）
1	67.9	379.55
2	72	460.2
3	68.4	472.1
4	67.7	408.45
5	69.5	373.8
6	68.7	404.3
7	69.5	350.2
8	78.7	532.35
9	62	330.55
10	71.2	429.15
11	80.7	535.55
12	71.4	476.7
13	73.5	527.55
14	63.4	337.25
15	68.7	323.95
16	70.1	417.8
17	67.1	350.6
18	73.4	413
19	69.8	368.2
20	70.6	495

3.实训任务：

（1）建立 SPSS 数据集；

（2）制作散点图；

（3）计算线性相关系数；

（4）拟合一元线性回归方程，试问该地区旅馆的平均房价与入住率有关系吗？

实践训练二

地方财政与学生成绩

1.实训目的：掌握两变量间相关关系和回归关系。

2.实训资料：学生成绩与地方政府教育支出之间有没有关系呢？为了研究这一问题，某地区进行了相关数据搜集，见表3-25，请你根据调查数据给出一个答案。

表3-25　　　　　　　某地区生均教育经费支出与学生平均分数数据表

地区代码	生均教育经费支出x（元）	学生平均分数y	地区代码	生均教育经费支出x（元）	学生平均分数y
1	4 049	581	19	4 521	629
2	3 423	582	20	6 554	638
3	4 917	580	21	5 338	639
4	5 532	580	22	4 483	641
5	4 304	603	23	4 772	644
6	3 777	604	24	5 128	649
7	4 663	611	25	3 280	650
8	4 934	611	26	5 515	657
9	4 097	614	27	7 629	657
10	4 060	615	28	6 413	658
11	6 208	615	29	5 410	660
12	3 800	618	30	5 477	661
13	4 041	618	31	5 060	665
14	5 247	625	32	4 985	667
15	6 100	625	33	6 055	667
16	5 020	626	34	4 374	671
17	4 520	627	35	5 561	675
18	8 162	628	36	3 958	685

3.实训任务：

（1）建立SPSS数据集；

（2）制作散点图；

（3）计算线性相关系数；

（4）拟合一元线性回归方程。

实践训练三

基金收益率与安全性

1.实训目的：掌握多变量间相关关系和回归关系。

2.实训资料：表3-26为20只基金年收益率、安全系数（0表示最危险、10表示最安全）、基金项目年支出率的数据。

表3-26 年收益率与安全系数、年支出率数据表

基金项目代码	安全系数 x_1	年支出率 x_2（%）	年收益率 y（%）
1	7.1	1.59	49
2	7.2	1.35	52
3	6.8	1.68	89
4	7.1	1.56	58
5	6.2	2.16	131
6	7.4	1.8	59
7	6.5	1.88	99
8	7	0.9	53
9	6.9	1.79	77
10	7.2	1.49	54
11	7.1	1.05	57
12	7.7	1.25	61
13	7	1.83	88
14	7	1.94	122
15	7.2	1.09	71
16	6.9	1.5	51
17	7	1.28	60
18	7.1	1.65	50
19	6.5	1.61	93
20	7	1.5	47

3.实训任务：

（1）建立SPSS数据集；

（2）制作散点图；

（3）计算线性相关系数；

（4）拟合多元线性回归方程，请你根据所学知识分析基金年收益率与安全系数和年支出率的关系。

实践训练四

疾病率与身体健康

1.实训目的：掌握多变量间相关关系和回归关系。

2.实训资料：美国心脏协会搜集了过往10年关于中风发病率与年龄、血压以及是否吸烟的统计数据（见表3-27）。

表3-27　　　　　　　中风发病率与年龄、血压及是否吸烟数据表

发病率（%）	年龄	血压	是否吸烟（吸烟赋值为1，不吸烟赋值为0）
3	62	117	0
8	66	166	0
12	57	152	0
13	58	155	0
15	78	98	0
15	60	199	0
15	67	135	1
18	56	155	1
22	71	152	0
24	67	163	0
28	59	196	0
31	78	120	0
34	80	125	1
36	70	173	1
36	82	119	1
37	80	135	1
37	59	207	1
48	77	209	1
51	76	189	1
56	86	177	1

3.实训任务：

（1）建立SPSS数据集；

（2）制作散点图；

（3）计算线性相关系数；

（4）拟合多元线性回归方程，请根据所学知识分析一下中风发病率的影响因素有哪些。

第四章 统计综合评价与层次分析法

贯彻新发展理念 推动高质量发展

创新、协调、绿色、开放、共享的新发展理念，是以习近平同志为核心的党中央在深刻总结国内外发展经验教训、深刻分析国内外发展大势基础上形成的，是管根本、管全局、管长远的理论指导和实践指南。贯彻新发展理念是关系我国发展全局的一场深刻变革，不能简单以国内生产总值（GDP）及 GDP 增长率论英雄，必须实现创新成为第一动力、协调成为内生特点、绿色成为普遍形态、开放成为必由之路、共享成为根本目的的高质量发展，推动经济发展质量变革、效率变革、动力变革。新发展理念的五个方面是相互贯通、相互促进的，是具有内在联系的集合体，要统一贯彻，不能顾此失彼，也不能相互替代。贯彻新发展理念，必须坚持系统观念，加强前瞻性思考、全局性谋划、战略性布局、整体性推进，统筹处理好继承与创新、发展与安全等重大关系，着力固根基、扬优势、补短板、强弱项，注重防范化解重大风险挑战，实现发展质量、结构、规模、速度、效益、安全相统一，推动我国经济迈上更高质量、更有效率、更加公平、更可持续、更为安全的发展之路。

通过本章内容的学习，培养学生综合思维方式，科学设计多元统计指标体系分析经济社会现象，掌握多种评价结论一致性原则，培养学生多元视角观察和分析能力。

第一节 统计综合评价概述

一、统计综合评价的概念和作用

（一）统计综合评价的概念

在社会经济管理领域，经常会涉及对管理对象的评价问题。比如，2018 年，我国经济进入高质量发展时期，高质量发展成为未来我国经济发展的最新指向。如何从数量上合理评价一个城市、地区或国家的经济发展质量呢？又如，世界银行等机构间隔一定的时间会对各国银行的综合实力、世界 500 强企业或世界富豪进行评价、排序等，以客观地揭示它们的发展水平和动向。

由于社会经济现象的总体是由多因素构成并相互影响的复杂系统，而一个指标往往只能反映总体某方面的状况，不可能全面概括总体的综合特征，因而其无法满足人们从整体上综合认识社会经济现象的要求，这就是单个指标的局限性。为此，就必须建立一套科学、合理的指标体系，以保证对社会经济总体状况认识的全面性和客观性。

但是指标体系是从若干不同方面对统计总体的数量特征进行反映的，不同的指标在不同单位、地区和各经济活动主体之间，其数值规模的大小、水平的高低、速度的快慢、质变的过程及内部的协调状况各不相同，互有长短，这就需要对这些有差异的指标进行综合评价，作出总体优劣的判断。因此，统计综合评价是指利用社会经济现象总体的指标体系，结合各种定性材料，构建综合评价模型，通过数量的比较和计算，求得综合评价值，对被评对象作出明确的评定和排序的一种统计分析方法。综合评价的结果表现为排出名次顺序，分出等级并作出判断的结论。

（二）统计综合评价的作用

进行统计综合评价，其主要作用在于：

第一，对所分析的现象总体有一个综合认识。从本质上讲，综合评价是一种多指标综合的方法，即通过将事物不同方面的评价值综合在一起，获得对事物整体性的认识。例如，经常进行的企业经济效益综合评价，就是将劳动消耗的效益、资金占用的效益、投资效益、新产品开发效益和产品质量效益等从各个方面反映企业效益状况的指标，利用某种综合评价方法进行合成，最终获得对企业经济效益状况的总体认识。

第二，对不同地区或单位之间的综合评价结果进行比较和排序。对社会经济现象总体，人们不仅要对其本身的状况与水平有一个全面综合的认识，还要了解它在同类总体中的层次位置，即对其质量有一个序列认识，用以比较各评价主体的差异状况，分析差距水平。例如，同行业企业的经济效益排名、国与国之间综合国力的比较与排序等都必须借助于统计综合评价。

第三，对同一单位或地区的综合评价值进行动态分析，从而了解自身整体实力的发展变化情况，是进步还是退步，并进一步寻找出进退的主要方面与主要原因，以改进工作。

二、统计综合评价的步骤

通常，统计综合评价包括以下六个步骤：

（一）明确评价的目标

确定综合评价的目的是解决为什么评价的问题。在实际工作中，综合评价总是针对某个或若干个专题统计分析开展的，都是要达到某个特定的目的或目标。并且，统计综合评价的目标决定了综合评价的指标体系和具体方法。因此，对某一事物进行综合评价，首先要明确为什么要综合评价，评价事物的哪一方面，评价的精确度要求如何以及评价要说明什么问题，等等。

（二）选择评价指标，确定评价指标体系

在明确综合评价的目标之后，就要对目标进行因素分析，找出影响总体评价目标的各方面因素，建立一套能够从不同的角度、不同的侧面反映评价对象的指标体系。这是关系到综合评价是否客观、准确的关键问题。

（三）确定指标数据的预处理方法

评价指标的数据预处理主要包括两方面的内容：第一，评价指标类型的一致化处理；第二，评价指标的无量纲化处理。

评价指标一般有四种类型，即正向指标、逆向指标、适度指标和区间指标。在对各指标值进行综合时，必须确保各指标的类型是相同的，评价方向是一致的，这样才能得到合理的综合结果。这就需要对指标类型进行一致性处理。此外，各个指标的计量单位可能不相同，如果把不同计量单位的指标或水平高低不同的指标直接综合，这样得到的评价结果也缺乏科学性，因此，为了消除计量单位和数据量级的影响，需要通过一定的方法将不同计量单位的指标转换为能够进行综合的指标，这就是指标的无量纲化处理。

（四）确定各评价指标的权重系数

虽然每个所选的评价指标都反映总体某一方面的特征，但各指标在总目标评价中的重要程度存在差别，因此需要根据各指标的重要性程度，赋予不同的权重系数。某项指标在反映总体特征中的重要程度越高，要求分配的权数越大；反之则越小。但是各指标的权重系数总和必须等于1。权重的合理确定，是保证评价科学性的关键。

（五）选择合适的评价标准

评价标准选择得合适，可以客观地对分析对象的状况作出评价；选择不恰当，则得不到合理的评价结果，甚至会得到错误的结论，达不到综合评价的目的。因此，确定科学、客观的评价标准是进行综合评价的一个重要步骤。通常，综合评价标准有时间评价标准、空间评价标准、历史评价标准、定额评价标准和经验评价标准等，可以根据具体的评价目标和方法进行选择。

（六）将各项的评价值合成为总评价值

综合评价的目的是通过相应的分析计算，将各指标最终综合在一起，得到一个综合评价值，利用该综合评价值对被评价的各个对象进行排序、比较，判定优劣，并与所选定的评价标准进行对比分析，以便找出薄弱环节，发现问题，查找原因，并提出建议与对策。

三、评价指标的确定方法

（一）选择评价指标的原则

对客观现象进行统计综合评价，关键是要科学地选择评价指标，建立一个科学合理的评价指标体系。选择评价指标应遵循以下原则：

1.目的性

评价指标体系的设置要能够反映不同评价对象的含义及特征，符合特定的研究目的。

2.客观性

评价指标体系要能够准确地把握所要研究问题的本质与内涵，能够客观地反映事物的总体特征。确定的指标必须是真实、恰当地反映客观事物某一方面特征的，要科学合理。

3.全面性

各评价指标能从不同的角度综合反映被评价对象的全貌，覆盖评价的基本内容。全面性并不是包括所有的指标，而应根据精简、效能的原则，选择既能反映全面状况，又能体现被研究对象本质特征的概括性强的指标，使指标体系形成一个极大无关组，尽量减少指标间的相关影响。

4.灵敏性

指标取值的高低在评价中有确切的含义，要能够灵敏地反映被评价对象的变化。如果评价指标的灵敏性不强，那么即使这个指标发生了很大的变化，其对评价客体的影响也不会太大，对评价的结果也不会产生太大的影响。

5.相互独立性

在评价指标体系中，尽可能选择那些无内在联系或内在联系低的指标，这样既能减少指标体系的冗余，又能避免统计指标之间的信息重复导致最后的综合结果难以反映客观实际的问题。

6.可比性

指标体系的设计必须充分考虑到各单位间统计指标的差异，在具体指标选择上，各单位所有的评价指标必须在指标含义、统计口径和范围上保持一致，以保证指标的可比性。

7.可操作性

确定为评价指标体系中的指标，要尽可能地考虑其搜集资料的可能性，要尽可能地利用已有的统计资料。如果搜集不到指标的数据，即使指标确定得再客观、再科学，也是一无用处。

（二）评价指标的选择方法

评价方法包括定性分析法和定量分析法。定性分析法是根据社会现象或事物所具有的属性和在运动中的矛盾变化，从事物的内在规定性来研究事物的一种方法或角度；而定量分析法是依据统计数据，建立数学模型，并用数学模型计算确定、分析对象的各项指标及其数值的一种方法。

1.定性分析法

在缺乏有关历史资料或指标难以数量化时，我们通常采用定性分析法选取评价指标。定性分析法主要有系统分析法和文献资料分析优选法。

（1）系统分析法。这是一种常用的凭经验挑选指标的方法，首先将所有备选指标按系统（或属性、类别）划分，再通过座谈或填调查表的方法获得对各指标的专家评分，确定主次，再从各系统内挑选主要的指标作为评价指标。

（2）文献资料分析优选法。该方法主要是在全面查阅有关评价指标设置的文献资料的基础上，分析各评价指标的优缺点，根据评价目的对指标加以取舍。

2.定量分析法

定量分析法主要有试算法、多元回归与逐步回归法和系统聚类法等。

（1）试算法。试算法是通过对历史数据的试算判断指标的有效性的方法。

（2）多元回归与逐步回归法。多元回归分析挑选标准化偏回归系数绝对值较大或偏回归系数假设检验有显著性的指标作为评价指标；逐步回归有自动挑选主要影响指标的功能，是目前最常用的指标挑选方法。

（3）系统聚类法。在存在众多指标的情况下，可将相似指标聚成类，再从每类中找一个典型指标作为代表，从而用少量几个典型指标作为评价指标来代表原来众多的指标建立评价模型。

值得注意的是，无论使用哪种方法选择指标，都需要重点考虑三个问题：第一，剔除次要指标。可以通过衡量各项指标在所有被评价对象中取值的离散程度来确定指标的重要性：离散程度越大，说明该指标对评价结果影响越大，应给予保留；反之，说明该指标对评价结果影响越小，可以考虑从评价指标体系中剔除。第二，删除重复指标。设有 m 个备选指标，可以通过分别计算各个指标与其余 $m-1$ 指标的复相关系数来衡量一个指标被其他指标替代的程度。第三，选取代表性指标。同类指标中典型指标的选取可以根据某个指标与其他同类指标的单相关系数绝对值的平均数大小来确定。数值越大，表明该指标与其他指标的关系越密切，可以作为同类指标中的典型指标。在实际工作中，往往综合使用多种方法进行指标筛选，在获得较为满意的专业解释的基础上，优先考虑那些被多种方法同时选入的指标。

四、评价指标的数据预处理

在确定了综合评价的指标体系后，需要对数据进行统一处理，才可以进行综合评价。评价时数据处理方法的选择与评价的问题有关，也与人们掌握的资料有关。这里的数据预处理主要包括两方面的内容：一是评价指标类型的一致化处理；二是评价指标的无量纲化处理。

（一）评价指标类型的一致化处理

1.评价指标的类型

评价指标一般分为正向指标、逆向指标和适度指标三种。

（1）正向指标，也叫"极大型"指标，该指标是指人们期望该指标的取值越大越好的指标，如产值、利润等。

（2）逆向指标，也叫"极小型"指标，该指标是指人们期望该指标的取值越小越好的指标，如成本、能耗等。

（3）适度指标，也叫"居中型"指标，该指标是指人们既不期望该指标的取值越大越好，也不期望该指标的取值越小越好，而是期望该指标的取值越接近某一确定的数值（或区间）越好的指标，如身高、体重等。

2.评价指标类型的一致化必要性

若评价指标体系中既有正向指标、逆向指标，还有适度指标，如果在计算综合评价结果之前并没有对评价指标进行指标类型的一致化处理，那么经过综合评价函数计算得到的综合评价数值是越大越好，或是越小越好，或是接近某一数值（或区间）越好就没有评判的标准。因此，在进行综合评价之前，需要将不同类型的评价指标转为相同类型的指标，这就是评价指标类型的一致化处理，也称为指标的同向化处理。

3.评价指标类型的一致化方法

通常，评价指标类型的一致化方法是将逆向指标和适度指标转化为正向指标。

（1）逆向指标转为正向指标的方法。

设 X_{ij}（$i = 1, 2, \cdots, n$；$j = 1, 2, \cdots, m$）为第 i 个评价对象的第 j 个指标的实际观测值，X_{ij}^* 为第 i 个评价对象的第 j 个指标转化后的数值。

①差式转变法。

合格品率与废品率、及格率与不及格率等指标的转换，可用这种方法。

$$X_{ij}^* = M - X_{ij} \tag{4-1}$$

式中：M 为指标 X_{ij} 的一个允许上限。

②商式转变法。

一般平均数、相对数的指标都可以采用这种方法转变。例如，周转天数指标经过转换后就是周转次数指标。

$$X_{ij}^* = \frac{1}{X_{ij}}, \ (X_{ij} > 0), \ (i = 1, 2, \cdots, n; \ j = 1, 2, \cdots, m) \tag{4-2}$$

（2）适度指标转为正向指标的方法。

如果适度指标 X_{ij} 的理想值是一个区间，如 $[q_1, q_2]$，则可以通过公式（4-3）将其转化为正向指标。

$$X_{ij} = \begin{cases} 1 - \dfrac{q_1 - X_{ij}}{\max(q_1 - m, \ M - q_2)} & s.t. X_{ij} < q_1 \\ 1 & s.t. X_{ij} \in [q_1, q_2] \\ 1 - \dfrac{X_{ij} - q_2}{\max(q_1 - m, \ M - q_2)} & s.t. X_{ij} < q_1 \end{cases} \tag{4-3}$$

式中：$[q_1, q_2]$ 为指标 X 的最佳稳定区间；M 为指标 X_{ij} 的一个允许上限；m 为指标 X 的一个允许下限。

（二）评价指标的无量纲化处理

在评价指标体系中，各指标间的量纲可能是不同的。一方面表现在计量单位的不同；另一方面表现在使用相同计量单位时，指标值数量级的差异。为了尽可能地反映实际情况，排除由于各项指标的量纲不同以及其数值数量级间的悬殊差别所带来的影响，避免不合理现象的发生，需要将量纲不同的各评价指标实际值转化为可比的并易于进行统计处理的数值，从而使其成为可以直接用于进行综合评价的指标评价值。这一处理过程被称为指标的无量纲化处理。指标无量纲化也叫作指标数据的标准化、规范化，是通过数学变换来消除原始指标量纲影响的方法。这里，定量指标的无量纲化主要介绍四种方法，包括相对化处理法、归一化处理法、功效系数法和标准化处理法。

若无特殊说明，以下所考虑的指标 X_j（$j = 1, 2, \cdots, m$）均为极大型指标，其实际观测值为 $\{X_{ij} | i = 1, 2, \cdots, n; \ j = 1, 2, \cdots, m\}$。

1.相对化处理法

进行相对化处理，必须先对每个评价指标确定一个对比的基准值，而后计算实际值与基准值之比，以此作为该指标的评价值。作为对比的基准值可以是衡量事物发展变化的一些特殊指标值，如该指标在各评价对象中的平均值、最大值或该指标的国际先进水平、历史最高水平、计划规定的水平以及指标的基期水平等。

不同类型指标的相对化处理方法是不同的。若 X_{ij} 为正向指标，计算公式如式（4-4）所示。

$$X_{ij}^* = \frac{X_{ij}}{X_j} \qquad (4-4)$$

若 X_{ij} 为逆向指标，计算公式如式（4-5）所示。

$$X_{ij}^* = \frac{X_j'}{X_{ij}} \qquad (4-5)$$

式（4-4）和式（4-5）中，X_{ij} 为第 i 个评价对象的第 j 项评价指标的实际值；X_j' 为第 j 个评价指标的基准值；X_{ij}^* 为经过相对化处理后的无量纲评价值。

可以看出，指标评价值 X_{ij}^* 越大越好。

2.归一化处理法

归一化处理法可以视为相对化处理法的一种特例。这种方法需要计算指标实际值与该指标值总和之比，也就是将指标实际值转化为在指标值总和中所占的比重，以此作为指标的评价值。基本计算公式如式（4-6）所示。

$$X_{ij}^* = \frac{X_{ij}}{\sum_{i=1}^{n} X_{ij}} \qquad (4-6)$$

如果是正向指标，则 X_{ij}^* 的数值大者为优。当 $X_{ij} > 0$ 时，$X_{ij}^* \in (0, 1)$，且 X_{ij}^* 无固定的最大值、最小值，$\sum_{i=1}^{n} X_{ij}^* = 1$。

3.功效系数法

利用功效系数法进行消除量纲影响的处理，必须对评价的指标确定一对阈值，包括一个下限值（不允许值）和一个上限值（满意值），并通过功效系数公式计算出每项指标的评价值。用 X_{ij}^* 表示第 i 个评价对象第 j 个指标的功效系数值，对正向指标而言，用功效系数法进行指标无量纲化处理的基本计算公式如式（4-7）所示。

$$X_{ij}^* = \frac{X_{ij} - m_j}{M_j - m_j} \qquad (4-7)$$

式中：$M_j = \max\{x_{ij}\}$ 是第 j 个指标的满意值；$m_j = \min\{x_{ij}\}$ 是第 j 个指标的不允许值。

值得注意的是，用功效系数法处理后的指标数值最大值为1，最小值为0。由于式（4-7）计算出的评价指标值较小，通常，会将式（4-7）进行改进，改进后的功效系数法计算公式如式（4-8）所示。

$$X_{ij}^* = 60 + \frac{X_{ij} - m_j}{M_j - m_j} \times 40 \qquad (4-8)$$

式中：$M_j = \max\{x_{ij}\}$ 是第 j 个指标的满意值；$m_j = \min\{x_{ij}\}$ 是第 j 个指标的不允许值。

当 X_{ij} 为不允许值时，X_{ij}^* 等于60；当 X_{ij} 取满意值时，X_{ij}^* 等于100。一般情况下，大

部分指标值都处在允许状态至满意状态之间，相应的指标评价值就介于60至100之间。

4.标准化处理法

当评价指标的实际值呈正态分布时，可利用指标的均值和标准差对数据进行标准化处理，使之转化为服从均值为0、标准差为1的标准正态分布的无量纲指标评价值。将指标值进行标准化处理的公式如式（4-9）所示。

$$X_{ij}^* = \frac{X_{ij} - \bar{X}_j}{s_j} \tag{4-9}$$

式中：$\bar{X}_j$、$s_j(j = 1, 2, \cdots, m)$分别为第 j 项指标观测值的（样本）平均值和（样本）标准差；X_{ij}^* 为标准观测值。

标准化处理法有如下特点：①样本平均值为0，数值大于0说明高于平均水平，数值小于0说明低于平均水平；②标准化处理后的样本方差为1；③对于指标值恒定的情况不适用此方法；④对于要求指标值 $X_{ij}^* > 0$ 的评价方法不适用。

五、确定评价指标权重的方法

在综合评价中，各评价指标对于评价的目标而言，其重要性程度是不一样的。表明各评价指标重要程度的权数，即为权重。权重具有权衡各评价指标重要程度的作用。确定指标权重的方法分为主观赋权法和客观赋权法两大类。

（一）主观赋权法

主观赋权法是根据决策者主观的信息进行赋权的一类方法，如专家意见法、层次分析法等。运用主观赋权法确定各指标权重，反映了决策者的主观意向，决策或评价结果有很大的主观性。

1.专家意见法

专家意见法也称德尔菲（Delphi）法，其特点在于集中专家的经验与意见，确定各指标的权重，并在不断的反馈和修改中得到比较满意的结果。在一般的统计处理中，用算术平均数表示每轮专家意见的集中程度，用变异系数来表示专家意见的协调程度。当某一轮征询中变异系数小于给定的标准时，就可以用各位专家对第 j 个指标赋权的平均数 $\bar{w}_j$ 作为该指标在综合评价中的权重 w_j 的估计值。

2.层次分析法

层次分析法又称AHP法，是一种在定性分析基础上结合定量分析的赋权方法。它的基本思路是：将复杂的评价对象表示为一个有序的递阶层次结构整体，然后在各个评价指标之间进行两两比较、判断，计算各个评价指标的相对重要性系数，即权重。该方法将在本章第二节中详细介绍。

（二）客观赋权法

客观赋权法是根据对各评价指标的实际观测值进行统计分析，从中提取有用的信息来判别指标的效用价值从而确定指标权数的方法，如熵值法、变异系数法、因子分析法等。客观赋权法所确定的权重虽然有较强的数学理论依据，但是没有考虑决策者的意向，也存在一定的局限性。

1.变异系数法

（1）变异系数法的基本思想。

变异系数法是直接利用各项指标所包含的信息，通过计算得到指标权重的方法，是一种客观赋权的方法。变异系数法的基本思想是：在评价指标体系中，指标取值差异越大的指标，也就是越难实现的指标。差异越大的指标越重要，因为它更能反映出各评价对象之间的差距，所以被赋以较大的权重。

反映现象差异程度的指标是标志变异指标，而其中最重要的指标是标准差。但是，由于评价指标体系中各指标的量纲不同，标准差是一个绝对量，不适合用标准差来衡量各项指标取值的差异程度，而应该采用变异系数来衡量。

（2）变异系数法确定权数的具体步骤。

第一步，建立评价指标体系，假定该评价指标体系有 n 项指标，对 m 个评价对象进行评价。

第二步，根据各评价对象指标的实际值计算各评价指标的平均值和标准差。

第三步，计算各评价指标的变异系数 V_i。

$$V_i = \frac{\sigma_i}{\bar{x}_i} (i = 1, 2, \cdots, n) \tag{4-10}$$

第四步，对各指标的变异系数进行归一化处理，确定各指标的权重 w_i。

$$w_i = \frac{V_i}{\sum_{i=1}^{n} V_i} \tag{4-11}$$

【例4-1】调查某地区5家规模以上工业企业的经营状况，选择劳动生产率、原材料利用率、资金利税率和产品销售率4项主要评价指标，试用变异系数法确定4项指标的权重。

调查该地区5家规模以上工业企业的4项评价指标的数值资料见表4-1。

表4-1　　　　　　某地区5家规模以上工业企业4项评价指标

企业	劳动生产率（元/人）	原材料利用率（%）	资金利税率（%）	产品销售率（%）
A	16 000	90.27	14.19	97.17
B	15 750	80.14	13.62	97.67
C	18 500	93.76	20.96	99.19
D	16 200	92.08	18.17	98.32
E	15 500	90.04	10.72	90.16
均值	16 390.00	89.26	15.53	96.50
标准差	1 080.93	4.75	3.61	3.24
标准差系数	0.0660	0.0533	0.2322	0.0336
权重	0.1714	0.1384	0.6030	0.0873

根据表4-1的数据分别计算5家企业4项指标的平均数、标准差和标准差系数。

$$\sum_{i=1}^{4} V_i = 0.660 + 0.0533 + 0.2322 + 0.0336 = 0.3851$$

进而，

$$w_1 = \frac{V_i}{\sum\limits_{i=1}^{4} V_i} = \frac{0.0660}{0.3851} = 0.1714$$

同时，根据公式（4-11）计算出 w_2、w_3、w_4，结果见表4-1。

所以，劳动生产率、原材料利用率、资金利税率和产品销售率4项主要评价指标的权重分别为：0.1714、0.1384、0.6030和0.0873。

2.熵值法

（1）熵值法的基本思想。

熵值法是一种客观赋权法，它根据各项评价指标的观测值所提供的信息的大小来确定指标权重。在信息论中，熵是对不确定性的一种度量。信息量越大，不确定性就越小，熵也就越小；信息量越小，不确定性越大，熵也越大。根据熵的特性，我们可以通过计算熵值来判断某个指标的离散程度，指标的离散程度越大，该指标对综合评价的影响越大。因此，可根据各项指标的变异程度，利用信息熵这个工具，计算出各个指标的权重，为多指标综合评价提供依据。

（2）熵值法的赋权过程。

对于有 n 个评价对象 m 个评价指标的综合评价体系，x_{ij} 为经过一致化处理和功效系数法进行无量纲化处理后的第 i 个评价对象的第 j 个评价指标值。运用熵值法进行赋权的具体步骤如下：

第一步，计算第 i 个被评价对象在第 j 项指标下取值的比重。

$$P_{ij} = \frac{x_{ij}}{\sum\limits_{i=1}^{n} x_{ij}} \ (j = 1, \ 2, \ \cdots, \ m) \tag{4-12}$$

第二步，计算第 j 项指标的熵值 e_j。

$$e_j = -k \sum\limits_{i=1}^{n} P_{ij} \ln(P_{ij}) \tag{4-13}$$

式（4-13）中，$k > 0$，ln 为自然对数，常数 k 与样本数 n 有关，一般令 $k = \frac{1}{\ln(n)}$，则 $0 \le e_j \le 1$。

当所有被评价对象在第 j 项指标上的取值 $x_{ij}(i = 1, \ 2, \ \cdots, \ n)$ 完全相等，没有差异时，各评价对象在第 j 项指标下取值的比重相等，即 $P_{ij} = \frac{1}{n}$，此时，第 j 项指标的熵值取到最大值，即 $e_j = k \ln(n) = 1$；当被评价对象在第 j 项指标下的取值差异越大，即 $P_{ij}(i = 1, \ 2, \ \cdots, \ n)$ 的差别越大时，则相应的熵值越小。

第三步，计算第 j 项指标 x_{ij} 的差异性系数 g_j。

对于第 j 项指标，各评价对象的指标值 x_{ij} 的差异越大，熵值 e_j 就越小，该指标对综合评价的作用就越大。因此，定义差异性系数为 g_j。

$$g_j = 1 - e_j \tag{4-14}$$

第四步，确定指标权重 w_j。

对各评价指标的差异性系数进行归一化处理，即得到各指标的权重系数。

$$w_i = \frac{g_j}{\sum_{j=1}^{m} g_j} \quad (j = 1, 2, \cdots, m) \tag{4-15}$$

（3）熵值法的优缺点。

熵值法是根据各项指标数值的变异程度来确定指标权数的，它避免了人为因素带来的偏差，但是由于忽略了指标本身的重要程度，有时用熵值法确定的指标权数会与预期的结果相差甚远，同时熵值法不能减少评价指标的维数。

3.因子分析法

在对某一个问题进行综合评价时，为了提高分析的精确度和满足全面性的要求，在建立指标体系时往往会包含较多的评价指标。然而，这种方法不仅需要巨大的工作量，并且可能会因为变量之间存在相关性而增加了我们研究问题的复杂性。因子分析法就是从研究变量内部相关的依赖关系出发，从具有错综复杂关系的变量群中提取少数几个综合因子进行赋权的一种多变量综合评价方法。这样，我们就可以对原始的数据进行分类归并，将相关比较密切的变量归入一个因子，各因子间互不相关，进而减少变量的数目而进行赋权。该方法将在第五章进行详细介绍。

值得注意的是，赋权带有一定的主观性，用不同方法确定的权重分配，可能不尽一致，这将导致权重分配的不确定性，最终可能导致评价结果的不确定性。因而在实际工作中，不论用哪种方法确定权重分配，都应当依赖于较为合理的专业解释。

六、评价指标的综合方法

评价结果的综合就是要通过一定的数学模型把各个指标的评价值合成一个整体性的综合评价值，以便对评价对象作出综合评判。概括地说，就是要构造综合评价模型 $y_i = f(w, x_i)$，根据 y_i 值的大小，可以对被评价对象的整体状况进行综合评价，也可在评价对象间进行排序或分类。综合汇总有很多方法，常用的综合方法有加权算术综合法和加权几何综合法。需要注意的是，如果消除量纲影响后的各指标数值中有零值或负值，则不能采用加权几何综合法。

（一）加权算术综合法

当各评价指标间相互独立，其重要程度差异较大，而且各指标评价值之间的差异较小时，适合采用加权算术综合法。

$$Y_i = \sum_{j=1}^{m} w_j X_{ij}^* \tag{4-16}$$

式中：Y_i 为第 i 个评价对象的加权算术综合值，评价指标体系中含有 m 个指标；X_{ij}^* 为已经经过一致化和无量纲化处理过的第 i 个评价对象第 j 个指标的相对值；w_j 为第 j 个指标的权重。

（二）加权几何综合法

当各评价指标间相互关联，其重要程度差异不大，而且各指标评价值之间的差异较大时，适合采用加权几何综合法。

$$Y_i = \sqrt[\sum w_j]{\prod_{j=1}^{m} X_{ij}^{*w_j}} \tag{4-17}$$

式中：Y_i 为第 i 个评价对象的加权几何综合值；X_{ij}^* 为已经经过一致化和无量纲化处理过的第 i 个评价对象第 j 个指标的相对值；w_j 为第 j 个指标的权重。

显然，如果指标评价值 X_{ij} 都是正向指标，则综合评价值 Y_i 越大越好，可以通过各评价对象 Y_i 值的大小进行评判。

第二节 层次分析法

一、层次分析法的含义

层次分析法（Analytic Hierarchy Process，AHP）是美国匹兹堡大学运筹学家萨蒂教授于 20 世纪 70 年代提出的一种层次权重决策分析方法。这种方法是在对复杂的决策问题的本质、影响因素及其内在关系等进行深入分析的基础上，利用较少的定量信息使决策的思维过程数学化，从而为多目标、多准则或无结构特性的复杂决策问题提供简便的决策方法。它主要是针对多因素复杂系统，特别是难以完全定量描述的复杂系统的分析方法。

层次分析法是社会、经济系统决策中的有效工具。它利用一种先分解后综合的系统思想，按照思维、心理的规律把决策过程层次化、数量化，整理和综合人们的主观判断，使定性分析与定量分析有机结合，实现定量化决策。该方法自 1982 年被介绍到我国以来，因其合理地将定性与定量相结合地处理各种决策因素的特点，以及其系统、灵活、简洁的优点，迅速地在我国社会经济各个领域内，如工程计划、资源分配、方案排序、政策制定、冲突解决、性能评价、能源系统分析、城市规划、经济管理、科研评价等，得到了广泛的重视和应用。

后来，人们将 AHP 法引入统计权数的构造领域。AHP 法的基本思路是：对评价对象依评价目的所确定的总评价目标进行连续性分解，得到各级（各层）评价目标，并以最下层指标作为衡量目标实现程度的评价指标。这便将复杂的评价对象表示为一个有序的递阶层次结构的整体，然后在各个评价项目之间进行两两比较、判断，计算各个评价项目的相对重要性系数，即权重。AHP 法又分为单准则 AHP 法和多准则法，本节只对单准则 AHP 法进行详细介绍。

二、层次分析法的步骤

层次分析法的步骤包括建立递阶层次结构模型、构造成对比较判断矩阵并赋值、计算层次单排序权向量并做一致性检验、计算层次总排序权向量并做一致性检验等 4 个步骤。

（一）建立递阶层次结构模型

应用 AHP 法解决实际问题，首先要分析决策的问题，明确决策的目标、考虑的因素（决策准则）和决策对象，并把它们条理化、层次化，按照它们之间的相互关系分为最高层、中间层和最低层，建立递阶层次结构模型。AHP 法要求的递阶层次结构一般由以下三个层次组成：

（1）最高层，也称为目标层，表示解决问题的目的，即层次分析要实现的总目标。通常只有一个总目标。

（2）中间层，表示采取某种措施、政策、方案等实现预定总目标所涉及的影响因素、决策准则等中间环节，一般又分为准则层、指标层、约束层等。

（3）最低层，也称为方案层，表示将选用的解决问题的各种措施、政策、方案等。通常有几个方案可选。

层次分析法所要解决的问题是关于最低层对最高层的相对权重问题，按此相对权重可以对最低层中的各种方案、措施进行排序，从而在不同的方案中作出选择或形成选择方案的原则。因此，建立递阶层次结构模型是最基础的一步。具体操作过程如下：

首先，通过对复杂问题的分析明确决策的目标，将该目标作为目标层（最高层）的元素，这个目标要求是唯一的，即目标层只有一个元素。

其次，找出影响目标实现的准则，作为目标层下的准则层因素。在复杂问题中，影响目标实现的准则可能有很多，这时要详细分析各准则因素间的相互关系，即有些是主要的准则，有些是隶属于主要准则的次准则，然后根据这些关系将准则元素分成不同的层次和组，不同层次元素间一般存在隶属关系，即上一层元素由下一层元素构成并对下一层元素起支配作用，同一层元素形成若干组，同组元素性质相近，一般隶属于同一个上一层元素（受上一层元素支配），不同组元素性质不同，一般隶属于不同的上一层元素。

在关系复杂的递阶层次结构中，有时组的关系不明显，即上一层的若干元素同时对下一层的若干元素起支配作用，形成相互交叉的层次关系，但无论怎样，上下层的隶属关系应该是明显的。

再次，分析为了实现决策目标，在上述准则下，有哪些最终解决方案或措施，并将它们作为措施层因素，放在递阶层次结构的最低层。

最后，明确各个层次的因素及其位置，层间元素的关系用连线连接起来，就构成了递阶层次结构模型。

【例4-2】大学毕业生选择就业单位的递阶层次结构模型。

在"双向选择"时，用人单位与大学毕业生都有各自的选择标准和要求。就毕业生来说，他们对就业单位的标准和要求是多方面的，例如，职位要求、工作收入、发展前景、单位声誉、工作环境、生活环境等。综合考虑这些因素，可以构造出大学毕业生选择就业单位的递阶层次结构模型（如图4-1所示）。

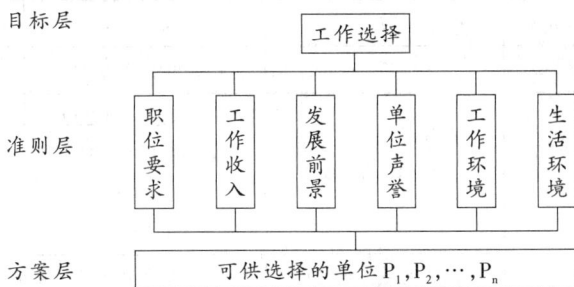

图4-1 大学毕业生选择就业单位的递阶层次结构模型

【例4-3】选择旅游地的递阶层次结构模型。

按照景色、费用、居住条件等因素在3个目的地中选择旅游地，构造递阶层次结构模型（如图4-2所示）。

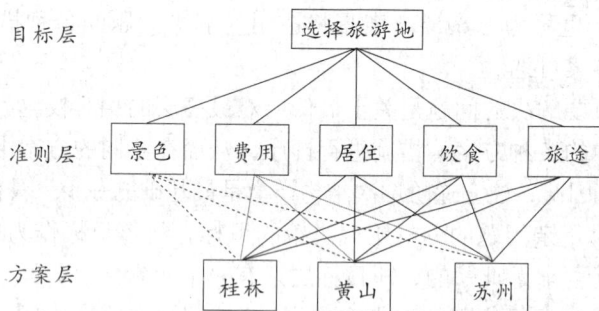

图4-2 选择旅游地的递阶层次结构模型

（二）构造成对比较判断矩阵并赋值

在确定各层次各因素之间的权重关系时，如果只是定性的结果，则常常不容易被别人接受，因而萨蒂等人提出一致矩阵法，即不把所有因素放在一起比较，而是两两相互比较，并采用相对尺度进行赋值，构造成对比较判断矩阵。

1.确定指标的量化标准

层次分析法的核心问题是建立一个构造合理且一致的判断矩阵，判断矩阵的合理性受到标度合理性的制约。所谓标度，是指对各个评价指标（或项目）重要性等级差异的量化概念。确定指标重要性的量化标准常用的方法有比例标度法和指数标度法。这里，只介绍萨蒂教授所提出的可供参考的比例标度法。比例标度法以人们对事物质的差别的评判标准为基础，一般用5种差别等级表示事物质的差别。当评判需要更高的精度时，可以在相邻差别之间进行比较，形成9种判别等级。比例标度值表为构权者提供了等级重要性系数，具体见表4-2。

表4-2 　　　　　　　　　比例标度值体系（重要性分数）

取值含义	1～9标度	5/5～9/1标度	9/9～9/1标度
i与j同等重要	1	（5/5=）1	（9/9=）1
i比j稍微重要	3	（6/4=）1.5	（9/7=）1.286
i比j明显重要	5	（7/3=）2.33	（9/5=）1.8
i比j强烈重要	7	（8/2=）4	（9/3=）3
i比j极端重要	9	（9/1=）9	（9/1=）9
介于上述相邻两级之间重要程度i与j的比较	2、4、6、8	（5.5/4.5=）1.222 （6.5/3.5=）1.875 （7.5/2.5=）3 （8.5/1.5=）5.67	（9/8=）1.125 （9/6=）1.5 （9/4=）2.25 （9/2=）4.5
j与i的比较	上述各数的倒数	上述各数的倒数	上述各数的倒数

2.确定初始权数

初始权数的确定常常采用定性与定量分析相结合的方法。一般是先组织专家，请各位专家给出自己的判断数据，再综合专家意见，最终形成初始值。具体操作步骤如下：

首先，将统计分析的目的、已建立的评价指标体系和初步确定的指标重要性的量化标准分发给各个专家，请专家们根据上述比例标度值表所提供的等级重要性系数，对各项指标的重要性进行两两比较，并独立地对各评价指标赋予相应的权重。

其次，根据专家给出的各个指标的权重，分别计算各个指标权重的平均数和标准差。

再次，将所得出的平均数和标准差的资料反馈给各位专家，并请各位专家再次提出修改意见，并在此基础上重新确定权重系数。

最后，重复以上步骤，直到获得较为满意的结果，或者各位专家对各个评价项目所确定的权数趋于一致。这个最后的结果就作为初始的权数。

3.建立判断矩阵A

通过专家对评价指标的评价，进行两两比较，以其初始权数形成判断矩阵A，判断矩阵A中第i行和第j列中的元素a_{ij}表示第i项指标的重要性相对于第j项指标的倍数（或几分之一），即：

$$a_{ij} = \frac{i\text{指标的重要性分数}}{j\text{指标的重要性分数}} \tag{4-18}$$

$$
\text{矩阵A=}
\begin{array}{c}
\text{指标} \\
C_1 \\
C_2 \\
\vdots \\
C_n
\end{array}
\begin{array}{cccc}
C_1 & C_2 & \cdots & C_n \\
\left[\begin{array}{cccc}
a_{11} & a_{12} & \cdots & a_{1n} \\
a_{21} & a_{22} & \cdots & a_{2n} \\
\vdots & \vdots & \vdots & \vdots \\
a_{n1} & a_{n2} & \cdots & a_{nn}
\end{array}\right]
\end{array}
\tag{4-19}
$$

判断矩阵 $A = (a_{ij})_{n \times n}$ 具有以下性质：① $a_{ij} > 0$；② $a_{ji} = \dfrac{1}{a_{ij}}$；③ $a_{ii} = 1$。

由以上性质可知，判断矩阵具有对称性，因此在填写时，通常先填写 $a_{ii} = 1$ 部分，然后仅需判断及填写上三角形或下三角形的 n（n-1）/2 个元素就可以了。

（三）计算层次单排序权向量并做一致性检验

1.计算层次单排序权向量

层次单排序就是计算判断矩阵中同一层次因素对于上一层次某因素的相对重要性的排序权值，本质上就是计算权向量。计算权向量有几何平均法、特征根法、和法、幂法等，这里只介绍几何平均法。几何平均法的计算过程如下：

第一，计算判断矩阵A中的每一行各标度数据的几何平均数，记为 G_i。

$$G_i = \sqrt[n]{a_{i1} \times a_{i2} \times \cdots \times a_{in}} \ (i = 1, 2, \cdots, n) \tag{4-20}$$

第二，对 G_i 进行归一化处理，依据计算结果确定各个指标的权重系数 w_i，计算公式如下：

$$w_i = \frac{G_i}{\sum\limits_{i=1}^{n} G_i} \tag{4-21}$$

通过式（4-21）的计算，即可得到权重向量 w_i，$w = (w_1, w_2, \cdots, w_n)^T$。

2.对判断矩阵的一致性进行检验

从人类认识规律看，一个正确的判断矩阵重要性排序是有一定逻辑规律的，例如，若A比B重要，B又比C重要，则从逻辑上讲，A应该比C重要，若两两比较时出现C比A重要的结果，则该判断矩阵违反了一致性准则，在逻辑上是不合理的。因此，在实际中要求判断矩阵满足大体上的一致性，须进行一致性检验。

判断矩阵的一致性检验是指当需要赋权的指标较多时，矩阵内的初始权数可能出现相互矛盾的现象，对于阶数较高的判断矩阵，难以直观地对其一致性进行判断，这就必须进行一致性检验。只有通过检验，才能说明判断矩阵在逻辑上是合理的，才能继续对结果进行分析。

常用的检验方法是计算一致性比率（CR）指标，计算步骤如下：

第一步，计算判断矩阵A的最大特征根 λ_{max}，其计算公式如下：

$$\lambda_{max} = \frac{1}{n} \sum_{i=1}^{n} \frac{Aw_i}{w_i} \tag{4-22}$$

公式（4-22）中，

$$Aw = \begin{bmatrix} a_{11} & a_{12} & \cdots & a_{1n} \\ a_{21} & a_{22} & \cdots & a_{2n} \\ \vdots & \vdots & \vdots & \vdots \\ a_{n1} & a_{n2} & \cdots & a_{nn} \end{bmatrix} \begin{bmatrix} w_1 \\ w_2 \\ \vdots \\ w_n \end{bmatrix}$$

Aw_i 为 Aw 的第i个元素。

第二步，计算判断矩阵一致性指标CI。

$$CI = \frac{\lambda_{max} - n}{n - 1} \tag{4-23}$$

公式（4-23）中，λ_{max} 为矩阵A的最大特征根，n为判断矩阵的阶数。可以证明，对于任何的正判断矩阵A，均有 $\lambda_{max} \geq n$。判断矩阵的一致性程度越高，λ_{max} 越接近于n。当判断完全一致时，A的非零特征根是唯一的，且为n。可见，CI越小，判断矩阵A的一致性程度越高。当CI=0时，判断矩阵A有完全的一致性。CI接近于0，判断矩阵A有满意的一致性。CI越大，判断矩阵A的不一致性越严重。所以，CI是衡量判断矩阵一致性水平的重要指标。

第三步，查表确定同阶平均随机一致性指标RI。

RI为同阶平均随机一致性指标，它是通过对许多个（超过500个）随机构造的样本矩阵计算平均CI而获得的，随机样本矩阵中的元素值是通过计算机模拟产生的，采用与判断矩阵相同的标度，满足互反性，且主对角元素等于1。

$$RI = \frac{CI_1 + CI_2 + \cdots + CI_n}{n} \tag{4-24}$$

随机一致性指标RI和判断矩阵的阶数有关，一般情况下，矩阵阶数越大，则出现一致性随机偏离的可能性也越大，其对应关系见表4-3。

第四步，计算一致性比率指标CR。

表4-3　　　　　　　　　　　　　平均随机一致性指标RI标准值

矩阵阶数	1	2	3	4	5	6	7	8	9	10
RI	0	0	0.58	0.90	1.12	1.24	1.32	1.41	1.45	1.49

注：不同标度值体系下的RI的值也会有微小的差异。

$$CR = \frac{CI}{RI} \tag{4-25}$$

由于人们比较判断一致性的能力会随着矩阵的阶数n的增加而下降，因此，对于高阶的判断矩阵，人们的判断应该有更加宽容的态度。考虑到一致性的偏离可能是由于随机原因造成的，因此在检验判断矩阵是否具有满意的一致性时，还需将CI和随机一致性指标RI进行比较，得出检验系数CR。CR越小，对判断矩阵不一致性的容忍程度越高。实践中，通常采用萨蒂提出的CR ≤ 10%的标准。如果CR ≤ 10%，就可以认为判断矩阵不一致性的程度是可以接受的。当CR > 10%时，判断矩阵A中的不一致情况较为严重，特别地，当CR超出了20%时，必须对该判断矩阵进行重新修正。

（四）计算层次总排序权向量并做一致性检验

1. 计算层次总排序权向量

计算某一层次所有因素针对最高层（目标层）的相对权重，称为层次总排序。这一权重的计算采用从上而下的方法，逐层合成。

很明显，第二层的单排序结果就是总排序结果。假定已经算出第k-1层m个元素相对于总目标的权重为$w^{(k-1)} = (w_1^{(k-1)}, w_2^{(k-1)}, \cdots, w_m^{(k-1)})^T$，第k层n个元素对于上一层（第k-1层）的第j个元素的单排序权重是$p_j^{(k)} = (p_{1j}^{(k)}, p_{2j}^{(k)}, \cdots, p_{mj}^{(k)})^T$，其中不受j支配的元素的权重为零。用$p^{(k)} = (p_1^{(k)}, p_2^{(k)}, \cdots, p_n^{(k)})$表示第k层元素对第k-1层元素的单排序，则第k层元素对于总目标的总排序为式（4-26）或式（4-27）。

$$w^{(k)} = (w_1^{(k)}, w_2^{(k)}, \cdots, w_m^{(k)})^T = p^{(k)} w^{(k-1)} \tag{4-26}$$

或：

$$w_i^{(k)} = \sum_{j=1}^{m} p_{ij} w_j^{(k-1)} \tag{4-27}$$

2. 层次总排序的一致性检验

设第k层n个元素对上一层（第k-1层）的第j个元素的层次单排序一致性指标为$CI_j^{(k)}$，随机一致性指标为$RI_j^{(k)}$，则第k层的层次总排序一致性比率$CR^{(k)}$的计算公式如下：

$$CR^{(k)} = \frac{w_1^{(k-1)} CI_1^{(k)} + w_2^{(k-1)} CI_2^{(k)} + \cdots + w_m^{(k-1)} CI_m^{(k)}}{w_1^{(k-1)} RI_1^{(k)} + w_2^{(k-1)} RI_2^{(k)} + \cdots + w_m^{(k-1)} RI_m^{(k)}} \tag{4-28}$$

当CR ≤ 10%时，认为层次总排序通过一致性检验，则可按照总排序权向量表示的结果进行决策，否则需要重新考虑模型或重新构造那些一致性比率较高的成对比较判断矩阵。

第三节 案例解析

一、熵值法统计综合评价案例解析

【例4-4】江苏省医药企业经济效益综合评价。

为评价江苏省医药企业的经济效益，我们首先选取净利润、营业总收入、每股收益、营业利润率和净资产收益率等5个指标建立评价体系，然后在江苏省医药企业中选取9家上市公司作为样本企业。最后，查找这9家上市公司某年的年报获取相关指标数值，见表4-4。下面，我们运用熵值法对这9家医药类上市公司的经济效益进行综合评价。

表4-4　　　　　　　　某年江苏省9家医药企业经济效益相关指标

企业名称	净利润（万元）	营业总收入（万元）	每股收益（元）	营业利润率（%）	净资产收益率（%）
医药企业1	22 967	63 707	0.28	21.66	9.91
医药企业2	7 356	101 924	0.26	8.69	8.15
医药企业3	52 481	385 817	0.52	15.81	19.48
医药企业4	24 179	289 908	0.48	12.55	9.05
医药企业5	22 135	132 168	0.17	19.07	8.89
医药企业6	41 405	382 464	0.70	13.09	11.73
医药企业7	40 419	844 681	0.26	7.22	4.39
医药企业8	406 561	1 741 790	1.10	26.39	23.60
医药企业9	8 322	71 191	0.69	13.56	15.24

资料来源：某年9家医药企业的年报。

1.评价指标的数据预处理

（1）评价指标类型的一致化处理。

由于净利润、营业总收入、每股收益、营业利润率和净资产收益率这5个指标都是正向指标，所以无须进行一致化处理。

（2）评价指标的无量纲化处理。

因为熵值法要求指标数值均为正值，因此，我们选用功效系数法公式（4-8）对评价指标进行无量纲化处理，结果见表4-5。

表4-5 无量纲化处理后的指标数值

企业名称	净利润	营业总收入	每股收益	营业利润率	净资产收益率
医药企业1	61.56	60.00	64.54	90.13	71.49
医药企业2	60.00	60.91	63.87	63.07	67.83
医药企业3	64.52	67.68	75.05	77.92	91.42
医药企业4	61.69	65.39	73.32	71.12	69.70
医药企业5	61.48	61.63	60.00	84.73	69.37
医药企业6	63.41	67.60	82.80	72.25	75.28
医药企业7	63.31	78.62	64.03	60.00	60.00
医药企业8	100.00	100.00	100.00	100.00	100.00
医药企业9	60.10	60.18	82.52	73.23	82.59

2.运用熵值法进行赋权

首先，根据公式（4-12）计算第 i 个被评价对象在第 j 项指标下取值的比重 $P_{ij} = x_{ij} \bigg/ \sum_{i=1}^{n} x_{ij}$，然后根据公式（4-13）计算第 j 项指标的熵值 $e_j = -k \sum_{i=1}^{n} P_{ij} \ln(P_{ij})$，结果见表4-6。

表4-6 5项指标的熵值

企业名称	净利润	营业总收入	每股收益	营业利润率	净资产收益率
熵值	0.9934	0.9934	0.9941	0.9945	0.9946

然后，计算第 j 项指标 x_j 的差异性系数 $g_j = 1 - e_j$，并确定指标权重 $w_j = \dfrac{g_j}{\sum_{j=1}^{m} g_j}$，结果见表4-7。

表4-7 5项指标的权重

企业名称	净利润	营业总收入	每股收益	营业利润率	净资产收益率
权重	0.2210	0.2190	0.1954	0.1847	0.1800

3.计算各评价对象的综合评价值

运用加权算术综合法计算9家医药类上市公司经济效益的综合评价值 $Y_i = \sum_{j=1}^{m} w_j X_{ij}^*$，结果见表4-8。

表4-8 某年江苏省9家医药企业经济效益的综合评价结果

企业名称	综合评价值	排序
医药企业1	68.87	5
医药企业2	62.93	9
医药企业3	74.59	2
医药企业4	67.96	6
医药企业5	66.94	7
医药企业6	71.88	3
医药企业7	65.60	8
医药企业8	100.00	1
医药企业9	70.97	4

二、层次分析法的应用案例解析

【例4-5】市政工程项目建设决策。

市政部门管理人员需要对修建一项市政工程项目进行决策，可选择的方案是修建通往旅游区的高速路（简称建高速路）或修建城区地铁（简称建地铁）。除了考虑经济效益外，还要考虑社会效益、环境效益等因素，即是多准则决策问题，考虑运用层次分析法解决。

1.建立递阶层次结构

在市政工程项目决策问题中，市政管理人员希望通过选择不同的市政工程项目，使综合效益最高，即决策目标是"合理建设市政工程，使综合效益最高"。

为了实现这一目标，需要考虑的主要准则有三个，即经济效益、社会效益和环境效益。但问题绝不这么简单。通过深入思考，决策人员认为还必须考虑直接经济效益、间接带动效益、方便日常出行、方便假日出行、减少环境污染、改善城市面貌等因素（准则），从相互关系上分析，这些因素隶属于主要准则，因此放在下一层次考虑，并且分属于不同准则。

假设本问题只考虑这些准则，接下来需要明确的是：为了实现决策目标，在上述准则下可以有哪些方案。根据题中所述，本问题有两个解决方案，即建高速路或建地铁，这两个因素作为措施层元素放在递阶层次结构的最下层。很明显，这两个方案与所有准则都相关。

将各个层次的因素按其上下关系摆放好位置，并将它们之间的关系用连线连接起来。同时，为了方便后面的定量表示，一般从上到下用A、B、C、D…代表不同层次，同一层次从左到右用1、2、3、4…代表不同因素。这样构成的递阶层次结构如图4-3所示。

目标层 A

合理建设市政工程，使综合效益最高（A）

准则层 B

经济效益（B1） 社会效益（B2） 环境效益（B3）

准则层 C

直接经济效益（C1） 间接带动效益（C2） 方便日常出行（C3） 方便假日出行（C4） 减少环境污染（C5） 改善城市面貌（C6）

措施层 D

建高速路（D1） 建地铁（D2）

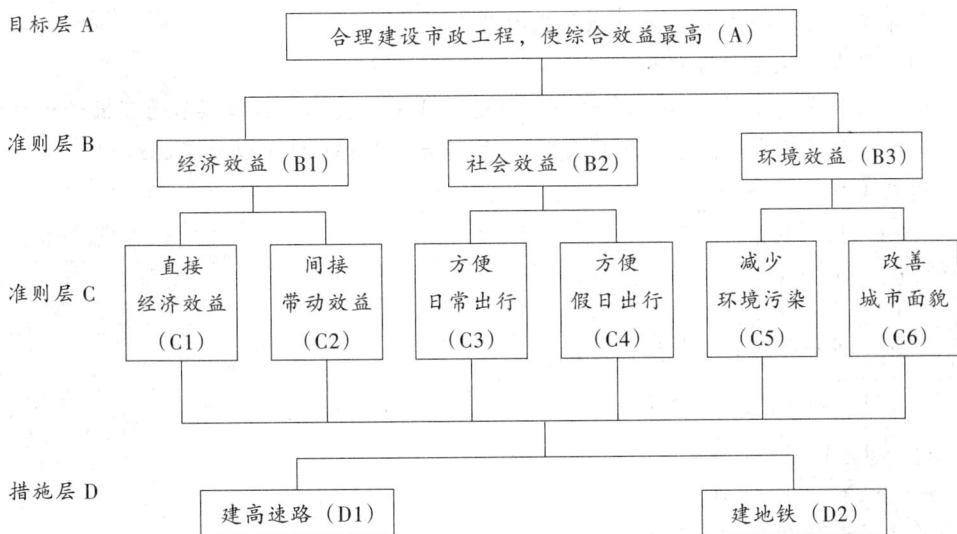

图4-3 递阶层次结构示意图

2.构造成对比较判断矩阵并请专家填写赋值

征求专家意见，填写判断矩阵。第二层B的各因素对目标层A的影响两两比较结果见表4-9，第三层C的各因素对准则层B的影响两两比较结果见表4-10，第四层D的各方案对准则层C的影响两两比较结果见表4-11。

表4-9 　　　　　　　　准则层B对目标层A的成对比较判断矩阵表

A	B1	B2	B3
B1	1	1/3	1/3
B2	3	1	1
B3	3	1	1

表4-10 　　　　　　　　准则层C对准则层B的成对比较判断矩阵表

B1	C1	C2	B2	C3	C4	B3	C5	C6
C1	1	1	C3	1	3	C5	1	3
C2	1	1	C4	1/3	1	C6	1/3	1

表4-11 　　　　　　　　措施层D对准则层C的成对比较判断矩阵表

C1	D1	D2	C2	D1	D2	C3	D1	D2
D1	1	5	D1	1	3	D1	1	1/5
D2	1/5	1	D2	1/3	1	D2	5	1

C4	D1	D2	C5	D1	D2	C6	D1	D2
D1	1	7	D1	1	1/5	D1	1	1/3
D2	1/7	1	D2	5	1	D2	3	1

3.计算层次单排序权向量并做一致性检验

（1）计算层次单排序权向量。

运用几何平均法计算层次单排序权向量。这里，我们以第二层B的各因素对目标层A的判断矩阵B为例，介绍运用几何平均法计算层次单排序权向量的过程。

由表4-9可知：

$$B = \begin{bmatrix} 1 & \dfrac{1}{3} & \dfrac{1}{3} \\ 3 & 1 & 1 \\ 3 & 1 & 1 \end{bmatrix}$$

首先，根据矩阵B计算G_i，得：

$$G_1 = \sqrt[3]{1 \times \dfrac{1}{3} \times \dfrac{1}{3}} \approx 0.4807$$

$$G_2 = \sqrt[3]{1 \times 1 \times 1} \approx 1.4422$$

$$G_3 = \sqrt[3]{1 \times 1 \times 1} \approx 1.4422$$

其次，对G_i进行归一化处理。

$$\sum_{i=1}^{3} G_i = 0.4807 + 1.4422 + 1.4422 = 3.3651$$

$$w_1 = \dfrac{G_1}{\sum\limits_{i=1}^{3} G_i} = \dfrac{0.4807}{3.3651} \approx 0.1428$$

同理，可以计算出：

$w_2 \approx 0.4286$，$w_3 \approx 0.4286$

所以，第二层B三个指标的单排序权重向量为：（0.1428，0.4286，0.4286）。

（2）对判断矩阵的一致性进行检验。

运用一致性比率CR指标对判断矩阵进行一致性检验。这里，我们仍然以第二层B的各因素对目标层A的判断矩阵B为例，介绍对判断矩阵B进行一致性检验的过程。

第一步，根据公式（4-16）计算判断矩阵B的最大特征根λ_{max}。

$$BW = \begin{bmatrix} 1 & \dfrac{1}{3} & \dfrac{1}{3} \\ 3 & 1 & 1 \\ 3 & 1 & 1 \end{bmatrix} \begin{bmatrix} 0.1428 \\ 0.4286 \\ 0.4286 \end{bmatrix} = \begin{bmatrix} 0.4286 \\ 1.2856 \\ 1.2856 \end{bmatrix}$$

$$\lambda_{max} = \dfrac{1}{3} \sum_{i=1}^{3} \dfrac{Bw_i}{w_i} = \dfrac{1}{3} \times \left(\dfrac{0.4286}{0.1428} + \dfrac{1.2856}{0.4286} + \dfrac{1.2856}{0.4286} \right) = 3$$

第二步，计算判断矩阵一致性指标CI。

$$CI = \dfrac{\lambda_{max} - n}{n - 1} = \dfrac{3 - 3}{3 - 1} = 0$$

第三步，因为n=3，查表可得平均随机一致性指标RI=0.58。

第四步，计算一致性比率指标CR。

$$CR = \dfrac{CI}{RI} = \dfrac{0}{0.58} = 0$$

CR<0.1，判断矩阵B通过了一致性检验。

重复以上步骤，可以得到第三层C的各因素对准则层B的层次单排序权向量和一致性比率指标CR，以及第四层D的各方案对准则层C的层次单排序权向量和一致性比率指标CR，结果见表4-12和表4-13。

表4-12　　　　　　　准则层C对准则层B的层次单排序权向量表

B1	单排序权值	B2	单排序权值	B3	单排序权值
C1	0.5000	C3	0.7500	C5	0.7500
C2	0.5000	C4	0.2500	C6	0.2500
CR	0.0000	CR	0.0000	CR	0.0000

表4-13　　措施层D对准则层C的层次单排序权向量表

C1	单排序权值	C2	单排序权值	C3	单排序权值
D1	0.8333	D1	0.7500	D1	0.1667
D2	0.1667	D2	0.2500	D2	0.8333
CR	0.0000	CR	0.0000	CR	0.0000

C5	单排序权值	C6	单排序权值	C4	单排序权值
D1	0.1667	D1	0.2500	D1	0.8750
D2	0.8333	D2	0.7500	D2	0.1250
CR	0.0000	CR	0.0000	CR	0.0000

可以看出，所有单排序的CR<0.1，每个判断矩阵的一致性都是可以接受的。

4.计算层次总排序权向量并做一致性检验

根据公式（4-21）和公式（4-22），计算C和D的层次总排序权向量，并进行一致性检验，结果见表4-14和表4-15。

表4-14　　　　　　　C层次总排序表（CR=0.0000）

C1	C2	C3	C4	C5	C6
0.0714	0.0714	0.3214	0.1071	0.3214	0.1071

表4-15　　　　　　　D层次总排序表（CR=0.0000）

D1	D2
0.3408	0.6592

可以看出，总排序的CR<0.1，判断矩阵的整体一致性是可以接受的。

5.结果分析

从方案层总排序的结果看，建地铁（D2）的权重（0.6592）远远大于建高速路（D1）的权重（0.3408），因此，最终的决策方案是建地铁。

根据层次排序过程分析决策思路。

对于准则层 B 的 3 个因子，直接经济效益（B1）的权重最低（0.1428），社会效益（B2）和环境效益（B3）的权重都比较高（皆为 0.4286），说明在决策中比较看重社会效益和环境效益。

对于不看重的经济效益，其影响的两个因子直接经济效益（C1）、间接带动效益（C2）单排序权重都是建高速路远远大于建地铁；对于比较看重的社会效益和环境效益，其影响的四个因子中有三个因子的单排序权重都是建地铁远远大于建高速路。由此可以推出，建地铁方案由于社会效益和环境效益较为突出，权重也会相对突出。

从准则层 C 总排序结果也可以看出，方便日常出行（C3）、减少环境污染（C5）是权重值较大的，而如果单独考虑这两个因素，方案排序都是建地铁远远大于建高速路。

由此我们可以分析出决策思路，即决策比较看重的是社会效益和环境效益，不太看重经济效益，因此对于具体因子，方便日常出行和减少环境污染成为主要考虑因素，对于这两个因素，都是建地铁方案更佳，由此，最终的方案选择建地铁也就顺理成章了。

第四节　实践训练

实践训练一

功效系数法和评价指标综合训练

1. 实训目的：掌握运用功效系数法对指标进行无量纲化处理的方法。

2. 实训资料：已知按净资产收益率、营业利润率、成本费用利润率、总资产报酬率和流动资产周转率等衡量甲、乙、丙 3 家企业经济效益的统计指标，并且以上各项指标的权重为：0.2、0.25、0.2、0.2、0.15。具体统计资料见表 4-16。

表 4-16　　3 家企业有关经济效益统计资料

企业	单位	权重 W（%）	不允许值	满意值	甲企业	乙企业	丙企业
净资产收益率	%	20	5	30	8.25	8.0	26.91
营业利润率	%	25	10	25	24.46	10.24	10.72
成本费用利润率	%	20	10	40	34.97	10.88	13.11
总资产报酬率	%	20	4	20	8.38	4.71	15.63
流动资产周转率	次/年	15	0.5	2.5	0.52	1.18	2.11

3. 实训任务：根据表 4-16 所示资料，解决以下问题：

（1）利用功效系数法对甲、乙、丙 3 家企业的指标值进行无量纲化处理。

（2）利用加权算术平均法对评价指标进行综合，并对 3 家企业的经济效益进行排序。

实践训练二

评价指标类型的一致化处理和无量纲化处理方法训练

1.实训目的:掌握评价指标类型的一致化处理的方法和运用标准化法对指标进行无量纲化处理的方法。

2.实训资料:衡量企业竞争力的指标有每股收益、净资产收益率、资产负债率、总资产周转天数、净资产增长率。根据上市公司公布的2020年年报,选取我国6家船舶业上市公司的财务指标进行竞争力分析,具体数据资料见表4-17。

表4-17　　　　2020年6家船舶业上市公司有关财务指标

上市公司	每股收益（元）	净资产收益率（%）	资产负债率（%）	总资产周转天数（天）	净资产增长率（%）
中船科技	0.20	3.69	53.03	1 738	1.05
中国船舶	0.06	0.57	65.36	936	47.37
中国动力	0.28	1.67	37.78	777	30.94
中船防务	2.59	30.74	54.92	1 460	42.21
亚星锚链	0.07	2.24	21.84	1 304	1.95
中国重工	-0.02	-0.56	50.03	1 825	-0.58

注:①资料来源于上市公司2020年年报。②一般认为,资产负债率在40%~60%之间较为适宜。

3.实训任务:根据表4-17所示资料,解决以下问题:

(1)判断以上评价指标的类型,指出哪些指标需要进行一致化处理,并选择一种合适的方法对指标进行一致化处理。

(2)根据上面的资料,利用标准化方法对指标进行无量纲化处理。

实践训练三

运用变异系数法进行综合评价

1.实训目的:掌握运用变异系数法进行统计综合评价的方法。

2.实训资料:衡量企业经济效益的指标有产品销售率、资金盈利率、成本利润率、劳动生产率、资金周转天数等。某地区7家工业企业的经济效益统计资料见表4-18。

表4-18　　　　某地区7家工业企业有关经济效益统计资料

企业	产品销售率（%）	资金盈利率（%）	成本利润率（%）	劳动生产率（万元/人）	资金周转天数（天）
A	95.2	18.3	32.6	7.3	43
B	82.3	13.2	23.1	4.8	30

企业	产品销售率 （%）	资金盈利率 （%）	成本利润率 （%）	劳动生产率 （万元/人）	资金周转天数 （天）
C	94.3	19.2	30.4	7.2	50
D	98.7	24.8	30.4	8	52
E	93.5	23.5	28.5	6.3	46
F	90.4	20.1	29	5.8	56
G	96.6	23.8	30	8.6	40

3.实训任务：根据表4-18所示资料，解决以下问题：

（1）判断以上指标的类型，并进行一致化处理。

（2）对指标进行无量纲化处理的方法有哪些？请你选择一种合适的方法对以上指标进行无量纲化处理。

（3）运用变异系数法进行赋权。

（4）运用加权算术综合法计算这7家工业企业经济效益的综合评价值并进行排序。

实践训练四

运用熵值法进行综合评价

1.实训目的：掌握运用熵值法对现实经济问题进行统计综合评价的方法。

2.实训资料：高质量发展是新时代中国经济鲜明的特征，是未来中国经济发展的最新指向。任保平教授认为，高质量发展是经济发展质量的高级状态和最优状态，以市场机制有效、微观主体有活力、宏观调控有度的经济体制为特征，是生产要素投入低、资源配置效率高、资源环境成本低、经济社会效益好的质量型发展水平。正确衡量和评价一个国家或地区的经济发展质量，有利于该国或该地区结合自身发展特色、因地制宜、精准施策，才能走好符合自身特点的经济高质量发展之路。请你查找相关文献，构建指标体系综合评价经济增长质量，对我国或某一地区的经济发展质量进行统计综合评价分析。

3.实训任务：

（1）选择评价对象进行研究。评价对象可以是我国或我国的一个地区。

（2）查找评价经济发展质量的相关文献，结合你研究的评价对象的实际情况，建立一个经济发展质量综合评价体系，并从统计年鉴中查找相关指标的数据资料。

（3）判断评价指标类型，并进行一致化处理。

（4）选择一种合适的方法对评价指标进行无量纲化处理。

（5）熵值法赋权的步骤有哪些？请运用熵值法对评价指标进行赋权。

（6）运用加权算术综合法计算综合评价值并进行合理分析。

实践训练五

采用层次分析法进行综合评价与决策

1.实训目的：掌握层次分析法的分析决策过程。

2.实训资料：每当高考临近时，专业选择便成为考生和家长面临的一个突出问题，他们经常为报考什么专业举棋不定，甚至陷入专业选择的误区。假如在专业选择之前，能结合考生的个人因素、家庭因素、社会因素和高校因素等给予恰当的指标，这样对于考生可能有真正的帮助作用。假设某位同学可报考的专业有三个选择方案：报考电子类专业、医学类和经济类专业。为了选到合适的专业，他需要考虑的主要准则有四个，即个人因素、家庭因素、社会因素和学校因素。这是多准则决策问题，考虑运用层次分析法解决。首先他构建了一个递阶层次结构，如图4-4所示。

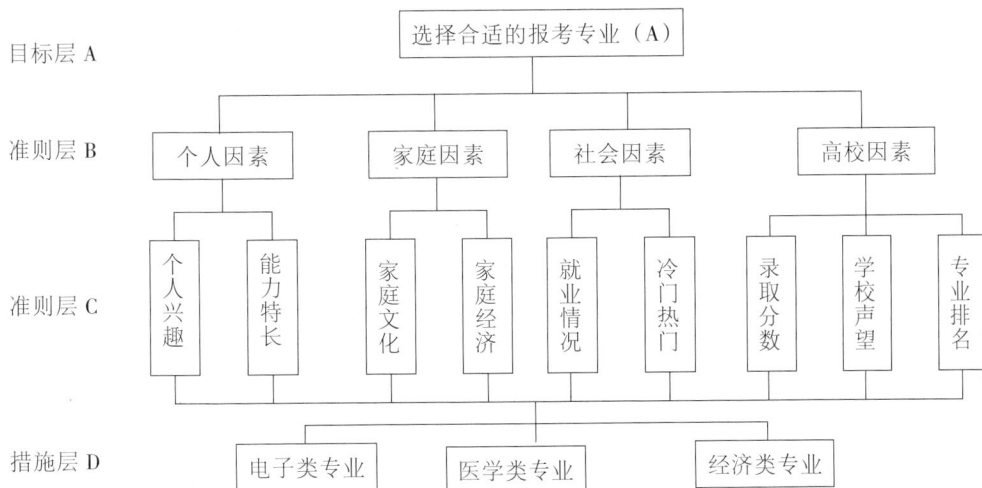

图4-4 专业选择的递阶层次结构示意图

3.实训任务：

（1）请你作为专家，根据他建立的递阶层次结构图，构造成对比较判断矩阵，并进行赋值。

（2）计算层次单排序权向量并做一致性检验。

（3）计算层次总排序权向量，并为他作出决策。

第五章　因子分析

正确把握社会主要矛盾和中心任务

　　抓住主要矛盾和中心任务带动全局工作，既是唯物辩证法要求，又是我们党一贯倡导和坚持的方法。习近平总书记在省部级主要领导干部学习贯彻党的十九届六中全会精神专题研讨班开班式上强调，面对复杂形势、复杂矛盾、繁重任务，没有主次，不加区别，眉毛胡子一把抓，是做不好工作的。在任何工作中，我们既要讲两点论，又要讲重点论。要认识到，矛盾是普遍存在的，矛盾是事物联系的实质内容和事物发展的根本动力，人的认识活动和实践活动，从根本上说就是不断认识矛盾、不断解决矛盾的过程。还要认识到，社会主要矛盾是各种社会矛盾的主要根源和集中反映，在社会矛盾运动中居于主导地位。积极面对矛盾、解决矛盾，必须注意把握好主要矛盾和次要矛盾、矛盾的主要方面和次要方面的关系。

　　通过本章内容的学习，培养学生实事求是的科学精神、独立思考和团结合作的能力；培养学生对中国经济社会现象的敏锐洞察力和精准判断力；提高学生理论与实践相结合的能力并能够解决实际问题；培养学生的全局观，紧紧围绕主要矛盾和中心任务，优先解决主要矛盾和矛盾的主要方面，以此带动其他矛盾的解决，在整体推进中实现重点突破，以重点突破带动整体跃升，朝着全面建成社会主义现代化强国的奋斗目标不断前进。

第一节　因子分析基本概述

一、因子分析的基本思想

　　因子分析是综合评价的一种具体方法，它是从研究相关矩阵内部的依赖关系出发，把一些具有错综复杂关系的变量归结为少数几个综合变量的一种多变量统计分析方法。因子分析是一种主要用于简化和降维的多元统计分析方法。因子分析由英国心理学家C.斯皮尔曼（C. Spearman）首次提出，他发现学生的各科成绩之间存在着一定的相关性，一科成绩好的学生，往往其他各科成绩也比较好，从而推想是否存在某些潜在的共性因子，或称某些一般智力条件影响着学生的学习成绩。因子分析最初是用于研究解决心理学、教育学文献等问题，由于计算量较大，而且当时缺少计算条件的支持，其发展受到很大限制，后来随着电子计算机的出现，因子分析的理论研究和计算有了较大的进展，应用范围逐渐扩展到社会学、气象学、政治学、医学等领域。

因子分析的基本思想是根据相关性的大小把原始变量分组，使得同组变量之间相关性较高，而不同组变量之间相关性较小。每组变量代表一个基本结构，并用一个不可观测的综合变量来表示，这个基本结构就是公共因子。例如，在企业形象的研究中，消费者可能会从多方面来对其进行评价，假设消费者从20个方面来评价一个百货商店的优劣，而这20个方面则可以概括成三个方面，包括商店的环境、商店的服务水平和商品的价格。因子分析法就是将这20个变量转化为三个公共因子，对百货商店进行综合评价。而这三个潜在因子可以表示为：

$$X_i = \mu_i + \alpha_{i1}F_1 + \alpha_{i2}F_2 + \alpha_{i3}F_3 + \varepsilon_i \tag{5-1}$$

我们称 F_1、F_2、F_3 为公共因子，20个变量共享这三个因子，但是每个变量又有自己的个性，不被包含的部分 ε_i 被称为特殊因子。

因子分析用途很广，主要有以下几个功能：一是寻求基本结构，简化观测系统；二是简化数据，通过因子分析，可以用所找出的少数几个因子代替原来的变量作回归分析、聚类分析、判别分析等。此外，因子分析还可以用于对变量或样本的分类处理。因子分析既可以用来研究变量之间的相互关系，还可以用来研究样本之间的相互关系。

因子分析有以下几个特点：第一，因子变量的数量远少于原有指标变量的数量，对因子变量的分析能减少分析中的计算工作量；第二，因子变量不是对原始变量的取舍，而是根据原始变量的信息进行重新组合，能够反映原有变量的大部分信息；第三，因子变量不存在线性相关关系，对变量的分析比较方便；第四，因子变量具有命名解释性，即该变量是对某些原始变量信息的综合与反映。

二、因子分析的数学模型

根据研究对象的不同，可以把因子分析分为R型和Q型两种。当研究对象是变量时，属于R型因子分析；当研究对象是样本时，属于Q型因子分析。本章主要分析R型因子分析，R型因子分析本质上是对较多个指标进行缩减，用较少个公共指标（公共因子）来刻画原来较多个指标数据。

设 $X = (X_1, X_2, \cdots, X_p)$ 为观察到的随机变量，$F = (F_1, F_2, \cdots, F_m)$ 是不可观测的向量，则有

$$X_i = \mu_i + a_{i1}F_1 + a_{i2}F_2 + \cdots + a_{im}F_m + \varepsilon_i \tag{5-2}$$

即将每个变量用 $m(m \leq p)$ 个公共因子 $F_1, F_2, \cdots, F_m$ 的线性组合表示：

$$\begin{cases} X_1 = \mu_1 + a_{11}F_1 + a_{12}F_2 + \cdots + a_{1m}F_m + \varepsilon_1 \\ X_2 = \mu_2 + a_{21}F_1 + a_{22}F_2 + \cdots + a_{2m}F_m + \varepsilon_2 \\ \vdots \\ X_p = \mu_p + a_{p1}F_1 + a_{p2}F_2 + \cdots + a_{pm}F_m + \varepsilon_p \end{cases} \tag{5-3}$$

用矩阵简记为：

$$X - \mu = AF + \varepsilon \qquad (5-4)$$

其中，公共因子 $F = (F_1, F_2, \cdots, F_m)$ 是不可观测的变量，其系数 a_{ij} 称为因子载荷。$\varepsilon = (\varepsilon_1, \varepsilon_2, \cdots, \varepsilon_p)$ 是特殊因子，是不能被前 m 个公共因子包含的部分。且满足假设：$m \le p$；$Cov(F, \varepsilon) = 0$；$Var(F) = I_m \cdot Var(\varepsilon) + diag(\sigma_1^2, \sigma_2^2, \cdots, \sigma_p^2)$。

在公共因子不相关条件下，因子载荷 a_{ij} 是原变量 $X_i (i = 1, 2, \cdots, p)$ 与公共因子 $F_j (j = 1, 2, \cdots, m)$ 的相关系数。因子载荷 a_{ij} 绝对值一般小于等于 1，绝对值越接近 1，表明公共因子 F_j 与原变量 X_i 的相关性越强。公共因子 $F_1, F_2, \cdots, F_m$ 相互独立且方差为 1。

三、因子分析的基本步骤

（一）选择要分析的变量

用定性分析和定量分析的方法选择变量，因子分析的前提条件是观测变量间有较强的相关性，因为如果变量之间无相关性或相关性较弱的话，它们不会有公共因子，所以原始变量间应该有较强的相关性。

（二）相关性分析

考察原始变量之间是否存在较强的相关关系，是否适合进行因子分析。因为因子分析的主要任务之一是将原有变量中信息重叠的部分提取为公共因子，最终实现减少变量个数的目的，所以要求原有变量之间应存在较强的相关关系；否则，如果原有变量相互独立，不存在信息重叠，也就无须进行因子分析了。

相关性分析的方法主要有：

1.相关系数矩阵（Correlation Coefficients Matrix）

如果相关系数矩阵中大部分相关系数均小于 0.3，即各个变量间大多为弱相关，原则上这些变量不适合做因子分析。

2.巴特莱特球度检验（Bartlett Test of Sphericity）

该检验以原有变量的相关关系矩阵为出发点，其原假设 H_0 为：相关系数为单位阵，即相关系数矩阵主对角元素为 1，非主对角元素为 0（即原始变量之间无相关关系）。依据相关系数矩阵的行列式计算可得其近似服从卡方分布。如果统计量卡方值较大且对应的 sig. 值小于给定的显著性水平 β，原假设不成立，即说明相关系数矩阵不太可能是单位矩阵，变量之间存在相关关系，适合做因子分析。

3.KMO（Kaiser-Meyer-Olkin）检验

KMO 检验统计量是用于比较变量间简单相关系数矩阵和偏相关系数的指标。KMO 值越接近 1，意味着变量间的相关性越强，原有变量越适合做因子分析；其值越接近 0，意味着变量间的相关性越弱，越不适合做因子分析。凯泽（Kaiser）给出的KMO 度量标准是：0.9 以上非常适合；0.8 表示适合；0.7 表示一般；0.6 表示不太适合；0.5 以下表示极不适合。

（三）提取公共因子

这一步要确定因子求解的方法和因子的个数，需要根据研究者的设计方案或有关的经验和知识事先确定。因子个数可以根据因子方差的大小来确定。只取方差大于1（或特征值大于1）的那些因子（因为方差小于1的因子其贡献可能很小），按照因子的累计方差贡献率来确定，一般认为要达到80%才能符合要求。

（四）因子旋转

通过坐标变换使每个原始变量在尽可能少的因子之间有密切的关系，这样新因子的实际意义更容易解释，并为每个潜在因子赋予有实际意义的名字。

（五）计算因子得分

求出各样本的因子得分，有了因子得分值，则可以在许多分析中使用这些因子，例如，以因子得分做聚类分析的变量，做回归分析中的回归因子。

第二节 案例解析

一、应用案例基本说明

城市综合发展水平是衡量一个国家或地区城市化发展程度的重要指标。本案例将应用因子分析模型，选取反映城市综合发展水平的10个指标构建综合评价指标体系，对江苏省13个地级市2020年的城市综合发展水平进行综合评价。本案例指标的选取参考了《江苏统计年鉴（2021）》中指标的设置，选取的具体指标见表5-1。采用的数据来源于《江苏统计年鉴（2021）》，数据见表5-2。

表5-1　　　　　　　　　城市综合发展水平评价的具体指标

变量代码	变量解释
X1	地区生产总值（亿元）
X2	就业人数（万人）
X3	社会消费品零售总额（亿元）
X4	进出口总额（亿元）
X5	固定资产投资完成额（亿元）
X6	一般公共预算收入（亿元）
X7	专利申请授权量（件）
X8	公路货运量（万吨）
X9	城镇居民人均可支配收入（元）
X10	居民人均住房建筑面积（平方米）

表5-2 城市综合发展水平评价的具体数据

城市	X1	X2	X3	X4	X5	X6	X7	X8	X9	X10
南京	14 818	484	7 203	5 340	2 631	1 638	76 323	23 611	67 553	45
无锡	12 370	419	2 994	6 076	1 350	1 076	60 702	18 472	64 714	52
徐州	7 320	482	3 286	1 067	867	482	27 368	29 299	37 523	54
常州	7 805	301	2 421	2 417	1 043	617	41 321	10 948	60 529	62
苏州	20 170	748	7 702	22 321	2 674	2 303	138 861	25 320	70 966	51
南通	10 036	486	3 370	2 627	1 257	639	30 662	10 974	52 484	57
连云港	3 277	253	1 104	643	368	245	8 058	12 322	36 722	51
淮安	4 025	269	1 676	344	368	264	11 768	5 079	40 318	52
盐城	5 953	418	2 216	824	517	400	21 533	12 047	40 403	53
扬州	6 048	272	1 379	770	834	337	28 486	5 228	47 202	53
镇江	4 220	199	1 142	722	401	312	19 814	5 882	54 572	55
泰州	5 313	279	1 333	1 014	493	375	20 362	5 290	49 103	63
宿迁	3 262	283	1 258	335	368	221	13 960	10 151	32 015	48

二、原始数据预处理

在多指标综合评价中，由于各个指标单位不同、量纲不同、数量级不同，不能直接进行分析，需要将原始数据转化为无量纲、无数量级差异的标准化指标，然后进行综合评价。因子分析的指标数据同样需要进行原始数据预处理，包括评价指标类型的一致化处理和评价指标的无量纲化处理。

1.评价指标类型的一致化处理

设有m个待评方案、n项评价指标构成原始数据X：

$$X = (X_{ij})_{mn} = \begin{bmatrix} X_{11} & X_{12} & \cdots & X_{1n} \\ X_{21} & X_{22} & \cdots & X_{2n} \\ \vdots & \vdots & \vdots & \vdots \\ X_{m1} & X_{m2} & \cdots & X_{mn} \end{bmatrix} = [X_1, X_2, \cdots, X_n] \quad (5-5)$$

其中，$i = 1, 2, \cdots, m$；$j = 1, 2, \cdots, n$。

统计指标按照评价期望程度分为三种类型评价指标：第一种正向指标是其指标值越大评价越好型指标，也称为效益型指标或望大型指标；第二种逆向指标是其指标值越小评价越好型指标，也称为成本型指标或望小型指标；第三种适度指标是其指标值越接近某个理想值越好型指标。

在多指标综合评价中，首先需要将评价指标类型进行一致化处理，一般是将逆向指标和适度指标转化为正向指标，所以也称为指标正向化。具体处理公式参见第四章的相应内容。这里重点介绍两类常用公式。

第一类是逆向指标正向化，常用以下三种公式。

公式一：

$$Y_{ij} = \max\{X_j\} - X_{ij}$$

公式二：

$$Y_{ij} = \frac{1}{X_{ij}}$$

公式三：

$$Y_{ij} = \frac{1}{\max|X_j| + X_{ij} + A}$$

其中，A 为大于 0 的常数，使得分母大于 0。

第二类是适度指标正向化，可以采取以下两种公式来处理。

公式一：

$$Y_{ij} = \max|X_{ij} - K| - |X_{ij} - K|$$

公式二：

$$Y_{ij} = \frac{1}{|X_{ij} - K| + A}$$

其中，A 为大于 0 的常数，使得分母大于 0；K 根据研究对象实际经验值或目标值确定，若没有适度指标值，一般地，$K = \bar{X}_j$。

2.评价指标的无量纲化处理

对评价指标类型进行一致化处理之后，为消除评价指标间的量纲影响和量级差异，还需要对评价指标进行无量纲化处理。具体处理公式参见第四章相应内容。这里介绍三种常用的处理公式。

第一种：极差化。

$$Y_{ij} = \frac{X_{ij} - \min\{X_j\}}{\max\{X_j\} - \min\{X_j\}}$$

极值法对于指标数据的个数和分布状况没有什么要求，转化后的数值在 0~1 区间内，转化后的数据相对数性质较为明显。

第二种：标准化或标准差化。

$$Y_{ij} = \frac{X_{ij} - \bar{X}_j}{\sigma}$$

或　　$Y_{ij} = \dfrac{X_{ij}}{\sigma}$

该方法一般在原始数据呈正态分布情况下使用，其转化的结果超出了 0~1 的区间，存在着负数，有时会影响进一步的数据处理。

第三种：均值化。

$$Y_{ij} = \frac{X_{ij}}{\bar{X}_j}$$

该方法消除量纲和数量级差异后，还保留了原始数据的差异信息。

本案例中所有指标均为正向指标，无须进行统计指标的正向化处理。另外，本案例采用标准化法对数据进行标准化处理。

三、录入数据

打开 SPSS 软件，如图 5-1 所示，左下角有两个选项卡，分别是"数据视图"和"变量视图"（如图 5-1 所示）。点击"变量视图"，输入变量的相关信息，包括变量的名称、类型、宽度、小数等。

图5-1　SPPS数据输入界面图

点击"变量视图"，"名称"中输入"X1、X2、…、X10"；"标签"中输入"X1地区生产总值、X2就业人数、…、X10居民人均住房建筑面积"，如图5-2所示。

	名称	类型	宽度	小数位数	标签	值	缺失	列	对齐	测量	角色
1	X1	数字	8	2	X1地区生产总值	无	无	6	靠右	标度	输入
2	X2	数字	8	2	X2就业人数	无	无	6	靠右	标度	输入
3	X3	数字	8	2	X3社会消费品零售总额	无	无	5	靠右	标度	输入
4	X4	数字	8	2	X4进出口总额	无	无	5	靠右	标度	输入
5	X5	数字	8	2	X5固定资产投资完成额	无	无	5	靠右	标度	输入
6	X6	数字	8	2	X6一般公共预算收入	无	无	5	靠右	标度	输入
7	X7	数字	8	2	X7专利申请授权量	无	无	6	靠右	标度	输入
8	X8	数字	8	2	X8公路货运量	无	无	6	靠右	标度	输入
9	X9	数字	8	2	X9城镇居民人均可支配收入	无	无	6	靠右	标度	输入
10	X10	数字	8	2	X10居民人均住房建筑面积	无	无	4	靠右	标度	输入
11											
12											

图5-2　变量视图

变量信息输入之后，点击"数据视图"，在第一行第一列，将Excel中相关数据复制粘贴到"数据视图"空白框，如图5-3所示。

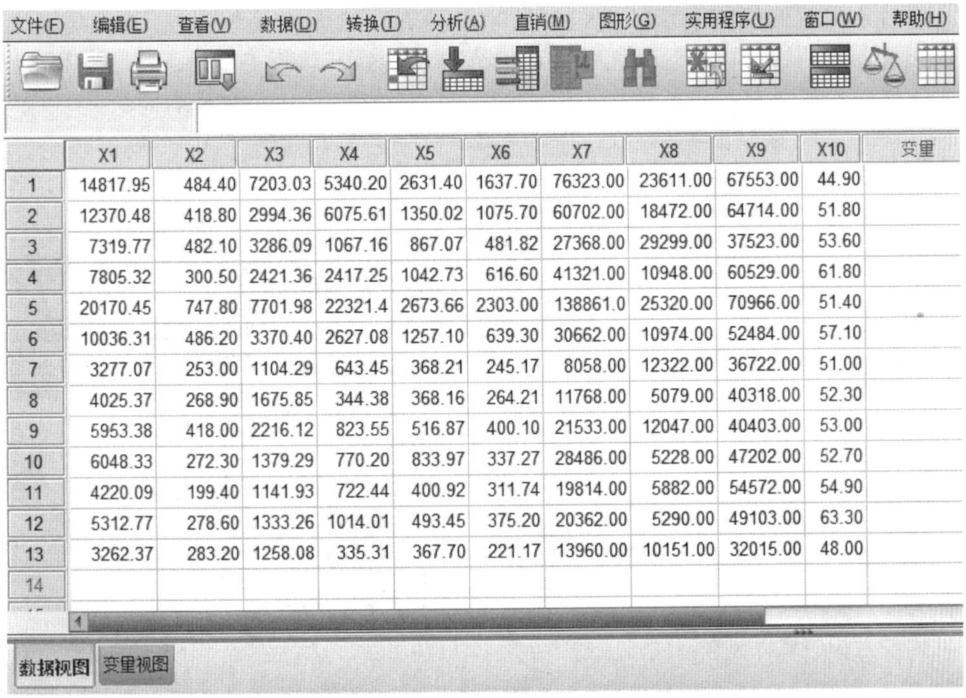

图5-3　数据录入

输入数据后，我们将采用标准化法对10个变量进行标准化处理。首先，点击"分析"选项卡，找到"描述统计"，再点击"描述"，弹出对话框，如图5-4所示。

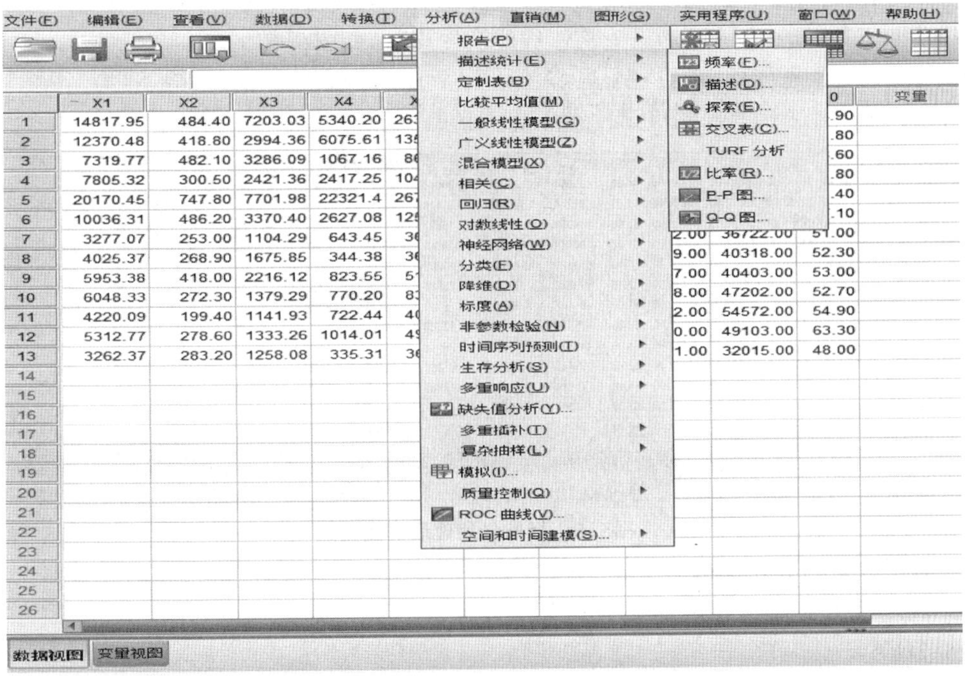

图5-4　数据处理

　　然后，将左侧标签中变量"X1地区生产总值、X2就业人数、…、X10居民人均住房建筑面积"全部选中，点击中间的向右箭头按钮，将变量移到右边"变量"中，勾选"将标准化值另存为变量（Z）"选项，点击"确定"，如图5-5所示。

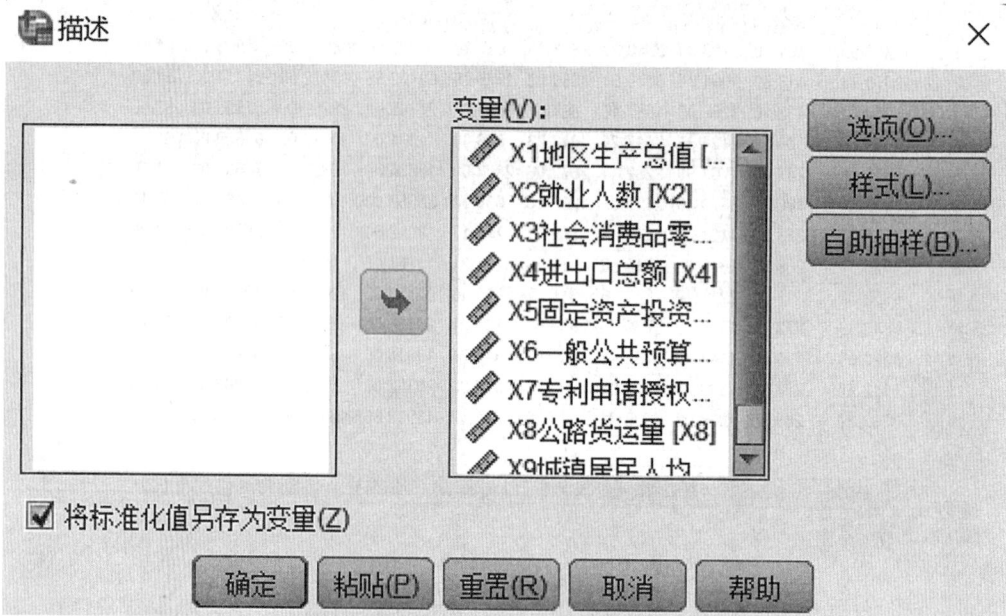

图5-5　变量的标准化处理过程

　　经过上述操作后，数据视图中将出现标准化处理后的变量"ZX1地区生产总值、ZX2就业人数、…、ZX10居民人均住房建筑面积"，如图5-6所示。

	X4	X5	X6	X7	X8	X9	X10	ZX1	ZX2	ZX3	ZX4	ZX5	ZX6	ZX7	ZX8	ZX9	ZX10
1	40.20	2631.40	1637.70	76323.00	23611.00	67553.00	44.90	1.33554	.72091	1.98048	.32073	2.01452	1.51388	1.05518	1.23995	1.35195	-1.72478
2	75.61	1350.02	1075.70	60702.00	18472.00	64714.00	51.80	.85274	.28302	.06446	.44377	.41934	.62055	.62052	.61391	1.12928	-.34465
3	67.16	867.07	481.82	27368.00	29299.00	37523.00	53.60	-.14359	.70556	.19727	-.18188	-.39419	-.32345	-.30701	1.93288	-1.00335	.01539
4	17.25	1042.73	616.60	41321.00	10948.00	60529.00	61.80	-.04781	-.50664	-.19640	-.16831	.03679	-.10921	.08124	-.30267	.80105	1.65554
5	321.4	2673.66	2303.00	138861.00	25320.00	70966.00	51.40	2.39139	2.47912	2.20762	3.16185	2.06713	2.57142	2.79532	1.44815	1.61964	-.42466
6	27.08	1257.10	639.30	30662.00	10974.00	52484.00	57.10	.39229	.73292	.23565	-.13320	.30366	-.07313	-.21535	-.29950	.17006	.71545
7	43.45	368.21	245.17	8058.00	12322.00	36722.00	51.00	-.94107	-.82370	-.79600	-.46509	-.80291	-.69962	-.84432	-.13529	-1.06618	-.50466
8	14.38	368.16	264.21	11768.00	5079.00	40318.00	52.30	-.79346	-.71757	-.53580	-.51512	-.80297	-.66936	-.74108	-1.01764	-.78414	-.24464
9	23.55	516.87	400.10	21533.00	12047.00	40403.00	53.00	-.41313	.27768	-.28984	-.43495	-.61785	-.45335	-.46937	-.16879	-.77747	-.10463
10	70.20	833.97	337.27	28486.00	5228.00	47202.00	52.70	-.39440	-.67081	-.44388	-.22309	-.65755	-.27590	-.99949	-.24421	-.16463	
11	22.44	400.92	311.74	19814.00	5882.00	54572.00	54.90	-.75504	-1.18149	-.77887	-.45187	-.76219	-.59380	-.51720	-.91982	.33383	.27541
12	14.01	493.45	375.20	20362.00	5290.00	49103.00	63.30	-.53950	-.65282	-.69177	-.40309	-.64700	-.49293	-.50195	-.99194	-.09511	1.95557
13	35.31	367.70	221.17	13960.00	10151.00	32015.00	48.00	-.94397	-.62212	-.72599	-.51664	-.80355	-.73777	-.68009	-.39976	-1.43535	-1.10472
14																	

图5-6　标准化处理后的变量

四、因子分析的具体步骤

　　（1）点击窗口主菜单的"分析"选项卡，找到"降维"，再点击"因子"，如图5-7所示。

图5-7 操作步骤

（2）将左侧标签中标准化处理后的变量"ZX1地区生产总值、ZX2就业人数、…、ZX10居民人均住房建筑面积"全部选中，点击中间的向右箭头按钮，将变量移到右边"变量"中，如图5-8所示。

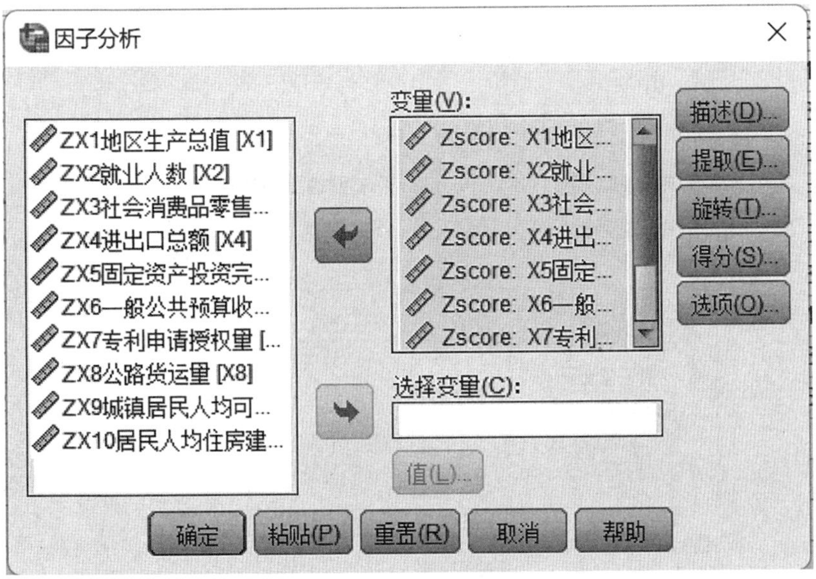

图5-8 变量选择

（3）点击"描述"，弹出"因子分析：描述统计"对话框，在"统计量"选项中勾选"单变量描述性""原始分析结果"；在"相关矩阵"选项中勾选"系数""显著性水平""行列式""KMO和Bartlett的球形度检验"，如图5-9所示。

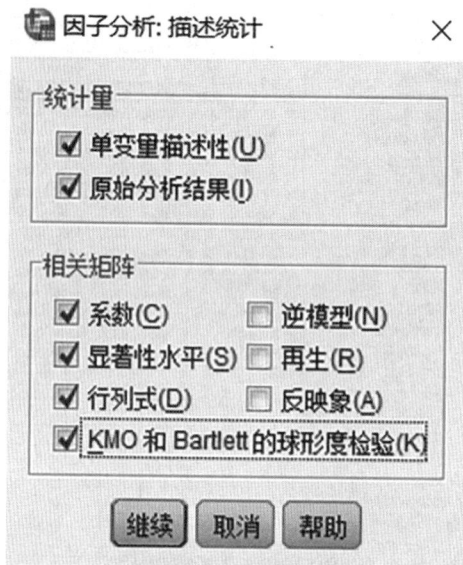

图5-9　描述统计操作图

（4）点击"继续"，弹出"因子分析：抽取"对话框，"方法"选择"主成分"，"分析"选择"相关性矩阵"，"输出"选择"未旋转的因子解""碎石图"，"抽取"选择"基于特征值"，默认"特征值大于1"，"最大收敛性迭代次数"默认设置为25，如图5-10所示。

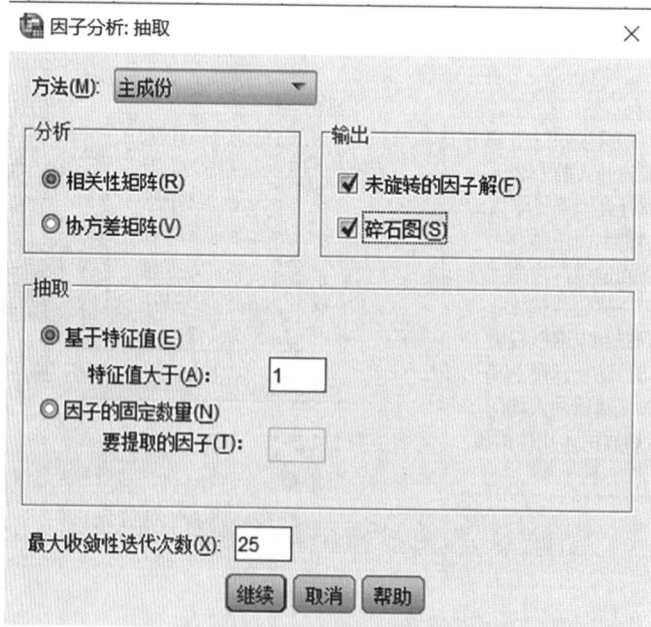

图5-10　抽取操作图

（5）点击"继续"，弹出"因子分析：旋转"对话框，"方法"选择"最大方差法"，"输出"选择"旋转解""载荷图"，"最大收敛性迭代次数"默认设置为25，如

图5-11所示。因子旋转即用一个正交阵右乘，使旋转后的因子载荷阵结构简化，便于对公共因子进行解释。所谓结构简化，就是使每个变量仅在一个公共因子上有较大的载荷，而在其余公共因子上的载荷较小，从而更好地解释每个公共因子的含义。

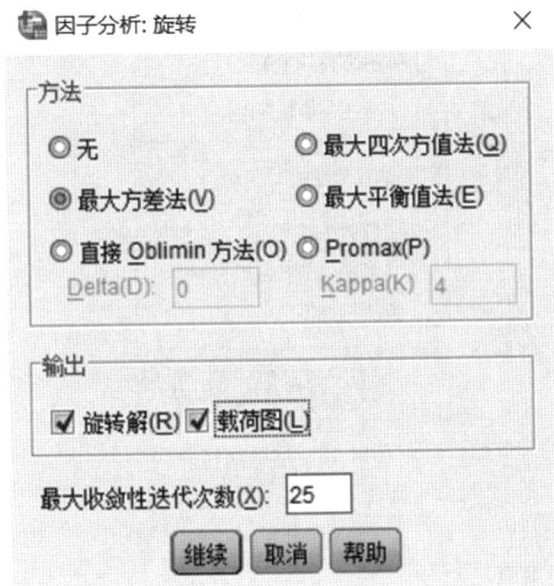

图5-11 旋转操作图

（6）点击"继续"，弹出"因子分析：因子得分"对话框，勾选"保存为变量"，"方法"选择"回归"；勾选"显示因子得分系数矩阵"，如图5-12所示。

图5-12 得分操作图

（7）点击"继续"，弹出"因子分析：选项"对话框，"缺失值"选择"按列表排除个案"，"系数显示格式"不勾选，如图5-13所示。

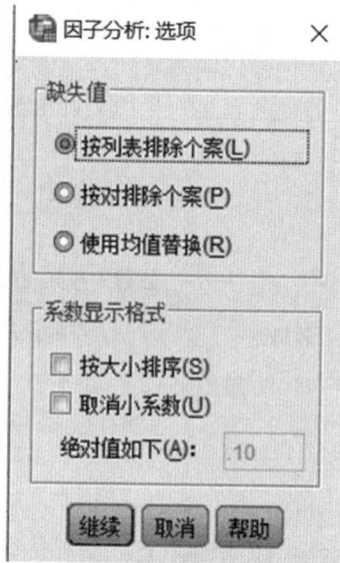

图5-13　选项操作图

（8）最后点击"继续"，再点击图5-8变量选择中"确定"，SPSS便会得到一系列分析结果表。

五、因子分析的结果解释

（一）变量的描述性统计结果

"描述统计量"显示每个指标的均值、标准差、样本量N。本部分统计结果没有显示。

（二）相关性分析

对选取的10个指标进行KMO以及Bartlett检验，检验结果见表5-3。KMO检验值为0.711，sig.值为0.000，在1%显著性水平上通过检验，说明Bartlett球形度检验结果是显著的，可认为相关系数矩阵与单位阵有显著差异，表明原始数据变量间具有一定的相关性，原变量可以进行因子分析。

表5-3　　　　　　　　　　　　　　　　KMO和Bartlett检验

取样足够度的Kaiser-Meyer-Olkin度量		0.711
Bartlett球形度检验	近似卡方	200.643
	df	45
	sig.	0.000

（三）公共因子提取结果分析

对10个住房价格影响因素进行公共因子的提取。在对公共因子进行提取时，应对原始变量的解释力度给予特别关注。如表5-4所示，第3列"提取"值均在0~1之间，"提取"值越接近1，表示该变量的信息丢失越少。所有指标的解释度都高达70%以上，表明变量中的大部分信息均被公共因子所提取，这说明因子分析结果是有效的。

表5-4 公共因子方差

变量	初始	提取
Zscore：X1地区生产总值	1.000	0.985
Zscore：X2就业人数	1.000	0.820
Zscore：X3社会消费品零售总额	1.000	0.945
Zscore：X4进出口总额	1.000	0.835
Zscore：X5固定资产投资完成额	1.000	0.934
Zscore：X6一般公共预算收入	1.000	0.984
Zscore：X7专利申请授权量	1.000	0.963
Zscore：X8公路货运量	1.000	0.730
Zscore：X9城镇居民人均可支配收入	1.000	0.840
Zscore：X10居民人均住房建筑面积	1.000	0.817

提取方法：主成分分析法。

根据表5-5，一般选取"旋转平方和载入"，前2个公共因子的特征值大于1，并且前2个因子的特征值之和占总特征值的88.539%。因此，提取2个公共因子作为主因子。需要特别说明的是，实际研究过程中，主因子个数越少越好（根据原指标个数，以2～4个主因子为宜），主因子特征值越大，其方差占比越大。

表5-5 总方差解释

成分	初始特征值			提取载荷平方和			旋转载荷平方和		
	总计	方差百分比	累积 %	总计	方差百分比	累积 %	总计	方差百分比	累积 %
1	7.676	76.764	76.764	7.676	76.764	76.764	6.963	69.629	69.629
2	1.177	11.775	88.539	1.177	11.775	88.539	1.891	18.910	88.539
3	0.573	5.732	94.270						
4	0.338	3.383	97.653						
5	0.147	1.471	99.124						
6	0.057	0.570	99.694						
7	0.018	0.181	99.875						
8	0.007	0.067	99.942						
9	0.005	0.050	99.992						
10	0.001	0.008	100.000						

提取方法：主成分分析法。

表5-6是初始成分矩阵。由于初始成分矩阵的结构不够清晰，各因子的实际意义并不是十分明显，不便于对公共因子进行命名解释。

表5-6   成分矩阵

变量	成分	
	1	2
Zscore：X1地区生产总值	0.987	0.103
Zscore：X2就业人数	0.900	−0.101
Zscore：X3社会消费品零售总额	0.966	−0.106
Zscore：X4进出口总额	0.903	0.141
Zscore：X5固定资产投资完成额	0.967	0.007
Zscore：X6一般公共预算收入	0.991	0.049
Zscore：X7专利申请授权量	0.973	0.125
Zscore：X8公路货运量	0.747	−0.415
Zscore：X9城镇居民人均可支配收入	0.785	0.473
Zscore：X10居民人均住房建筑面积	−0.324	0.844

提取方法：主成分分析法。

提取了2个成分。

（四）因子旋转结果分析

1.因子旋转结果

为了减少各因子之间的联系，对"成分矩阵"进行旋转，使得各变量在某些因子上有较高的载荷。这里采用"最大方差旋转法"进行因子旋转，结果见表5-7。

表5-7   旋转成分矩阵

变量	成分	
	1	2
Zscore：X1地区生产总值	0.965	0.230
Zscore：X2就业人数	0.816	0.393
Zscore：X3社会消费品零售总额	0.877	0.420
Zscore：X4进出口总额	0.899	0.167
Zscore：X5固定资产投资完成额	0.914	0.314
Zscore：X6一般公共预算收入	0.951	0.282
Zscore：X7专利申请授权量	0.960	0.204
Zscore：X8公路货运量	0.567	0.639
Zscore：X9城镇居民人均可支配收入	0.897	−0.186
Zscore：X10居民人均住房建筑面积	−0.026	−0.904

提取方法：主成分分析法。

旋转方法：最大方差法。

旋转在3次迭代后已收敛。

2.解释提取的主成分（公共因子）

根据因子载荷旋转成分矩阵（见表5-7）将载荷矩阵中的变量分类，并为公共因子命名，依据绝对值的大小进行分类[1]。第一个因子的方差贡献率为76.764%，包括X1地区生产总值、X2就业人数、X3社会消费品零售总额、X4进出口总额、X5固定资产投资完成额、X6一般公共预算收入、X7专利申请授权量、X9城镇居民人均可支配收入[2]，可称其为"经济发展因子"；第二个因子的方差贡献率为11.775%，包括X8公路货运量、X10居民人均住房建筑面积，可称其为"基础设施因子"。

（五）计算各个因子得分

从表5-7可以得到，前2个因子的累计贡献率达到88.539%[3]，可从SPSS软件中直接得到FAC1_1、FAC2_1（记为F_1、F_2）的得分，点击"数据视图"，将进度条拉到最右边，可看见每个城市的2个公共因子得分，如图5-14所示。

	ZX1	ZX2	ZX3	ZX4	ZX5	ZX6	ZX7	ZX8	ZX9	ZX10	FAC1_1	FAC2_1
1	1.3355	.7209	1.9805	.3207	2.0145	1.5139	1.0552	1.2400	1.3519	-1.725	1.03461	1.45369
2	.8527	.2830	.0645	.4438	.4193	.6206	.6205	.6139	1.1293	-.3446	.63049	.02907
3	-.1436	.7056	.1973	-.3942	-.1819	-.3235	-.3070	1.9329	-1.0034	.0154	-.39407	1.19440
4	-.0478	-.5066	-.1964	-.1683	.0368	-.1092	.0812	-.3027	.8010	1.6555	.42915	-1.60420
5	2.3914	2.4791	2.2076	3.1618	2.0671	2.5714	2.7953	1.4481	1.6196	-.4247	2.51833	.43185
6	.3923	.7329	.2357	-.1332	.3037	-.0731	-.2154	-.2995	.1701	.7155	.30146	-.52662
7	-.9411	-.8237	-.7960	-.4651	-.8029	-.6996	-.8443	-.1353	-1.0662	-.5047	-1.01356	.55659
8	-.7935	-.7176	-.5358	-.5151	-.8030	-.6694	-.7411	-1.0176	-.7841	-.2446	-.80882	-.00436
9	-.4131	.2777	-.2898	-.4350	-.6178	-.4534	-.4694	-.1688	-.7775	-.1046	-.53409	.32703
10	-.3944	-.6949	-.6708	-.4439	-.2231	-.5532	-.2759	-.9995	-.2442	-.1646	-.45125	-.28020
11	-.7550	-1.181	-.7789	-.4519	-.7622	-.5938	-.5172	-.9198	.3338	.2754	-.44658	-.81687
12	-.5395	-.6528	-.6918	-.4031	-.6470	-.4929	-.5020	-.9919	-.0951	1.9556	-.09019	-1.78917
13	-.9440	-.6221	-.7260	-.5166	-.8035	-.7378	-.6801	-.3998	-1.4354	-1.105	-1.17549	1.02878
14												

图5-14　因子得分

同样，我们也可以利用"成分得分系数矩阵"（见表5-8）计算出FAC1_1、FAC2_1的得分系数。

---

①实际研究中，公共因子命名及解释在某种程度上是科学性、艺术性和创新性的有机结合，需要结合原始指标的意思和研究内容的专业知识进行高度概括提炼。本例将2个公共因子分别命名为经济发展因子和基础设施因子，是编者一家之言。每个研究者都可以根据个人理解命名。

②按照旋转成分矩阵中变量的绝对值选取，高度概括提炼并对该公共因子进行命名。

③本例采用2个公共因子代替原始数据10个变量进行分析，仅保留原始数据的原信息的88.539%。显而易见，该值越大越好。

表5-8 成分得分系数矩阵

变量	成分	
	1	2
Zscore：X1地区生产总值	0.150	−0.040
Zscore：X2就业人数	0.082	0.120
Zscore：X3社会消费品零售总额	0.089	0.127
Zscore：X4进出口总额	0.151	−0.074
Zscore：X5固定资产投资完成额	0.121	0.036
Zscore：X6一般公共预算收入	0.136	0.004
Zscore：X7专利申请授权量	0.155	−0.058
Zscore：X8公路货运量	−0.025	0.365
Zscore：X9城镇居民人均可支配收入	0.229	−0.345
Zscore：X10居民人均住房建筑面积	0.198	−0.690

提取方法：主成分分析法。

旋转方法：最大方差法。

$F_1 = 0.15ZX_1 + 0.082ZX_2 + \cdots + 0.198ZX_3$

$F_2 = -0.040ZX_1 + 0.12ZX_2 + \cdots - 0.69ZX_3$

表5-9显示成分得分协方差矩阵，可以看出2个公共因子两两之间的协方差为0.000，即没有线性相关性，实现了因子分析的设计目标。

表5-9 成分得分协方差矩阵

成分	1	2
1	1.000	0.000
2	0.000	1.000

提取方法：主成分分析法。

旋转方法：最大方差法。

（六）计算城市综合发展水平综合得分

计算城市综合发展水平综合得分，需要以各因子的（旋转）方差贡献率所占累计的方差贡献率之比作为权数，对2个因子进行加权平均，得到综合得分F。

$$F = \frac{76.764 \times F_1 + 11.775 \times F_2}{88.539}$$

在"数据视图"状态下，点击"转换"→"计算变量"。在"目标变量"输入自行拟定变量代码（比如F），在"数字表达式"输入"（76.764*FAC1_1+11.775*FAC2_1）/88.539"，如图5-15所示，然后点击"确定"，即可得到2020年江苏省13个地级市的城市发展水平综合得分，如图5-16所示。

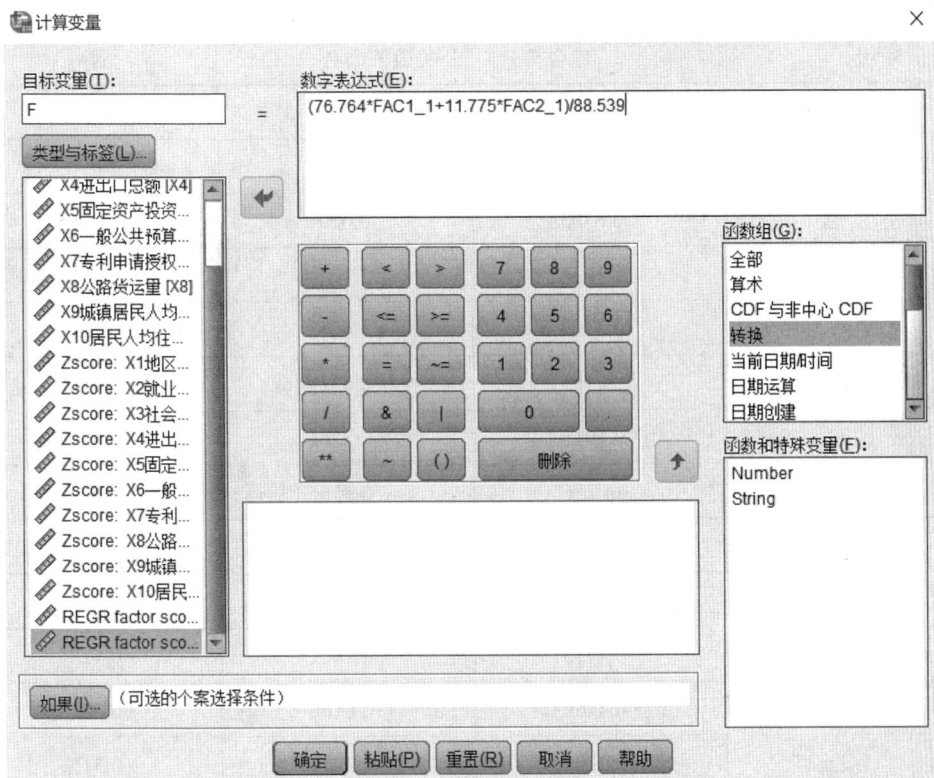

图5-15　变量计算窗口

图5-16　综合得分：变量计算结果

表5-10显示了2020年江苏省13个地级市的城市综合发展水平的2个公共因子得分以及综合得分情况（相对值）。某个城市的经济发展因子、基础设施因子、综合得分小

于0，可以理解为该公共因子或综合得分低于平均水平，高于0表示高于平均水平。

表5-10   综合得分[①]：公共因子命名

城市	经济发展因子得分	基础设施因子得分	综合得分
南京	1.0346	1.4537	1.0903
无锡	0.6305	0.0291	0.5505
徐州	-0.3941	1.1944	-0.1828
常州	0.4292	-1.6042	0.1587
苏州	2.5183	0.4319	2.2408
南通	0.3015	-0.5266	0.1913
连云港	-1.0136	0.5566	-0.8047
淮安	-0.8088	-0.0044	-0.7018
盐城	-0.5341	0.3270	-0.4196
扬州	-0.4513	-0.2802	-0.4285
镇江	-0.4466	-0.8169	-0.4958
泰州	-0.0902	-1.7892	-0.3161
宿迁	-1.1755	1.0288	-0.8823

第三节 实践训练

实践训练一

城市人口素质的因子分析

1.实训目的：掌握运用因子分析法对城市人口素质进行评价的方法。

2.实训资料：人力资本作为一种生产要素，其水平越高，对经济增长的贡献就越大。人口素质则是衡量人力资源的主要标准。本训练以某省各城市人口素质为样本进行因子分析。以下是各变量的定义：（1）X1为成人识字率（%），指15岁及以上人口中识字人口所占比重。（2）X2为婴儿死亡率指数，婴儿死亡率指数=（229 - 婴儿死亡率）/2.22。（3）X3为一岁预期寿命指数，即把一岁的婴儿的未来预期寿命转换为指数形式，方法同上。（4）X4为普通高校数（个）。（5）X5为人均科技活动经费支出（元）。（6）X6为文化事业人员数（人），指从事专业文化工作和专业文化工作服务的，独立建制、单独核算单位的工作人员。（7）X7为文化程度综合指数，为进行

---

①点击"变量视图"状态下，"名称"F对应"宽度""小数"分别调整为11、4。

定量研究，将文化程度量化为：大学本科及以上=32，高中=16，初中=8，小学=4，小学以下=2，文化程度综合指数=$\sum$各类人口比重×相应量化值。（8）X8为人均拥有的医院数（所）。从城市统计年鉴获得的相关数据如表5-11所示。

表5-11　　　　　　　　　　　　　某省各城市人口素质数据表

城市	X1	X2	X3	X4	X5	X6	X7	X8
城市1	0.91	100.19	96.17	51.00	87.82	2310.00	10.36	0.0042
城市2	0.94	100.45	97.43	5.00	121.10	1140.00	10.92	0.0019
城市3	0.89	99.78	99.48	2.00	17.36	242.00	9.97	0.0036
城市4	0.83	95.67	94.87	2.00	4.73	863.00	6.59	0.0016
城市5	0.89	100.41	97.43	5.00	29.55	1043.00	7.42	0.0055
城市6	0.84	96.27	89.74	2.00	6.26	584.00	6.46	0.0039
城市7	0.82	97.63	89.74	1.00	0.94	563.00	7.15	0.0010
城市8	0.84	94.24	89.74	1.00	1.37	653.00	7.47	0.0025
城市9	0.86	100.41	93.56	2.00	18.13	422.00	5.37	0.0030
城市10	0.76	93.06	89.74	1.00	0.47	390.00	8.74	0.0005
城市11	0.94	97.31	97.43	3.00	9.04	592.00	8.06	0.0042
城市12	0.90	100.05	94.87	1.00	10.02	293.00	7.44	0.0013
城市13	0.87	98.59	94.30	2.00	9.46	807.00	8.29	0.0017
城市14	0.83	96.491	89.74	1.00	0.90	299.00	6.47	0.0020
城市15	0.80	96.306	94.87	3.00	3.12	723.00	6.60	0.0021
城市16	0.80	97.613	89.74	2.00	2.85	709.00	6.26	0.0018
城市17	0.83	96.216	93.59	1.00	3.52	401.00	6.61	0.0021
城市18	0.82	98.068	89.74	1.00	1.00	306.00	6.26	0.0021
城市19	0.84	96.405	95.51	1.00	2.39	288.00	6.32	0.0010
城市20	0.83	95.045	92.31	2.00	2.17	698.00	5.87	0.0011
城市21	0.83	95.892	89.74	1.00	0.19	240.00	6.28	0.0015

3.训练任务：

（1）采用因子分析法计算该省各市人口素质综合得分并进行排名。

（2）从公共因子角度分析各城市的特点。

实践训练二

公共因子分析不同家庭消费特点

1.实训目的：理解因子分析的降维思想，掌握公共因子的作用与意义。

2.实训资料：表5-12显示了某地区不同类型的12个家庭在食品上的年平均消费支出及其构成（单位：元）。其中，家庭类型"经理2""工人4""私营业主5"分别表示经理有2个孩子、工人有4个孩子、私营业主有5个孩子，以此类推。

表5-12   某地区12个家庭的食品消费支出数据表

家庭类型	面包	蔬菜	水果	肉类	禽类	牛奶	酒类
经理1	930	1 918	1 420	4 870	2 318	588	1 080
经理2	1 095	2 113	1 725	5 863	2 888	620	853
经理3	970	1 973	1 553	5 915	2 875	760	705
经理4	1 288	2 743	2 218	6 575	2 950	1 420	710
工人2	733	1 398	970	3 818	1 418	598	650
工人3	965	1 520	990	3 753	1 395	798	908
工人4	1 150	1 750	1 210	4 640	1 905	1 000	1 040
工人5	1 460	2 495	1 370	5 140	2 240	1 295	800
私营业主2	830	1 070	885	3 593	1 315	618	1 088
私营业主3	1 020	1 408	853	3 775	1 360	810	1 018
私营业主4	1 325	1 650	918	4 075	1 595	1 040	1 025
私营业主5	1 638	1 940	1 058	4 620	1 898	1 238	1 215

3.实训任务：

（1）采用因子分析法计算这12个家庭的食品消费支出综合得分并进行排名。

（2）从公共因子角度分析家庭消费特点。

实践训练三

基于因子分析的城市竞争力评价

1.实训目的：掌握运用因子分析法对城市竞争力进行评价的方法。

2.实训资料：城市竞争力是区域综合发展能力的集中体现。聚焦城市竞争力评价，对把握城市发展规律、科学探索创新型城市建设具有重要意义。评价城市竞争力的指标主要有：GDP、人均GDP、社会消费品零售总额、固定资产投资、金融机构人民币存款、全社会用电量、规模以上工业企业研发（R&D）活动经费、城市绿地面积、一般工业固体废物处置量等。

3.实训任务：

（1）根据实训资料中给出的城市竞争力评价指标体系，请任意选择我国具有典型意义的10个城市，在统计年鉴中查找最新一年的评价指标数值，完成数据资料的搜集过程。

（2）运用因子分析法对所选择的10个城市的竞争力进行综合评价，并对公共因子进行合理的命名与解释。

实践训练四

基于因子分析的工业企业经济效益综合评价

1.实训目的：掌握运用因子分析法对工业企业经济效益进行综合评价的方法。

2.实训资料：转变经济发展方式、调整产业结构、加快新旧动能转换，有效地解决资源约束、实施可持续发展战略，提质增效是企业发展的必由之路。评价工业企业经济效益的指标主要有：每股收益、流动比率、资产负债比率、存货周转率、总资产周转率、营业利润率、成本费用利润率、总资产报酬率等。

3.实训任务：

（1）根据实训资料中给出的企业经济效益评价指标体系，请你以某一行业的8家以上上市公司为研究对象，在上市公司公布的年报中查找最新一年的评价指标数值，完成数据资料的搜集工作。

（2）运用因子分析法对你研究的上市公司经济效益进行综合评价，并对公共因子进行合理的命名与解释。

第六章　聚类分析

坚定"四个自信"　增强民族自豪感

2021年，我国经济在全球新冠肺炎疫情肆虐背景下稳中向好，交出了一份令人满意的答卷，中国经济的突出表现离不开全国各个城市的努力。放眼整个亚洲，我国有哪些城市可以在亚洲名列前茅呢？东京大学编制的2022年度亚洲百强城市排行榜显示，经过2020—2021年新冠肺炎疫情洗礼，亚洲一线城市排名早已大洗牌：整个亚洲一线城市仅有25座，中国有上海、香港、北京、广州、深圳、成都、武汉、杭州、重庆、南京、台北、天津等12座城市入围一线城市榜单。衡量一个城市综合实力，既要看经济总量，也要注重教育科技、贸易、居住环境、城市治理、国际影响力等。党的十八大以来，我国经济发展平衡性、协调性、可持续性明显增强，2021年国内生产总值突破114万亿元，人均国内生产总值超过1万美元，国家经济实力、科技实力、综合国力跃上新台阶。这是党和人民多年奋斗、创造、积累的根本成就，必须倍加珍惜、始终坚持、不断发展。

在经济、社会、金融、人口、体育、卫生统计研究中，存在着大量分类研究、构造分类模式的问题。例如，在经济研究中，为了研究不同地区城镇居民收入及消费状况，往往需要将居民划分为不同的类型去研究。如果能把相似的样品（或指标）归成类，处理起来就大为方便。通过本章内容的学习，可以培养学生运用动态、发展、联系、全面的观点进行聚类分析的能力；培养学生具体问题具体分析的能力；培养学生具备系统论理念，具有全局观念和整体观念，增强大局意识；培养学生深刻感悟作为国家一员，应该为国家发展尽个人贡献；培养学生领悟国家综合竞争力或城市综合竞争力是由多个竞争力要素组成的，要实现国家富强、民族振兴、人民幸福必须坚定中国特色社会主义道路自信、理论自信、制度自信、文化自信。

第一节 聚类分析概述

一、导言

近些年来，统计学的多元分析方法有了迅速的发展，多元分析的技术自然被引用到分类学中，于是从数值分类学中逐渐分离出聚类分析这个新的分支。

我们认为，所研究的样品或指标（变量）之间存在着程度不同的相似性（亲疏关系），于是根据一批样品的多个观测指标，具体找出一些能够度量样品或指标之间的相似程度的统计量，以这些统计量为划分类型的依据，把一些相似程度较大的样品（或指标）聚合为一类，把另外一些彼此之间相似程度较大的样品（或指标）又聚合为另外一类，关系密切的聚合到一个小的分类单位，关系疏远的聚合到一个大的分类单位，直到把所有的样品（或指标）都聚合完毕，把不同的类型一一划分出来，形成一个由小到大的分类系统。最后再把整个分类系统画成一张分群图（又称谱系图），用它把所有的样品（或指标）间的亲疏关系表示出来。

在经济、社会、人口研究中，存在着大量分类研究、构造分类模式的问题。例如，在经济研究中，为了研究不同地区城镇居民收入及消费状况，往往需要划分为不同的类型去研究；在人口研究中，需要构造人口生育分类模式、人口死亡分类函数，以此来研究人口的生育和死亡规律。过去人们主要靠经验和专业知识，作定性分类处理，致使许多分类带有主观性和任意性，不能很好地揭示客观事物内在的本质差别和联系，特别是对于多因素、多指标的分类问题，定性分类更难以实现准确分类。

为了克服定性分类存在的缺陷，统计学这个有用的工具逐渐被引进到分类学中，形成数值分类学。随着多元分析的引进，聚类分析可以用来对案例进行分类，也可以用来对变量进行分类。对样本的分类常称为Q型聚类分析，对变量的分类常称为R型聚类分析。与多元分析的其他方法相比，聚类分析的方法是很粗糙的，理论上还不完善，但是由于它能解决许多实际问题，很受人们的重视，因此和回归分析、判别分析一起被称为多元分析的三大方法。

二、聚类分析的定义和基本原理

聚类分析指将物理或抽象对象的集合分组为由类似的对象组成的多个类的分析过程。它是一种重要的人类行为。聚类分析的目标就是在相似的基础上搜集数据来分类（如图6-1所示）。

根据样本的属性，使用某种算法计算相似性或者差异性指标，以确定每个个案之间的亲疏关系，最终将所有个案分为多个相似组（即聚类），同一聚类的个案彼此相同，不同聚类中的个案彼此不同。常见的聚类方法有K均值聚类法、系统聚类法（也叫层次聚类法）等。

简而言之，聚类分析根据样本的多个属性，将相似的对象聚为一类，使同类之间尽量同质、不同类之间尽量异质。在聚类分析中，一般的规则是将"距离"较小的点归为同一类，将"距离"较大的点归为不同的类。常见的是对样本分类，也可以对变

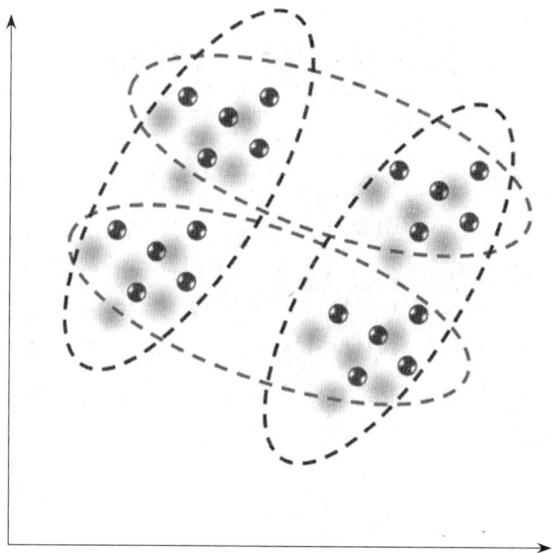

图6-1　聚类基本原理

量分类，但对于变量分类一般使用相似系数作为"距离"测量指标。

三、聚类分析的应用

聚类分析的一个重要用途就是针对目标群体进行多指标的群体划分，类似这种目标群体的分类就是精细化经营、个性化运营的基础和核心，只有进行了正确的分类，才可以有效进行个性化和精细化运营、服务及产品支持等。常见应用场景如通过对特定运营目的和商业目的所挑选出的指标变量进行聚类分析，把目标群体划分成几个具有明显特征区别的细分群体，从而可以在运营活动中为这些细分群体采取精细化、个性化的运营和服务，最终提升运营的效率和商业效果（如把付费用户按照几个特定维度，如利润贡献、用户年龄、续费次数等聚类分析后得到不同特征的群体）；另外，通过聚类分析可以探测、发现离群点、异常值，这里的离群点指相对于整体数据对象而言的少数数据对象，这些对象的行为特征与整体的数据行为特征很不一致（如在某些B2C电商平台上，交易额较高、频繁的交易，就有可能隐含欺诈的风险成分，需要风控部门提前关注和监控）。

四、聚类与分类的区别

我们知道，分类问题是机器学习中最常见的一类问题，它的目标是确定一个物体所属的类别。例如，我们要判定一个水果是苹果、杏，还是桃。解决这类问题的办法是先给一些各种类型的水果让算法学习，然后根据学习得到的经验对一个水果的类型作出判定。这就像一个幼儿园的小朋友，老师先拿各种水果教他们，告诉每种水果是什么样子的，接下来这些孩子就会认这些类型的水果了。这种做法被称为有监督学习，它有训练和预测两个过程，在训练阶段，我们用大量的样本进行学习，得到一个判定水果类型的模型。接下来，在预测阶段，给一个水果，就可以用这个模型预测出它的类别，这一过程如图6-2所示。

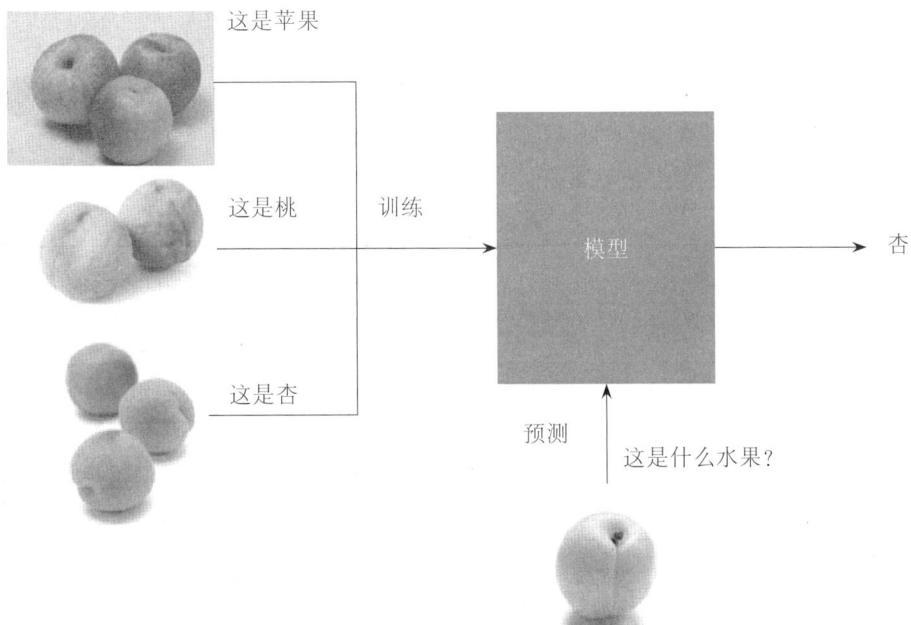

图6-2　有监督学习

　　聚类也是要确定一个物体的类别，但和分类问题不同的是，这里没有事先定义好的类别，聚类算法要自己想办法把一批样本分开，分成多个类，保证每一个类中的样本之间是相似的，而不同类的样本之间是不同的。在这里，类型被称为"簇"。以图6-3为例，这里有一堆水果，但我们事先没有告诉你有哪些水果，也没有一个训练好的判定各种水果的模型，聚类算法要自动将这堆水果进行归类。

图6-3　无监督学习

　　这一次，老师并没有事先告诉孩子们各种水果是什么样子的，孩子们需要自己将水果进行归类划分，而且这些水果可能是他们不认识的。这里没有统一的、确定的划分标准，有些孩子将颜色相似的水果归在了一起，而另外一些孩子将形状相似的水果归在了一起，还有一些孩子将大小相似的水果归在了一起。

聚类算法没有训练过程，这是和分类算法最本质的区别，聚类算法要根据自己定义的规则，将相似的样本划分在一起，不相似的样本分成不同的类。

聚类和分类的区别总结在表6-1中。

表6-1　　　　　　　　　　　　　　聚类和分类的区别

聚类	分类
无监督式数据	监督式数据
并不高度重视训练集	高度重视训练集
只用无标签数据	无标签数据和有标签数据两者皆有
目的是找出数据中的相似之处	目的是确认数据属于哪个类别
只有一步	包含两步
确定边界条件不是最重要的	在操作步骤中，确定边界条件至关重要
通常不涉及预测	涉及预测
无须预先知道类别信息	需要预先知道类别信息
不那么复杂	更复杂些
用于根据数据中的模式进行分组	用于将新样本分配到已知类别中

五、聚类分析的特征

（1）聚类分析简单、直观。

（2）聚类分析主要应用于探索性的研究，其分析的结果可以提供多个可能的解，选择最终的解需要研究者的主观判断和后续的分析。

（3）不管实际数据中是否真正存在不同的类别，利用聚类分析都能得到分成若干类别的解。

（4）聚类分析的解完全依赖于研究者所选择的聚类变量，增加或删除一些变量对最终的解都可能产生实质性的影响。

（5）异常值和特殊的变量对聚类有较大影响，当分类变量的测量尺度不一致时，需要事先做标准化处理。

六、聚类分析的基本步骤

（1）确定研究问题：选择研究目的。根据研究问题进行分类描述、数据简化，揭示相互联系并据此选择分类变量。

（2）研究设计：对样本聚类还是对变量聚类？分类变量是什么类型？选择用"距离"还是"相似系数"？数据是否需要标准化？是否需要删除奇异点？

（3）考虑是否满足基本的假定：样本对总体是否有代表性？聚类变量是否存在共线性？共线性是否足以影响结果？

（4）选择聚类方法：采用哪种具体的聚类方法？应该聚成几个类别？

（5）解释聚类分析的结果：观察树形图和冰柱图，是否可以根据分类变量给各个类别命名？

（6）评价聚类分析结果的有效性：利用适当的结果变量进行评价；利用其他描述性的变量描述各个类别的轮廓。

七、聚类分析的方法

在一些社会、经济问题中，我们面临的往往是比较复杂的研究对象，如果能把相似的样品（或指标）归成类，处理起来就大为方便。常见的聚类分析方法有不少，比如层次聚类法、K-均值聚类法、两步聚类法等。

1.层次聚类法

层次聚类法也叫系统聚类法，既可处理分类变量，也可处理连续变量，但不能同时处理两种变量类型，不需要指定类别数。聚类结果间存在着嵌套，或者说层次的关系。

2.K-均值聚类法

K-均值聚类法也叫快速聚类法，针对连续变量，也可处理有序分类变量，运算很快，但需要指定类别数。K-均值聚类法不会自动对数据进行标准化处理，需要先自己手动进行标准化分析。

3.两步聚类法

两步聚类法可以同时处理分类变量和连续变量，能自动识别最佳的类别数，结果比较稳定。如果只对连续变量进行聚类，描述记录之间的距离时可以使用欧氏距离，也可以使用对数似然值，如果使用前者，则该方法和传统的聚类方法并无太大区别；但是若进行聚类的还有离散变量，那么就只能使用对数似然值来表述记录间的差异性。当聚类指标为有序类别变量时，两步聚类法得出的分类结果没有K-均值聚类法的明晰，这是因为K-均值聚类法假定聚类指标变量为连续变量（见表6-2）。

表6-2 聚类分析方法

方法	两步聚类法	K-均值聚类法	层次聚类法
聚类对象	记录	记录	记录、变量
变量类型	连续变量、分类变量	连续变量	连续变量、分类变量
样本量	大样本（>1 000）	大样本（>5 000）	小样本（<1 000）
特点	自动确定最佳分类数	保存每个样本到类中心的距离	提供丰富的聚类方法和图形

后续章节将重点介绍层次聚类法和K-均值聚类法，对两步聚类法有兴趣的读者可自行参考其他文献。

八、聚类分析方法的注意事项

（一）如何选择适合的聚类算法

聚类算法的运算开销往往很高，所以最重要的选择标准往往是数据量。但数据量上升到一定程度时，如大于10万条数据，那么大部分聚类算法都不能使用。一般来说，当数据量超过5万条以后，K-均值聚类法可能是比较实际的算法。但值得注意的是，K-均值聚类法的效果往往不是非常好。K-均值聚类法最大的优点就是运行速度快，能够处理的数据量大，且易于理解。但缺点也很明显，就是算法性能有限，在高维上可能不是最佳选项。一个比较粗浅的结论是，在数据量不大时，可以优先尝试其他算法。仅当数据量巨大，且无法降维或者降低数量时，再尝试使用K-均值聚类法。

一个显著的问题是，如果多次运行K-均值聚类法的结果都有很大差异，那么K-均值聚类法有很高的概率不适合当前数据，需要对结果进行谨慎的分析。

另一种替代方法是对原始数据进行多次随机采样得到多个小样本，并在小样本上聚类，并融合结果。比如原始数据是100万个，那么从中随机采样出100个数据量等于1万的样本，并在100个小数据集上用更为复杂的算法进行聚类，并最终融合结果。此处需要注意两个问题：

一是随机采样的样本大小很重要，也不能过小。需要有足够的代表性，即小样本依然可以代表总体的数据分布。如果最终需要划分很多个簇，那么要非常小心，因为小样本可能无法体现体量很小的簇。

二是在融合过程中要关注样本上的聚类结果是否稳定，随机性是否过大。要特别注意不同样本上的簇标号是否统一，如何证明不同样本上的簇结果是一致的。

因此，一般的经验是，当数据量非常大时，可以优先试试K-均值聚类法，得到初步的结果。如果效果不好，再通过随机采样的方法构建更多小样本，手动融合模型提升聚类结果，进一步优化模型。

（二）聚类分析时所有的变量性质差异很大时怎么办

这是一个非常难回答的问题，而且充满了迷惑性，不少人都做错了。举个简单的例子，现在有很多客户的商品购买信息以及客户的个人信息，那么是否该用购买信息和个人信息来进行聚类呢？

未必，我们需要首先回答一个最重要的问题：我们要解决什么问题？

如果用个人信息，如性别、年龄进行聚类，那么结果会被这些变量所影响，而变成了对性别和年龄的聚类。所以应该先问"客户购物习惯"更重要还是"客户的个人信息"更重要？

如果最在意的是客户怎么花钱，以及购物特征，那就应该完全排除客户的个人信息（如年龄、性别、家庭住址），仅使用购买相关的数据进行聚类。这样的聚类结果才是完全由购买情况所驱动的，而不会受到用户个人信息的影响。

那么该如何更好地利用客户的个人信息呢？这个应该被用在聚类之后。当得到聚类结果后，可以对每个簇进行分析，分析簇中用户的个人情况，比如高净值客户的平均年龄、居住区域、开什么车。无关变量不应该作为输入，而应该在得到聚类结果后作为分析变量。

一般情况下，先要问这个项目在意的是什么？很多时候个人信息被错误地使用在了聚类当中，聚类结果完全由个人信息所决定（比如男性和女性被分到了两个簇中），对于商业决策的意义就不大了。一般来说，应该由商业数据驱动，得到聚类结果后再对每个簇中的用户个人信息进行整合分析。

值得注意的是，这个方法不是绝对的。在聚类中有时候也会适当引入个人信息，也可以通过调整不同变量的权重来调整每个变量的影响。

（三）如何分析变量的重要性

变量选择是主观的，完全依赖于建模者对于问题的理解，而且往往都是想到什么用什么。因为聚类是无监督学习，因此很难评估变量的重要性。这里介绍两种思考方法：

一是考虑变量的内在变化度与变量间的关联性。一个变量本身方差很小，那么不易对聚类起到很大的影响。如果变量间的相关性很高，那么高相关性间的变量应该被合并处理。

二是鸡生蛋、蛋生鸡的问题。如果用算法找到了重要特征，那么仅用重要特征建模可以吗？这个依然不好说，也许最需要去除的是高相关性的变量，因为很多聚类算法无法识别高相关性的变量，会重复计算高相关性特征，并夸大其影响，比如K-均值聚类法。

（四）如何证明聚类的结果有意义？如何决定簇的数量

聚类分析是无监督学习，因此没有具体的标准来证明结果是对的或者错的。一般的判断方法无外乎三种：

1.人为验证聚类结果符合商业逻辑

比如对彩票客户进行聚类，最终得到4个簇，其中分为：

"高购买力忠实客户"：花了很多钱的忠实客户，他们可能常年购买且花费不菲；

"普通忠实客户"：常年购买，但每次的购买额度都不大；

"刺激性消费单次购买者"：只购买了几次，但是一掷千金；

"谨慎的单次购买者"：只购买了几次，每次买彩票都很谨慎。

可以通过商业逻辑来解释聚类结果，结果应该大致符合行业专家的看法。最终聚类结果需要回归到现实的商业逻辑上去，这样才有意义。

2.可以预先设定一些评估标准

比如簇内的紧凑度和簇间的疏离度，或者定义好的函数如Silhouette Coefficient。一般来说，设定一个好的评估标准并不容易，所以不能死板地单纯依赖评估函数。

3.通过可视化来证明不同簇之间的差异性

一般情况下，超过两个变量，往往需要先对数据进行压缩，比如很多流形学习方法的多维缩放。

第二节　常见聚类方法

一、系统聚类

（一）系统聚类的含义

系统聚类又称为层次聚类法、分层聚类法。顾名思义，层次聚类法是按照一定的层次进行聚类，这是聚类分析中广泛使用的一种方法。它有两种类型：一种是对研究对象即样本本身进行分类，称为Q型聚类，也叫样本聚类；另一种是对研究对象的观察指标即变量进行分类，称为R型聚类，也叫变量聚类。Q型聚类使具有相似特征的样本聚集在一起，差异性大的样本分离开来，目的是找到不同样本之间的共同特征；R型聚类使具有相似特征的变量聚集在一起，差异性大的变量分离开来，目的是整合出事物特征中有代表性的指标。层次聚类法的优点是，可以对变量或样品进行聚类，变量可以为连续变量，也可以是分类变量，提供的距离测量方法和结果表示方法也非常丰富。

（二）系统聚类的基本步骤

SPSS中的系统聚类采用的是凝聚法，它的算法步骤具体如下：

（1）建立n个初始族群，每个族群中只有一个个体。

（2）计算n个族群间的距离矩阵。

（3）将性质最接近的两类合并为一类，得到n-1类。

（4）计算新族群间的距离矩阵。如果组别数为1，转步骤5；否则转步骤3。

（5）绘制系统树图。

（6）选择族群个数。

（三）系统聚类法的聚类方法

SPSS提供的系统聚类方法主要有以下7种：

（1）最近邻元素法：用两个类别中各个数据点之间最短的距离来表示两个类别之间的距离。

（2）最远邻元素法：用两个类别中各个数据点之间最长的距离来表示两个类别之间的距离。

（3）组间链接法：用两个类别间各个数据点之间的距离的平均值表示两个类别之间的距离，这是SPSS默认的方法，因为它克服了前两种方法易受极端数值影响的不足。

$$D_k(p, q) = \min \{d_{jl} | j \in G_p, \ l \in G_q\} \tag{6-1}$$

（4）组内链接法：用所有类内和类间对的距离的均值作为两个类之间的距离。

（5）质心聚类法：用两个类别的质心之间的距离来表示两个类别之间的距离。

（6）中位数聚类法：用两个类的中位数点之间的距离作为两个类之间的距离。

（7）Ward法：这一方法的思想来自方差分析，它使得各类内离差平方和较小，而类间的离差平方和较大。使用这种方法，将倾向于使得各个类别间的样本量尽可能相近。

$$D_w^2(p, q) = \frac{KL}{K+L} D_w^2(p+q) \tag{6-2}$$

二、K-均值聚类法

（一）K-均值聚类法的含义

K-均值聚类法是通过样本间的距离来衡量它们之间的相似度，如果两个样本聚类越远，则相似度越低，否则相似度越高。一般地，相似度 S 可以是距离的倒数或距离平方的倒数，它们之间是成反比的。最常用的距离计算方法是曼哈顿距离和欧氏距离，计算公式分别如下：

$$d_{12} = |x_1 - x_2| + |y_1 - y_2| \tag{6-3}$$

$$d_{12} = \sqrt{(x_1 - x_2)^2 + (y_1 - y_2)^2} \tag{6-4}$$

K-均值聚类法是聚类算法中最常用的一种，其算法最大的特点是简单、容易理解、运算速度快，可人为指定初始位置。但是，这种算法中，为了尽量不用数学符号，所以描述得不是很严谨，只对样本聚类，不能对变量聚类；参数（聚类个数）需要提前指定，变量之间相关性不高，只能应用于连续型数据。

因此，K-均值聚类法使用范围有限：要求事先确定需要将样品分为多少类；只能对案例进行聚类而不能对变量进行聚类；所使用的变量必须是连续性变量，且对变量的多元正态性、方差齐性等条件要求较高。

（二）K-均值聚类法的基本步骤

（1）确定聚类的类别数量，即 K 值，由分析者事前指定，但可以反复尝试并得到一个合理的最优方案；

（2）指定聚类中心，初步确认每个类别的原始中心点；

（3）逐一计算各案例到各个类别中心的距离，按照距离最近的原则归入各个类别，并计算各类别的新中心点；

（4）按照新中心位置，重新计算各案例距离新的类别中心的距离，并重新进行归类、更新类别中心点；

（5）重复迭代，直到满足一定的收敛标准或者达到事先指定的迭代次数为止。

（三）K-均值聚类法使用中的细节问题

从上述说明的几个步骤中，可以看出，K 均值聚类法的两个核心是：聚类之前必须清楚应该聚为几类；在聚类的迭代过程中，什么时候才算结束？

1.K 值怎么定？具体应该分成几类

这个没有确定的做法，分几类主要取决于个人的经验与感觉。通常的做法是多尝试几个 K 值，看分成几类的结果更好解释，更符合分析目的。或者可以把各种 K 值算出的 SSE（Error Sum of Squares，残差平方和，又称误差平方和）做比较，取最小的 SSE 的 K 值。

2.初始的 K 个质心怎么选

最常用的方法是随机选取，初始质心的选取对最终聚类结果有影响。因此算法一定要多执行几次，哪个结果更合适，就采用哪个结果。当然也有一些优化的方法。比如，第一种是选择彼此距离最远的点，具体来说就是先选第一个点，然后选离第一个点最远的作为第二个点，然后选第三个点，第三个点到第一、第二两点的距离之和最小，以此类推。第二种是先根据其他聚类算法（如层次聚类法）得到聚类结果，从结果中每个分类选一个点。

3.K-均值聚类法会不会陷入一直选质心的过程，永远停不下来

不会，有数学证明K-均值一定会收敛，大致思路是利用SSE的概念，即每个点到自身所归属质心的距离的平方和，这个平方和是一个函数，然后能够证明这个函数是可以最终收敛的函数。

4.什么是离群值

离群值就是远离整体的、异常特殊的数据点。在聚类之前应该将这些"极大""极小"之类的离群数据都去掉，否则会对聚类的结果有影响。但是，离群值往往自身就很有分析的价值，可以把离群值单独作为一类来分析。

5.用SPSS得出的K-均值聚类结果，包含ANOVA（单因素方差分析），是什么意思

单因素方差分析就是判断用于聚类的变量对聚类结果是否有贡献，方差分析检验结果越显著的变量，对聚类结果越有影响。对于不显著的变量，可以考虑从模型中剔除。

6.数据的问题

比如X的单位是米，Y的单位也是米，那么距离算出来的单位还是米，这是有意义的。如果X的单位是米，Y的单位是吨，用距离公式计算就会出现"米的平方"加上"吨的平方"再开平方，最后算出的东西没有数学意义，这就有问题了。即使X和Y的单位一致，但是如果数据中X整体都比较小，比如都是1到10之间的数，Y很大，比如都是1 000以上的数，那么，在计算距离的时候Y起到的作用就比X大很多，X对于距离的影响几乎可以忽略，这也有问题。一定要进行数据的标准化，即将数据按比例缩放，使之落入一个小的特定区间。

第三节　案例解析

一、系统聚类

在对数据进行统计分析时，我们会遇到将一些数据进行分类处理的情况，但是又没有明确分类标准，这时候就需要用到SPSS系统聚类分析。

系统聚类分析是将研究的对象按照其数据特征进行分类，对象既可以是多个样本，也可以是同一个样本的多个变量，如果根据变量对样本进行分类，则称为Q型聚类分析，如果根据样本对变量分类，则称为R型聚类分析。下面我们就通过实际案例先来给大家讲解系统聚类。

（一）Q型聚类案例应用

【案例6-1】以2012年北京、天津、上海、山东、河北、浙江、江苏、广东、黑龙江、河南10省市的城镇居民生活消费统计数据为例，通过聚类分析对10省市的消费类型进行分类。指标变量共8个，含义如下：X1：人均食品消费支出；X2：人均衣着消费支出；X3：人均居住消费支出；X4：人均家庭设备及用品消费支出；X5：人均医疗保健消费支出；X6：人均交通和通信消费支出；X7：人均文教娱乐服务消费支出；X8：人均其他消费支出。

本案例分析步骤如下：

（1）启动程序。

（2）打开文件"各省消费支出统计表.xlsx"。

（3）选择分析菜单下"分类"→"系统聚类分析"，打开对话框，如图6-4所示。

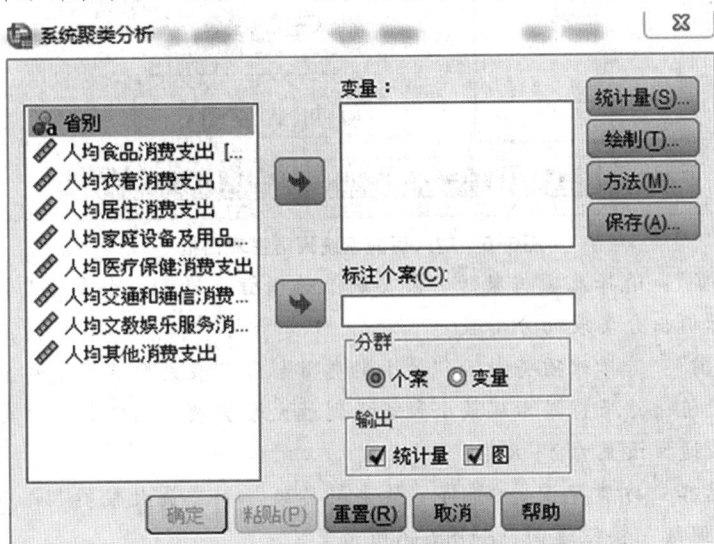

图6-4 "系统聚类分析"主对话框

（4）选择变量：分别选择左侧变量列表中的"人均食品消费支出""人均衣着消费支出""人均居住消费支出""人均家庭设备及用品消费支出""人均医疗保健消费支出""人均交通和通信消费支出""人均文教娱乐服务消费支出""人均其他消费支出"，单击右向箭头图标将其选入"变量"列表框；选择"省别"，单击右向箭头图标将其选入"标注个案"框。

请大家注意："分群"选项中的"个案"和"变量"分别对应"Q型聚类"和"R型聚类"。本案例是Q型聚类，因此，我们选择"个案"。

"输出"框用于定义输出的内容，系统默认统计量和图都输出，如图6-5所示。

（5）统计量输出设置：单击图标"统计量"，打开对话框，该对话框包括"合并进程表"和"相似性矩阵"两个选项及"聚类成员"选项组。

"合并进程表"框用于定义输出每一步聚类过程；"相似性矩阵"框用于定义输出样品或变量间的距离或相似系数矩阵。

"聚类成员"框用于定义是否输出聚类结果列表。

"无"：不输出样本个案的分类表，该项为系统默认设置。

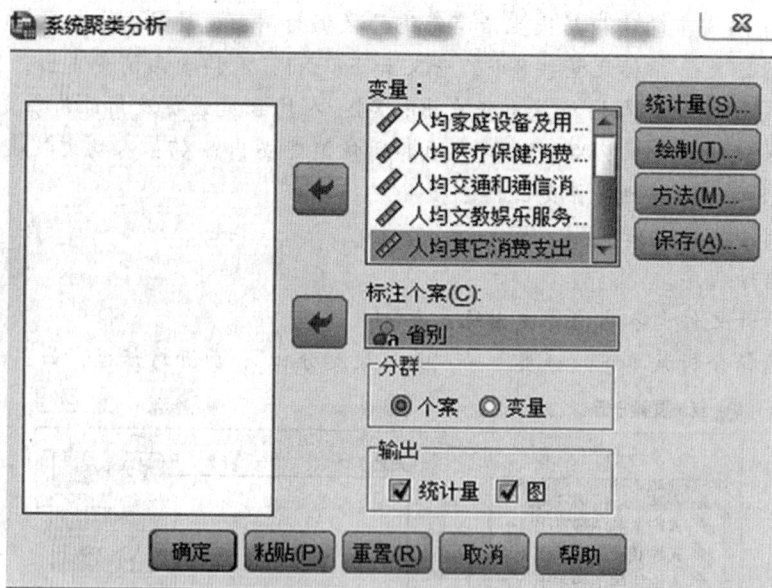

图6-5　输入后的系统聚类主对话框

"单一方案"：选择此项将激活"聚类数"选项框，输入一个大于1小于样本个案数的整数表示输出分类表的分类数。

"方案范围"：选择此项将激活"最小聚类数"和"最大聚类数"两个选项框，分别输入两个数值，结果将显示从最小聚类数到最大聚类数之间的各种分类表。一般系统聚类类别数通常设置为2~8类。

本案例选择"方案范围"，并将"最小聚类数"和"最大聚类数"分别设置为2和3。单击"继续"按钮返回，如图6-6所示。

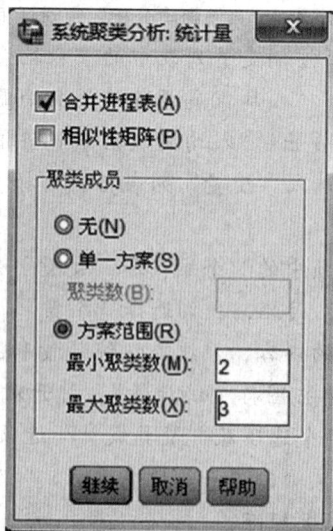

图6-6　"统计量"对话框

（6）绘制设置：单击"绘制"图标，打开对话框，在该对话框中可以选择输出的图形及其方向，包括如下选项：

"树状图"，又叫"谱系图"，若勾选"树状图"框，就会输出聚类结果树状图，当要聚类的样品或变量较多时，该图比冰柱图清楚得多，建议多使用。

"冰柱"选项组，输出聚类结果冰柱图。当要聚类的样品或变量较多时，该图不是很清楚。"方向"框用于定义冰柱图是纵向还是横向排列，系统默认为纵向。

本案例勾选树状图和垂直方向，如图6-7所示。

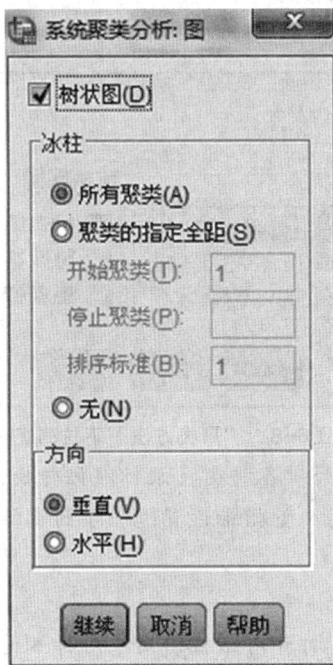

图6-7　"绘制"对话框

（7）聚类方法设置：单击"方法"按钮，打开对话框，设置聚类方法。在对话框中有"聚类方法"框，单击该下拉列表，可以选择不同类间距的测量方法，系统默认为"组间联接"，如图6-8所示。

在对话框中有"度量标准"框用于选择所用的距离种类，包括3种选择：

①"区间"框：如果测量指标是连续变量，则选择此项，该项为系统默认设置。其下拉列表中包含以下距离测量方法："Euclidean距离"（小学、初中和高中接触到的两个点在空间中的距离一般都是指欧氏距离）、"平方Euclidean距离"（针对简单欧氏距离的缺点而作的一种改进方案）、"余弦"（数学上难以证明余弦距离会收敛，所以基本不用）、"Pearson相关性"（R型聚类分析更常用）、"Chebychev距离"（切比雪夫距离）、"块"（曼哈顿距离）、"Minkowski距离"（闵可夫斯基距离）、"设定距离"（自定义距离）。

一般来说，Q型聚类分析中，度量标准选择平方欧氏距离最好。

②"计数"框：适用于连续变量或分类变量，常用方法是卡方测量。

③"二分类"框：适用于0/1分类变量，常用方法是平方欧氏距离。

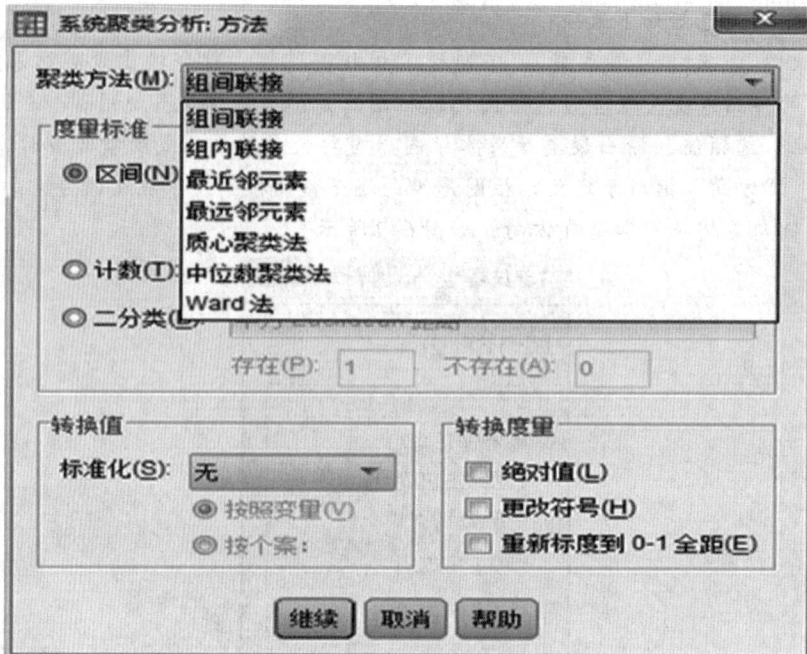

图6-8 "聚类方法"下拉列表

"转换值"框用于定义是否对各种变量做标准化转换，系统默认为不转换。"转换度量"框用于对计算出的距离测量指标设置进一步的变换方法。一般来说不需要使用这些选项。

本案例均使用默认选择。

（8）单击"保存"按钮，打开对话框，用于对样本进行聚类时，在数据编辑窗口产生新的变量以记录分类的结果。

本案例选择"方案范围"，并将"最小聚类数"和"最大聚类数"分别设置为2和3，如图6-9所示。单击"继续"，返回"系统聚类分析"对话框。

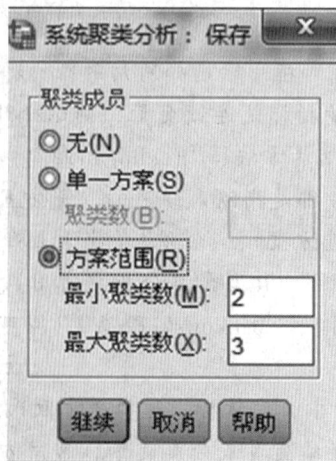

图6-9 "保存"对话框

（9）输出分析结果：所有设置定义完成后，单击"确定"按钮，SPSS输出分析结果（如表6-3、表6-4、图6-10、图6-11所示）。

表6-3　　　　　　　　　　　　　　　　　聚类过程表

阶	群集组合		系数	首次出现阶群集		下一阶
	群集1	群集2		群集1	群集2	
1	9	10	372 734.480	0	0	2
2	5	9	506 440.580	0	1	4
3	6	8	1 279 300.040	0	0	6
4	4	5	1 621 378.390	0	2	9
5	2	7	1 785 189.550	0	0	7
6	1	6	2 271 210.790	0	3	7
7	1	2	3 461 435.328	6	5	8
8	1	3	8 204 395.282	7	0	9
9	1	4	19 518 284.64	8	4	0

表6-4　　　　　　　　　　　　　　　　　聚类成员表

案例	3群集	2群集
1：北京	1	1
2：天津	1	1
3：上海	2	1
4：山东	3	2
5：河北	3	2
6：浙江	1	1
7：江苏	1	1
8：广东	1	1
9：黑龙江	3	2
10：河南	3	2

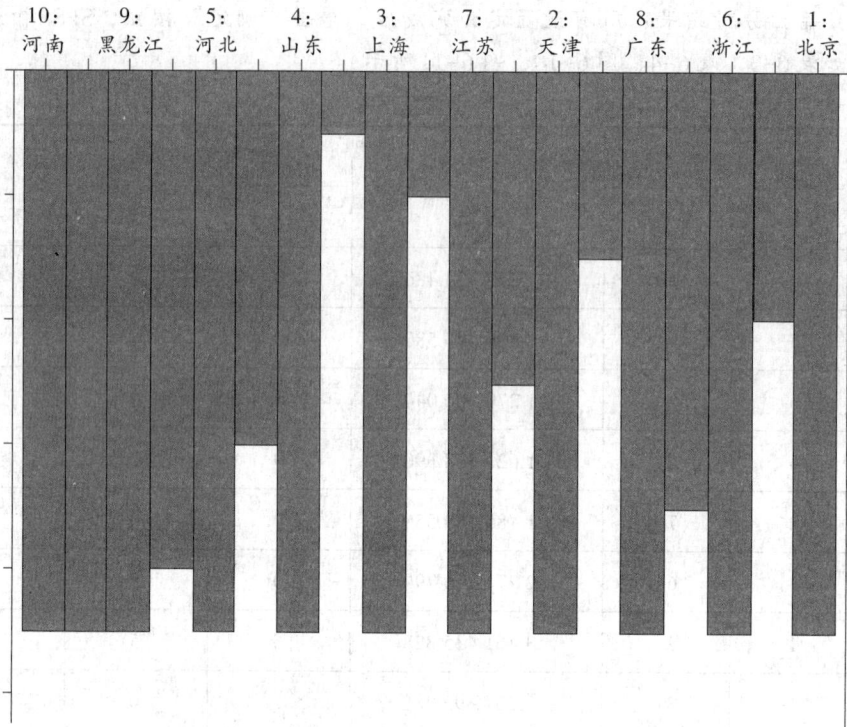

图6-10 聚类分析冰柱图

重新调整距离聚类合并

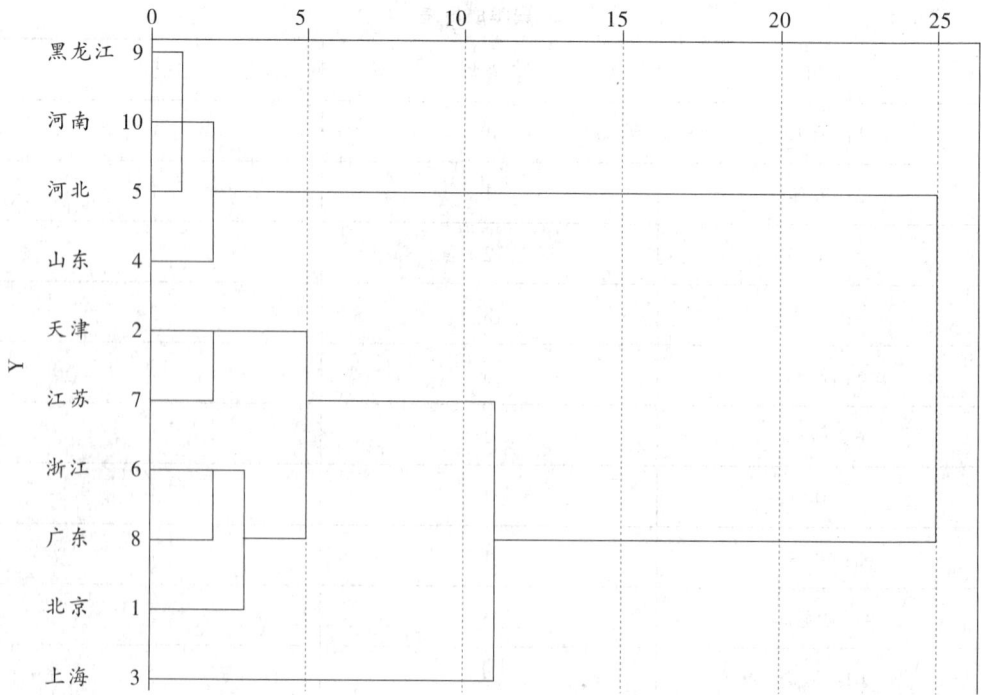

图6-11 聚类分析树状图

（10）分析结果解读。

①表6-3是本案例的聚类过程，显示聚类分析过程各个阶段及所聚类的集群。其中，第1列为聚类步骤数，本次聚类共进行了9步；第2列和第3列显示对应的步骤中哪些样本进行了合并，可以看出首先被合并的是距离最近的9号和10号样本，然后依次进行距离较近的对象的合并；第4列系数显示被合并的两个对象之间的距离，随着聚类进程的发展，系数变得越来越大，说明聚类样本之间的差异也在加大。这种变化恰好体现了聚类分析的基本原理。第5列和第6列的"首次出现阶群集"显示的是参与本次聚类的是样本还是小类（所谓小类，是在聚类过程中根据样本之间亲疏程度形成的中间类），0表示样本，数字n表示第n步聚类产生的小类参与了本步聚类。最后一列"下一阶"表示本步聚类结果下一次将在第几步与其他小类合并。比如，第7行表示在第7步合并的是1号和2号样本，而该行第5列的6表示1号样本出现在第6阶段，第6列的5表示2号样本首次出现在第5阶段，其合并结果将在第8个阶段用到。

②表6-4是聚类分析的结果，即聚类成员表。由于将聚类成员的"方案范围"的"最小聚类数"和"最大聚类数"分别设置为2和3，因此，聚类成员表分别给出了类别数为2和3的类别归属结果。不同的类别数，样本的类别归属也不相同。

③图6-10是通过组间联接法聚类的各类之间的垂直冰柱图。图中的列表示样本，行表示聚类的步数。每个待分类样本占据一列，在列与列之间预留分隔列，系统借助分隔列的填充长度说明相邻两列之间的聚类关系。比如，9黑龙江和10河南之间没有冰柱，说明二者之间的距离最近，因此最先被聚为一类，接下来是9黑龙江和5河北之间的冰柱最短，说明二者之间的距离非常近，因此，在第2步被聚类，依此类推。

④图6-11是反映聚类结果的树状图。基于树状图，可以对样本进行分类。从最外层的线开始分，例如，将样本分成两类，则北京、天津、上海、江苏、浙江、广东分为一类，其他的样本分为另一类；如果需要分成三类，则从第二层进行划分，将上海划为一类，北京、天津、浙江、江苏、广东划为一类，其他划为一类。依此类推。

（11）类命名：结合自己的研究目标确定分成几类，并对分好的各类按其特征及研究目的进行命名。比如分成两类，第一类可以命名为高消费地区，第二类可以命名为普通消费地区。

（二）R型聚类案例应用

要将数据变量进行聚类，但不知道要分成几类，或者没有明确的分类指标的时候，就需要度量变量间的相似性，需要用到R型聚类。R型聚类分析不但可以了解个别变量之间的关系和亲疏程度，而且可以了解各个变量组合之间的亲疏程度。

由于对变量进行聚类一般是采用因子分析或者主成分分析，所以目前已很少采用聚类分析对变量进行分类了。

【案例6-2】现有数据文件"教学评估数据"，存储着15个评审专家从8个方面对学校的评价数据。请根据评估数据，对学校的 8 个评价指标项进行聚类。

其分析步骤如下：

（1）启动程序。

（2）打开文件"教学评估数据 .xlsx"。

（3）选择分析菜单下"分类"→"系统聚类分析"，打开对话框，如图 6-12 所示。

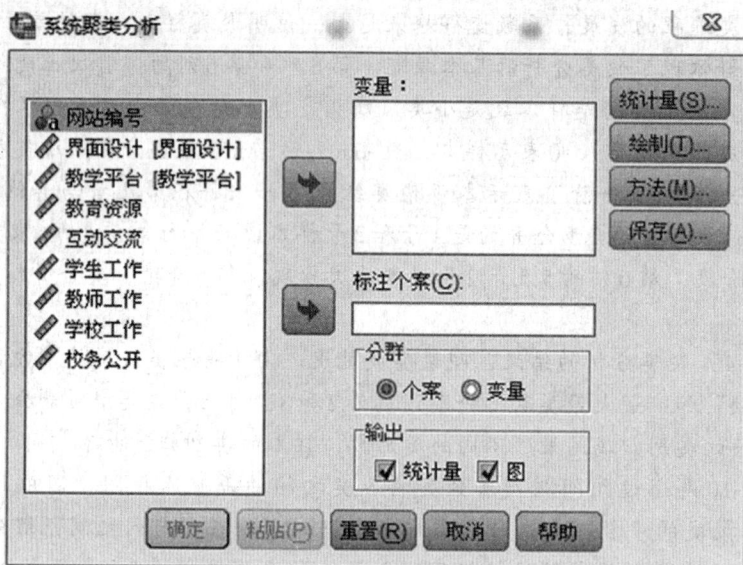

图6-12 "系统聚类分析"主对话框

（4）选择变量：分别选择左侧变量列表中的 8 个指标，单击右向箭头将其选择入"变量"列表框，在分群选项组中选择"变量"按钮，并同时勾选"输出"选项组中的"统计量"和"图"。本案例选择如图 6-13 所示。

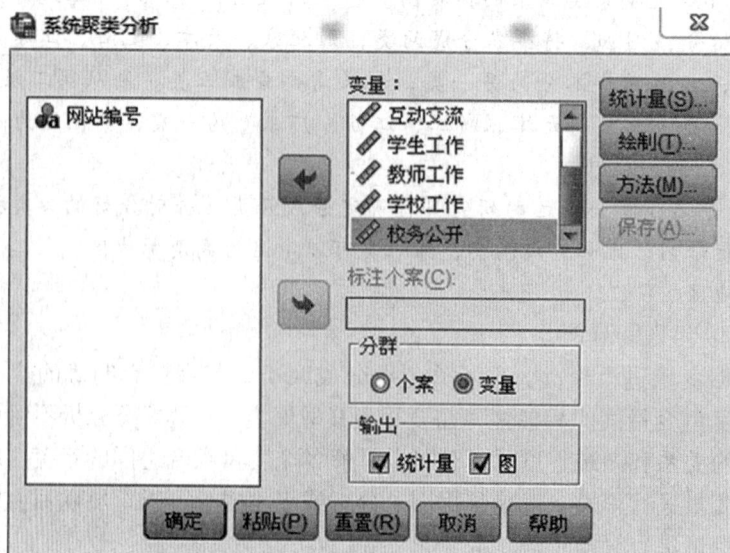

图6-13 输入后的系统聚类主对话框

（5）统计量输出设置：单击主对话框中统计量按钮，打开对话框，本案例选择单一方案，并将聚类数设置为3，其他保持系统默认值，如图6-14所示。单击"继续"返回。

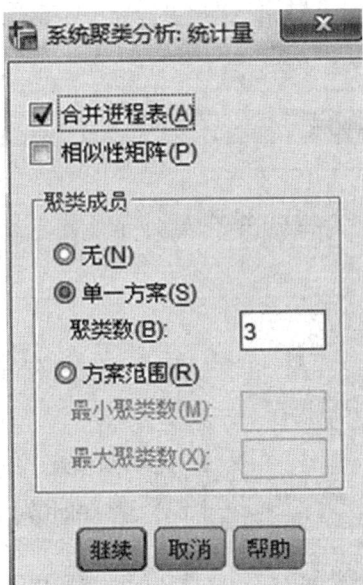

图6-14　"统计量"对话框

（6）绘制设置：单击"绘制"图标，打开对话框，在该对话框中可以选择输出的图形及其方向。本案例选择如图6-15所示。

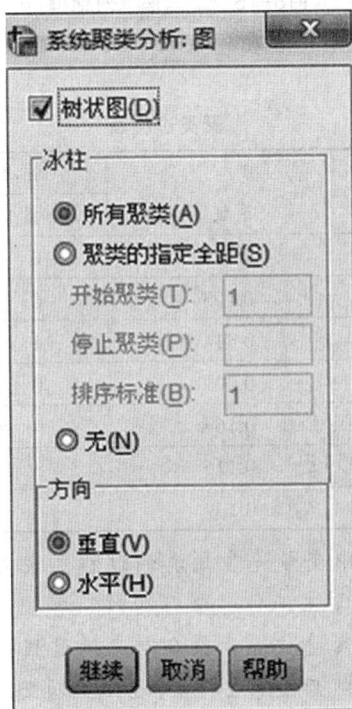

图6-15　"绘制"对话框

（7）聚类方法设置：单击"方法"按钮，打开对话框，设置聚类方法。在对话框中有"聚类方法"框，单击该下拉列表，可以选择不同类间距的测量方法。其中R型聚类度量标准一般选择"Pearson相关性"最好。本案例选择如图6-16所示。

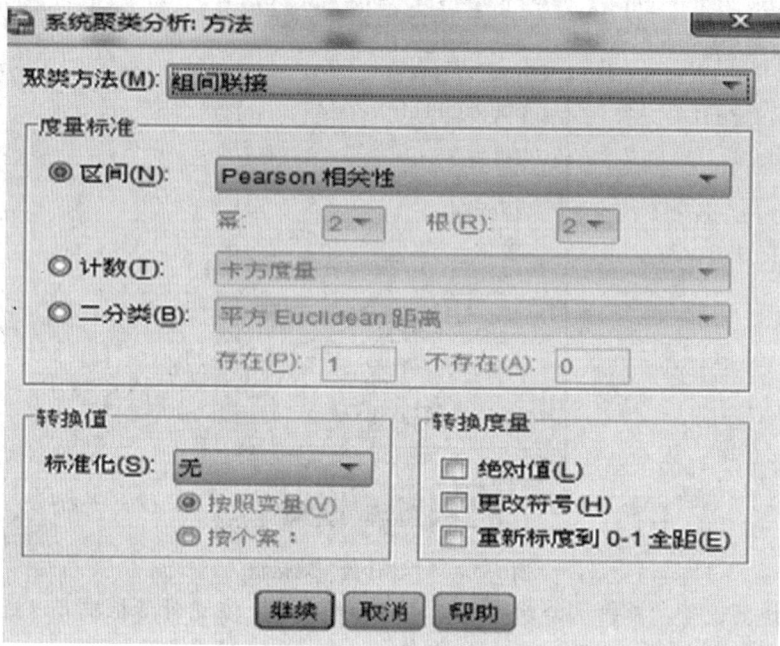

图6-16 "方法"对话框

（8）输出分析结果：单击"确定"按钮，SPSS输出本案例聚类分析结果，见表6-5。

表6-5 聚类过程表

阶	群集组合		系数	首次出现阶群集		下一阶
	群集1	群集2		群集1	群集2	
1	2	7	0.725	0	0	3
2	4	5	0.603	0	0	5
3	2	3	0.414	1	0	6
4	1	6	0.409	0	0	5
5	1	4	0.164	4	2	7
6	2	8	0.116	3	0	7
7	1	2	-0.139	6	6	0

①表6-5给出了本案例中变量逐步聚类的过程。聚类表中将界面设计、教学平台、教育资源、互动交流、学生工作、教师工作、学校工作和校务公开分别标志为1～8。聚类过程表呈现出了变量被逐步聚合起来的过程：第1行是2和7，即教学平台和学校工作被首先聚合，然后是第2行4和5，互动交流和学生工作被聚合。其他行的解释以此类推。

②表6-6是R型聚类分析的结果，即聚类成员表。由于在聚类成员中设置了单一方案，因此，聚类成员表给出了类别数为3的类别归属结果。不同的类别数，样本的类别归属也不相同。

表6-6 聚类成员表

案例	3群集
界面设计	1
教学平台	2
教育资源	2
互动交流	1
学生工作	1
教师工作	1
学校工作	2
校务公开	3

③图6-17是本次聚类分析的冰柱图。在冰柱图中，每个待分类变量占据一列，在列与列之间预留分隔列，系统借助分隔列的填充长度说明相邻两列之间的聚类关系。在图6-17中，学校工作和教学平台之间没有冰柱，说明这两个变量是非常密切的，属于比较早被聚合的列。而教学平台和学生工作之间几乎被冰柱填满，说明这两列之间距离较远，是最后才聚合的。

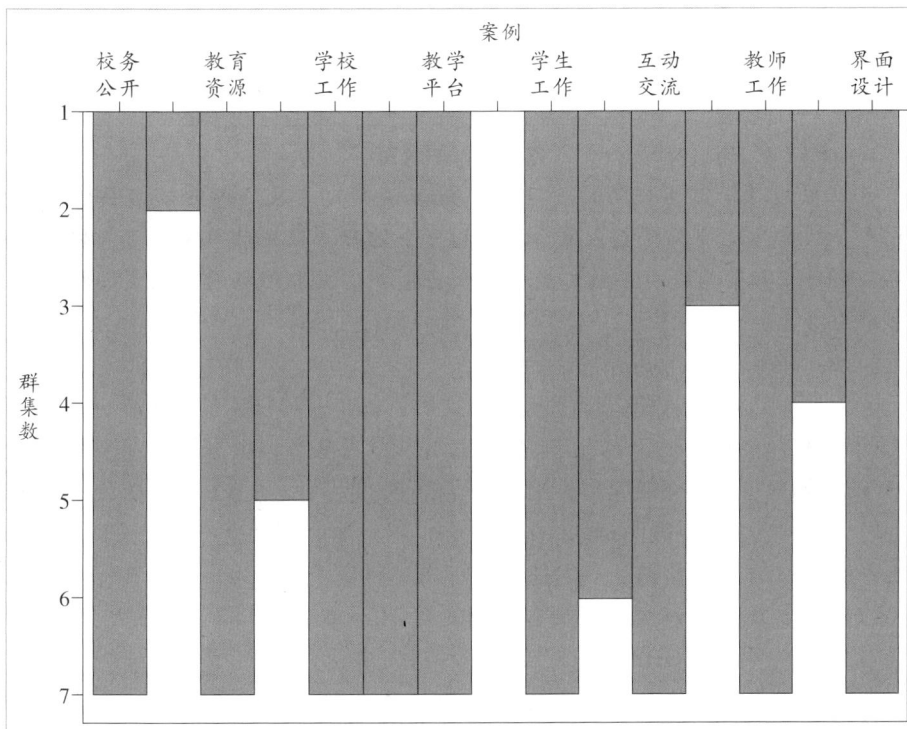

图6-17 聚类分析冰柱图

④图6-18是本次聚类分析的树状图。基于树状图,可以对变量进行分类。本案例中,将所有的变量分成三类,则教学平台、学校工作、教育资源划分为一类,界面设计、互动交流、学生工作、教师工作划分为一类,校务公开划分为一类。可见,树状图能够很方便地将变量按照距离进行降维处理。

重新调整距离聚类合并

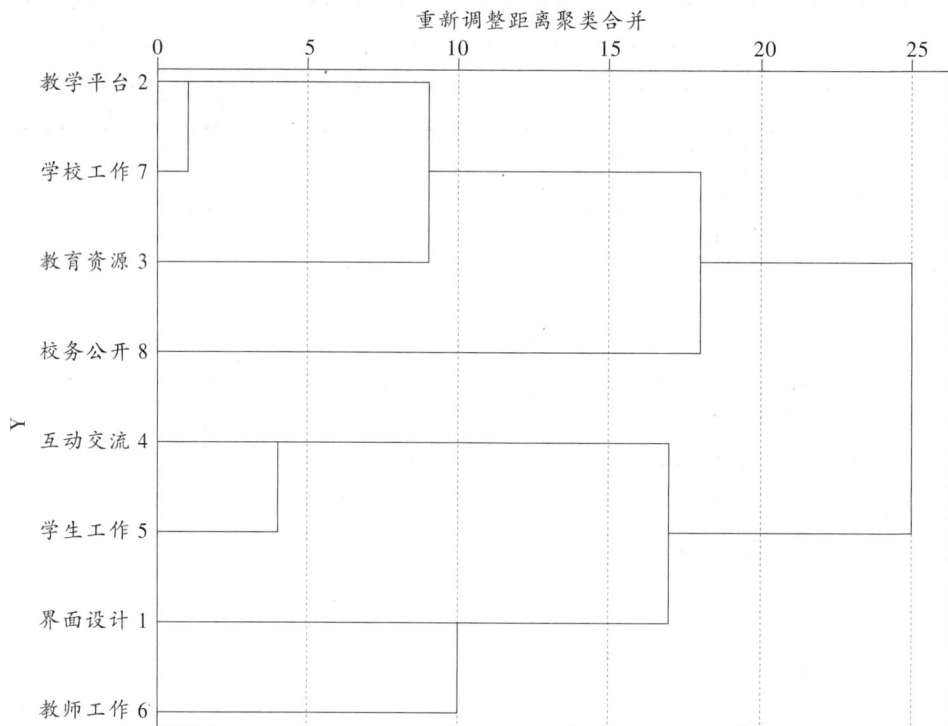

图6-18 树状图

还可以用相对距离变化的幅度来初步判断聚类的效果。不管是冰柱图还是树状图,它更多的是为统计人员充分展示聚类的整个过程,让统计人员从可视化的层面了解到哪些个案被归聚为一类,最终聚为几个类别,这需要依据对不同类的特征的区隔程度来讨论决定。

(三)K-均值聚类案例应用

无论是系统聚类中的Q型聚类还是R型聚类,都是一种探索的聚类分析,就是我们没有明确要将目标划分为几类,只是想探索可以分为几类,根据探索出来的结果再来决定分几类最好。而K-均值聚类,则是我们的研究明确地知道分成几类或者被要求分成固定的几类,或者有比较明确的经验确定要分成几类,那么就可以使用K-均值聚类。

值得注意的是,K-均值聚类只能针对样本进行聚类。

【案例6-3】现有数据文件存储着某年我国31个省、自治区、直辖市的六项经济发展指标,分别是人均GDP、公共预算收入、固定资产投资、年末人口数、居民消费水平、社会消费品零售总额。请使用K-均值聚类法将我国31个省、自治区、直辖市按其经济发展状况分成四类。

该案例的分析步骤如下：

1.数据预处理

（1）先看看几个变量的相关性：启动 SPSS 软件，打开数据文件"各省经济指标. xlsx"，单击"分析"，弹出下拉菜单，单击"相关"得到变量相关性，见表6-7。

表6-7　　　　　　　　　　　　　　变量相关性

	值向量间的相关性					
	人均 GDP（元）	公共预算收入（万元）	固定资产投资（亿元）	年末人口数（万人）	居民消费水平（元）	社会消费品零售总额（亿元）
人均 GDP（元）	1.000	0.670	0.362	−0.391	0.967	0.433
公共预算收入（万元）	0.670	1.000	0.832	0.560	0.693	0.924
固定资产投资（亿元）	0.362	0.832	1.000	0.783	0.327	0.932
年末人口数（万人）	−0.091	0.560	0.783	1.000	−0.066	0.771
居民消费水平（元）	0.967	0.693	0.327	−0.066	1.000	0.442
社会消费品零售总额（亿元）	0.436	0.924	0.932	0.771	0.442	1.000

通过表6-7，我们发现几个变量之间相关性都不高，因此可以全部作为聚类的变量进入后续分析过程。

（2）接下来对变量进行标准化。

单击"分析"→"描述统计"→"描述性"，弹出对话框，选择左侧变量列表中的 6 个指标，单击右向箭头将其选择入"变量"列表框，勾选"将标准化得分另存为变量"，如图6-19所示。

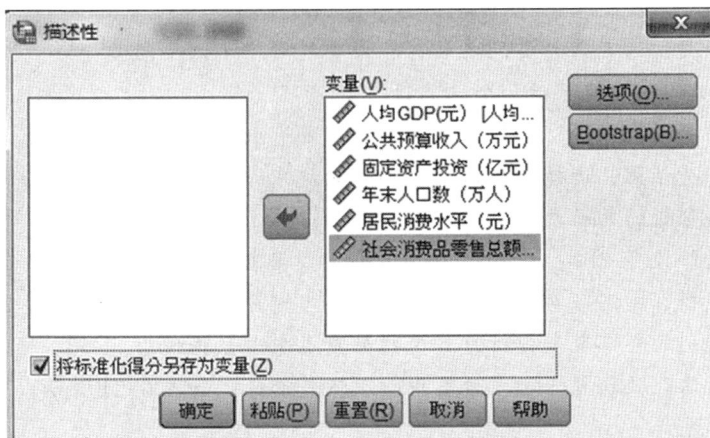

图6-19　"描述性"对话框

2.选择变量

单击"分析"→"聚类"→"K均值聚类分析",弹出"K均值聚类分析"主对话框,单击左侧变量列表中经过标准化后的变量,如图6-20所示,将它们选择进入右侧变量框。

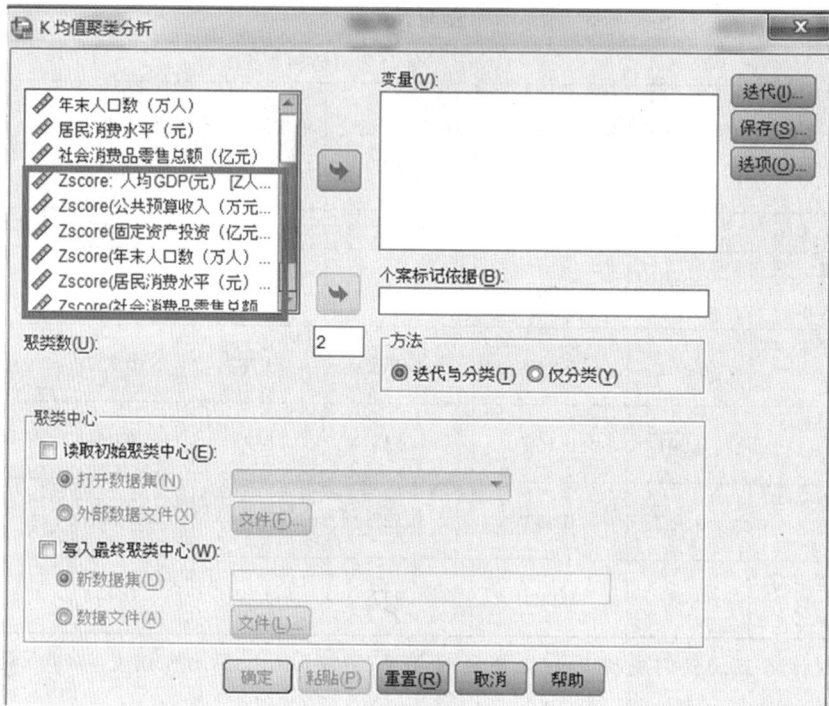

图6-20 标准化后的变量

再选择"地区",单击右向箭头将其选入"个案标记依据"框。"聚类数"数字框用于输入希望的分类数;"方法"单选框用于选择聚类的方法,包括:

（1）迭代与分类:选定初始类别之后,会随着迭代改变质心（聚类中心）。此项为系统默认选项。

（2）仅分类:选定初始类别之后,在聚类过程中不改变质心。

"聚类中心"选项框包括两个选项:

①读取初始聚类中心:选择此项并单击"外部数据文件"的"文件"按钮,可以打开选择文件对话框,选择事先保存有初始聚类中心数据的文件,该文件的观测量将作为当前聚类分析的初始聚类中心。

②写入最终聚类中心:选择该项并单击"数据文件"的"文件"按钮,可以打开保存文件对话框,指定保存路径和文件名,将当前分析的最终聚类中心数据保存到文件中,提供给别的样本聚类分析时作为初始聚类中心数据使用。

本案例不需此项设置,对"聚类中心"不作选择,如图6-21所示。

3.迭代设置

在主对话框中单击"迭代"按钮,就会弹出如图6-22所示的"迭代"设置对话

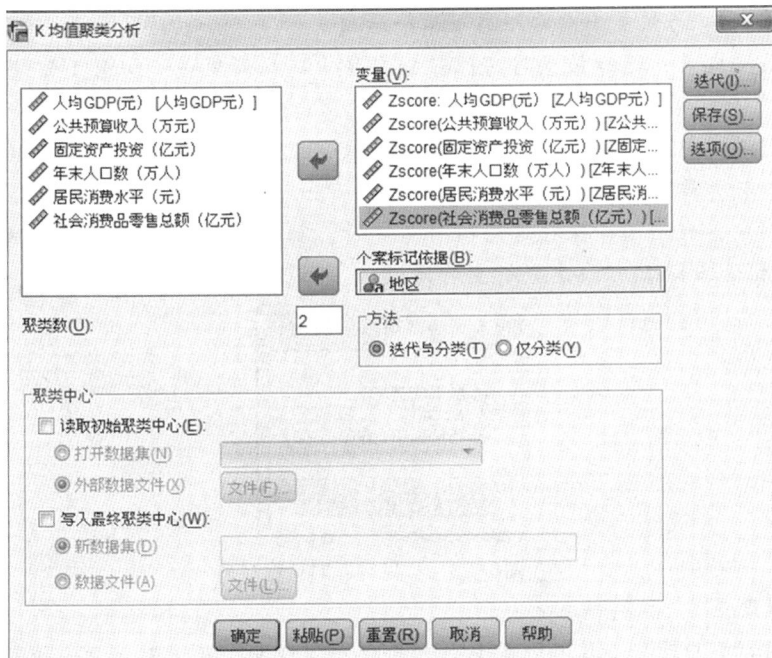

图6-21　"K均值聚类分析"主对话框

框。该对话框包括以下设置：

（1）最大迭代次数：用以限制K均值算法中的迭代次数。即使尚未满足收敛性标准，达到迭代次数之后迭代也会停止。此数字必须在1到999之间。系统默认值为2。

（2）收敛性标准：确定迭代何时停止。它表示初始聚类中心之间的最小距离的比例，因此必须大于0且小于等于1。

（3）使用运行均值：不勾选表示在所有个案分类完成后再给出聚类中心，可以节省运行时间。勾选表示每分类完一个个案就给出一个聚类中心。

本案例的迭代设置选择系统默认设置，如图6-22所示。设置完成后，单击"继续"按钮返回K-均值聚类分析主对话框。

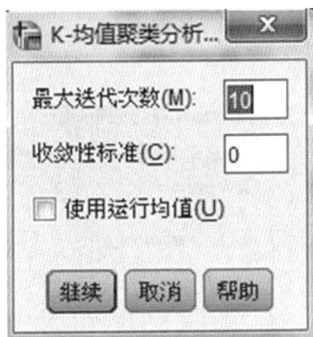

图6-22　"迭代"对话框

4.保存设置

在主对话框中单击"保存"按钮，就会弹出"保存"设置对话框。该对话框包括

"聚类成员"和"与聚类中心的距离"两个选项。

（1）聚类成员：选择该项将在原数据文件中建立新变量"QCL_1"，其值为各样本的类别。

（2）与聚类中心的距离：选择此项将在原数据文件中建立新变量"QCL_2"，其值为各样本与所属类的类中心之间的欧氏距离。

本案例中，我们选择保存这两项为新变量，如图6-23所示。设置完成后，单击"继续"按钮返回K-均值聚类分析主对话框。

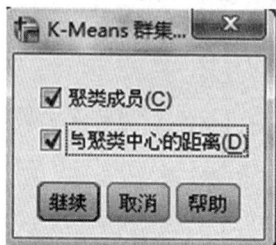

图6-23 "保存"对话框

5.选项设置

在主对话框中单击"选项"按钮，就会弹出"选项"设置对话框，该对话框包括"统计量"和"缺失值"两个选项组。

（1）统计量选项组：可以选择下列统计：初始聚类中心、ANOVA表（方差分析表）以及每个个案的聚类信息。其中，"初始聚类中心"是指每个聚类的变量平均值的第一个估计值。缺省情况下，从数据中选择与聚类数相等的分布良好的多个个案，初始聚类中心用于第一轮分析，然后再更新。"ANOVA表"显示方差分析表，该表包含每个聚类变量的一元F检验。可根据F值大小近似得到哪些变量对聚类有贡献。"每个个案的聚类信息"显示每个个案的聚类分配，以及该个案和用来对个案分类的聚类中心之间的欧氏距离，还显示最终聚类中心之间的欧氏距离。

（2）缺失值选项组：用于选择处理缺失值的方式。"按列表排除个案"是指从分析中排除含任意聚类变量缺失值的个案。"按对排除个案"是指根据从所有具有非缺失值的变量计算得到的距离将个案分配到聚类。

本案例选择如图6-24所示。

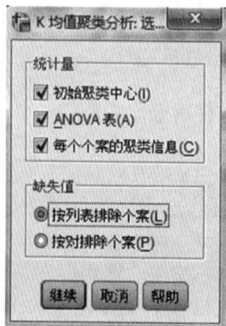

图6-24 "选项"对话框

6.输出分析结果

单击"确定"按钮，输出分析结果。

（1）在聚类分析结果中，我们首先看到的是表6-8所示的初始聚类中心，由于我们在本案例中指定了聚类数为4类，所以表中给出了4个初始聚类中心点，初始数据中心是SPSS系统自动挑选的，是按照中心点距离其他点尽可能远的原则选的，它们在后面还会发生调整。从表中可以看出，第一类的初始聚类中心数据分别是3.1796、1.87151、0.15283、−0.87556、3.66005、0.3906，通过数据集可以看出第一类的中心就是上海，依此类推可以看出其他三类的初始聚类中心分别为天津、广东和四川。

表6-8　　　　　　　　　　　　　　初始聚类中心

	聚类			
	1	2	3	4
Zscore：人均GDP（元）	3.17960	1.83293	0.78774	−0.66108
Zscore：公共预算收入（万元）	1.87151	−0.32932	3.01721	0.03256
Zscore：固定资产投资（亿元）	0.15283	−0.61391	1.65475	0.34195
Zscore：年末人口数（万人）	−0.87556	−1.15120	1.91406	1.49128
Zscore：居民消费水平（元）	3.66005	1.02764	1.09484	−0.50997
Zscore：社会消费品零售总额（亿元）	0.39060	−0.54468	3.07828	0.41916

（2）接下来显示的是聚类分析所经历的迭代过程，如表6-9所示，可以看出，聚类分析过程经历了4次迭代，其中聚类中心前两次变化相对较大，最后一次迭代，聚类中心位置几乎没有变化，表示迭代完成。

表6-9　　　　　　　　　　　　　　迭代历史记录

迭代	聚类中心内的更改			
	1	2	3	4
1	0.756	2.306	1.648	1.490
2	0.000	0.218	0.000	0.212
3	0.000	0.113	0.000	0.107
4	0.000	0.000	0.000	0.000

（3）第三部分就是显示经过迭代后最终各类中的成员信息，如表6-10所示。该表为聚类分析结果汇总。其中，"聚类"和"距离"两列数据作为新变量保存到了文件之中，包括各成员所属类别及其与类中心的距离。从表中可以看出，分为第一类的有北京和上海；分为第二类的有天津、内蒙古、吉林、海南、重庆、贵州、西藏、甘肃、青海、宁夏、新疆；分为第三类的有江苏、浙江、广东、山东；分为第四类的有四川、河南、黑龙江、辽宁、福建、江西、陕西、湖北、湖南、安徽、云南、山西。

表6-10 聚类成员表

案例号	地区	聚类	距离
1	北京	1	0.756
2	天津	2	2.606
3	河北	4	1.091
4	山西	4	0.963
5	内蒙古	2	0.991
6	辽宁	4	1.435
7	吉林	2	0.715
8	黑龙江	4	0.816
9	上海	1	0.756
10	江苏	3	0.477
11	浙江	3	1.664
12	安徽	4	0.503
13	福建	4	1.179
14	江西	4	0.838
15	山东	3	1.246
16	河南	4	1.908
17	湖北	4	0.483
18	湖南	4	0.462
19	广东	3	1.648
20	广西	4	0.799
21	海南	2	0.636
22	重庆	2	0.681
23	四川	4	1.246
24	贵川	2	1.133
25	云南	4	0.968
26	西藏	2	1.086
27	陕西	4	0.921
28	甘肃	2	0.702
29	青海	2	0.799
30	宁夏	2	0.721
31	新疆	2	0.260

（4）表6-11显示的是经过调整后的最终聚类中心坐标。将表6-8和表6-11进行对比可以看出，同初始聚类中心坐标（质心）位置相比，最终聚类中心（质心）坐标发生了很大的变化，说明聚类过程中初始类中心坐标发生了调整。如果最终聚类可接受，则这个类中心可保留，用于以后聚类。

表6-11　　　　　　　　　　　　　　最终聚类中心

	聚类			
	1	2	3	4
Zscore：人均GDP（元）	2.88521	−0.29360	0.77727	−0.40357
Zscore：公共预算收入（万元）	1.43581	−0.75675	1.95995	−0.17051
Zscore：固定资产投资（亿元）	0.04156	−0.76444	2.10187	−0.00584
Zscore：年末人口数（万人）	−0.91914	−0.88504	1.34852	0.44140
Zscore：居民消费水平（元）	3.13078	−0.36041	0.71450	−0.36822
Zscore：社会消费品零售总额（亿元）	0.37071	−0.79850	2.11162	−0.02888

（5）从表6-12所示的最终聚类中心间的距离可以看出，1类和2类中心点坐标之间的距离为5.396，1类和3类中心点坐标之间的距离为4.793，依此类推。

表6-12　　　　　　　　　　　　　最终聚类中心间的距离

聚类	1	2	3	4
1		5.396	4.793	5.259
2	5.396		5.600	1.812
3	4.793	5.600		4.117
4	5.259	1.812	4.117	

（6）系统在完成聚类之后，还给出了以分类变量为自变量的方差分析表，见表6-13。这实际上就是对聚类分析后的所有自变量依次进行的单因素方差分析。从中可以看出哪些变量在各类间的差异具有统计学意义，我们可以根据F值的大小近似地看出哪个变量在聚类分析中的作用更大。表中的每一行给出相应变量的分析结果。以第一行为例，自变量是"人均GDP"，其组间平均平方和为7.431，组内平均平方和为0.285，F统计量为26.037，显著性概率值为0.000。综合这些数据，可以认为，将所有省、自治区、直辖市分为4类后，在"人均GDP"这一项上差异显著。"人均GDP"可以作为对不同地区进行经济发展状况划分的依据。以此类推。由于各分类在多数自变量上差异显著，说明将所有地区分为4类是合理有效的，是可以接受的。

表6-13   ANOVA表

	聚类		误差			
	均方	df	均方	df	F	Sig.
Zscore：人均GDP（元）	7.431	3	0.285	27	26.037	0.000
Zscore：公共预算收入（万元）	8.732	3	0.141	27	61.962	0.000
Zscore：固定资产投资（亿元）	8.034	3	0.218	27	36.789	0.000
Zscore：年末人口数（万人）	6.769	3	0.359	27	18.857	0.000
Zscore：居民消费水平（元）	8.324	3	0.186	27	44.706	0.000
Zscore：社会消费品零售总额（亿元）	8.379	3	0.180	27	46.510	0.000

（7）表6-14给出了各个分类中的个案的数目，显然，第一类有2个地区，第二类有11个地区，第三类有4个地区，第四类有14个地区，全部样本共计31个有效个案，无缺失值。

表6-14   每个聚类中的案例数

聚类	1	2.000
	2	11.000
	3	4.000
	4	14.000
有效		31.000
缺失		0.000

（8）类命名：对分好的各类按其特征及研究目的进行命名。比如第一类，我们可以命名为京沪地区；第二类可以命名为西部和北部地区；第三类可以命名为东南部发达地区；第四类可以命名为中部地区。

总之，K-均值聚类法是最经典的无监督聚类算法。

案例做完之后，我们需要提醒大家几个在使用K-均值聚类时要注意的地方。

①输入数据一般需要进行标准化。原因很简单，K-均值是建立在距离度量上的，因此不同变量间如果维度差别过大，可能会造成少数变量"施加了过高的影响而造成垄断"。

②如果输入数据的变量类型不同，部分是数值型变量，部分是分类变量，需要做特别处理。方法一是将分类变量转化为数值型变量；方法二是对数值型变量和分类变量分开处理，并将结果结合起来。

③输出结果非固定，多次运行结果可能不同。首先要意识到K-均值聚类法是有随机性的，从初始化到收敛结果往往不同。K-均值聚类法得到的聚类分组往往是局部最优解，最终聚类结果很大程度上取决于初始随机点的选取；不仅如此，K-均值聚类法是计算每个特征之间的距离，所以如果特征为无序分类数据，那么这个聚类结果就不会很准确了。解决方案是多尝试K参数的选择，多次测试看分类效果是否稳

定；如特征中存在无序分类变量，则去除该字段或者尝试用其他有序变量去描述它。如果K-均值结果仍然大幅度变化，比如不同簇中的数据量在多次运行中变化很大，那么K-均值不适合你的数据，不要试图稳定结果。大家可以重新就本案例进行试验。

第四节　实践训练

实践训练一

运用聚类方法进行啤酒分类

1.实训目的：掌握在聚类分析中是否需要进行变量的标准化，掌握系统聚类分析的两种方法。

2.实训资料：有20种12盎司啤酒成分和价格的数据，变量包括啤酒名称、热量、钠含量、酒精含量、价格（见表6-15）。

表6-15　　　　　　　　　　　　　啤酒成分和价格表

序号	啤酒名称	热量	钠含量	酒精含量	价格
1	BUDWEISER	144	19	4.7	11.6
2	SCHLITZ	181	19	4.9	11.6
3	LOWEMBRAU	157	15	4.9	13
4	KRONENBOURG	170	7	5.2	19.7
5	KEINEKEN	152	11	5	20.8
6	LOLD MIDWAUKEE	145	23	4.6	7.6
7	AUGSBERGER	175	24	5.5	10.8
8	STROUHS BOHEMIANS	149	27	4.7	11.3
9	MILLERLITE	99	10	4.3	11.6
10	BUDWEISER LIGHT	113	6	3.7	11.9
11	COORS	140	16	4.6	11.9
12	CORRS LIGHT	102	15	4.1	12.4
13	MICHELOB LIGHT	135	11	4.2	13.5
14	BECKS	150	19	4.7	20.5
15	KIRIN	149	6	5	21.3
16	PABST EXTRA LIGHT	68	15	2.3	10.3
17	HAMMS	136	19	4.4	11.6
18	LEILEMANS OD STY	144	24	4.9	11.6
19	OLYMPIA GOLD LIGHT	72	6	2.9	12.4
20	SCHLITA LIGHT	97	7	4.2	12.7

3.实训任务：

（1）现在我们需要对20种啤酒进行分类，是否一定要将表6-15中4个变量都作为分类变量呢？

（2）4个分类变量量纲各自不同，需要标准化吗？

（3）请选择适当的系统聚类分析方法对该案例进行聚类并分析。

实践训练二

微量元素与儿童营养状况

1.实训目的：掌握R型聚类和Q型聚类的不同。

2.实训资料：29名儿童的血红蛋白（g/100ml）与微量元素（μg/100ml）数据见表6-16。

表6-16　　　　　　　　　　　　　　儿童营养状况

编号	钙X1	镁X2	铁X3	锰X4	铜X5	血红蛋白X6
1	54.89	30.86	448.7	0.012	1.010	13.50
2	72.49	42.61	467.3	0.008	1.640	13.00
3	53.81	52.86	425.61	0.004	1.220	13.75
4	64.74	39.18	469.8	0.005	1.220	14.00
5	58.8	37.67	456.55	0.012	1.010	14.25
6	43.67	26.18	395.78	0.001	0.594	12.75
7	54.89	30.86	448.70	0.012	1.010	12.5
8	86.12	43.79	440.13	0.017	1.770	12.25
9	60.35	38.2	394.40	0.001	1.140	12.00
10	54.04	34.23	405.60	0.008	1.300	11.75
11	61.23	37.35	446.00	0.022	1.380	11.5
12	60.17	33.67	383.20	0.001	0.914	11.25
13	69.69	40.01	416.70	0.012	1.350	11.00
14	72.28	40.12	430.80	0.000	1.200	10.75
15	55.13	33.02	445.80	0.012	0.918	10.50
16	70.08	36.81	409.80	0.012	1.190	10.25
17	63.05	35.07	384.10	0.000	0.853	10.00
18	48.75	30.53	342.90	0.018	0.924	9.75
19	52.28	27.14	326.29	0.004	0.817	9.50
20	52.21	36.18	388.54	0.024	1.020	9.25
21	49.71	25.43	331.10	0.012	0.897	9.00

编号	钙 X1	镁 X2	铁 X3	锰 X4	铜 X5	血红蛋白 X6
22	61.02	29.27	258.94	0.016	1.190	8.75
23	53.68	28.79	292.80	0.048	1.320	8.50
24	50.22	29.17	292.60	0.006	1.040	8.25
25	65.34	29.99	312.80	0.006	1.030	8.00
26	56.39	29.29	283.00	0.016	1.350	7.80
27	66.12	31.93	344.20	0.000	0.689	7.50
28	73.89	32.94	312.50	0.064	1.150	7.25
29	47.31	28.55	294.70	0.005	0.838	7.00

3.实训任务：由于微量元素的测定成本高、耗时长，故希望通过聚类分析筛选代表性指标，以便更经济快捷地评价儿童的营养状态。

（1）请问采用 Q 型聚类还是 R 型聚类？

（2）请用你选定的聚类方法对该案例进行系统聚类并分析。

实践训练三

基本校情与学校类别

1.实训目的：掌握聚类分析方法。

2.实训资料：根据调查得到的某地42所学校的数据见表6-17。

表6-17　　　　　　　　　　　　　　学校概况

单位	占地面积（m²）	建筑面积（m²）	教师总数（人）	学生总数（人）
学校1	2 088	562	42	434
学校2	10 344	4 755	76	1 279
学校3	2 700	4 100	56	820
学校4	3 967	3 751	67	990
学校5	5 850	6 173	78	1 241
学校6	1 803	5 225	72	1 180
学校7	2 165	2 391	47	671
学校8	3 838	3 815	104	1 400
学校9	2 268	8 011	56	800
学校10	9 809	3 000	90	1 597
学校11	2 996	3 889	61	745
学校12	2 886	3 372	65	1 722

单位	占地面积（m²）	建筑面积（m²）	教师总数（人）	学生总数（人）
学校 13	32 000	18 000	200	2 000
学校 14	11 842	11 106	143	2 006
学校 15	7 610	5 310	69	790
学校 16	20 518	30 867	188	2 658
学校 17	7 860	8 313	77	852
学校 18	5 570	5 579	103	1 350
学校 19	19 600	8 600	108	1 490
学校 20	13 351	8 784	190	2 580
学校 21	9 534	12 446	142	1 800
学校 22	42 080	19 500	187	2 609
学校 23	2 000	2 100	62	332
学校 24	7 928	7 024	96	1 267
学校 25	26 000	15 000	160	2 000
学校 26	12 371	12 173	128	1 634
学校 27	8 561	6 556	102	714
学校 28	11 842	11 106	163	2 904
学校 29	18 850	8 332	85	1 196
学校 30	25 244	10 535	125	1 400
学校 31	10 000	8 500	200	3 700
学校 32	15 037	9 523	133	1 500
学校 33	6 579	7 857	143	2 285
学校 34	30 094	25 027	175	2 623
学校 35	4 238	8 522	130	1 200
学校 36	10 846	8 377	200	2 300
学校 37	27 282	21 614	200	2 400
学校 38	40 000	13 000	151	1 800
学校 39	53 333	16 000	224	2 132
学校 40	60 000	50 000	360	200
学校 41	100 000	30 000	200	1 100
学校 42	173 333	60 000	420	2 552

3.实训任务：请选择恰当的聚类分析方法对上述材料进行聚类分析。

实践训练四

基本省情与省域发展类型

1.实训目的：掌握数据搜集方法并完成聚类分析。

2.实训资料：根据《中国统计年鉴（2021）》，选取2020年各省、自治区、直辖市的7项经济指标：地区生产总值X1、农业生产总值X2、工业生产总值X3、建筑业生产总值X4、进出口总额X5、批发和零售业生产总值X6、住宿和餐饮业生产总值X7。

3.实训任务：对全国各地区经济发展状况进行聚类分析，并对分类结果作简要分析。

实践训练五

城市综合竞争力评价与分类

1.实训目的：掌握数据搜集方法并完成统计分析。

2.实训资料：以我国35个主要城市为研究对象，选取反映地区经济综合竞争力的10项重要指标。

3.实训任务：通过对原始数据的采集处理，运用SPSS中的系统聚类分析方法对地区差异进行研究分析，寻找各个地区的差异。

实践训练六

天气指标与城市大气质量

1.实训目的：掌握数据搜集方法并完成K-均值聚类分析。

2.实训资料：某年份全国各大城市主要天气指标。

3.实训任务：运用K-均值聚类分析方法将它们进行分类，以对不同层次质量进行分析。

参考文献

［1］宫春子，刘卫东，等．统计学原理（第2版）［M］．2版．北京：机械工业出版社，2018.

［2］谢龙汉，尚涛．SPSS统计分析与数据挖掘［M］．北京：电子工业出版社，2012.

［3］陈珍珍，罗乐勤，黄良文．统计学［M］．5版．厦门：厦门大学出版社，2013.

［4］冯岩松．SPSS 22.0统计分析应用教程［M］．北京：清华大学出版社，2015.

［5］汪冬华．多元统计分析与SPSS应用［M］．上海：华东理工大学出版社，2011.

［6］薛薇．统计分析与SPSS的应用［M］．5版．北京：中国人民大学出版社，2018.

［7］卢冶飞，孙忠宝．应用统计学［M］．4版．北京：清华大学出版社，2019.

［8］贾俊平．统计学：基于SPSS［M］．3版．北京：中国人民大学出版社，2019.

［9］伍德里奇．计量经济学导论［M］．王峰，卿前峰，袁晓东，译．6版．北京：中国人民大学出版社，2018.

［10］安德森，斯威尼．商务与经济统计［M］．费剑平，译．13版．北京：机械工业出版社，2017.

［11］哈德勒，西马．应用多元统计分析［M］．陈诗一，译．2版．北京：北京大学出版社，2011.